中国智能城市建设与推进战略研究丛书
Strategic Research on Construction and
Promotion of China's iCity

国家出版基金项目
NATIONAL PUBLICATION FOUNDATION

中国智能城市

经济、科技、文化、教育与管理发展战略研究

中国智能城市建设与推进战略研究项目组 编

ZHEJIANG UNIVERSITY PRESS
浙江大学出版社

图书在版编目（CIP）数据

中国智能城市经济、科技、文化、教育与管理发展战略
研究 / 中国智能城市建设与推进战略研究项目组编. -- 杭
州 : 浙江大学出版社, 2016.5
（中国智能城市建设与推进战略研究丛书）
ISBN 978-7-308-15941-8

Ⅰ. ①中… Ⅱ. ①中… Ⅲ. ①现代化城市－城市建设
发展战略 研究 中国 Ⅳ. ①C912.81

中国版本图书馆CIP数据核字(2016)第123516号

中国智能城市经济、科技、文化、教育与管理发展战略研究
中国智能城市建设与推进战略研究项目组 编

出 品 人　鲁东明
策　　划　徐有智　许佳颖
责任编辑　孙海荣
责任校对　董　唯　张培洁
装帧设计　俞亚彤
出版发行　浙江大学出版社
　　　　　（杭州市天目山路148号　　邮政编码　310007）
　　　　　（网址：http://www.zjupress.com）
排　　版　杭州林智广告有限公司
印　　刷　浙江印刷集团有限公司
开　　本　710mm×1000mm　1/16
印　　张　18
字　　数　270千
版 印 次　2016年5月第1版　2016年5月第1次印刷
书　　号　ISBN 978-7-308-15941-8
定　　价　88.00元

"中国智能城市经济、科技、文化、教育与管理发展战略研究"课题组成员

课题组组长

许庆瑞	浙江大学	院　士
王众托	大连理工大学	院　士
汪应洛	西安交通大学	院　士

课题组成员

吴晓波	浙江大学	教　授
陈　劲	清华大学	教　授
魏　江	浙江大学	教　授
郭崇慧	大连理工大学	教　授
吴江宁	大连理工大学	教　授
夏昊翔	大连理工大学	教　授
李　刚	西安交通大学	教　授
谢洪明	浙江工业大学	教　授
胡　峰	浙江工商大学	教　授
赵晓庆	浙江大学	副教授
杨英楠	浙江大学	讲　师
陈力田	浙江大学	博士生
张素平	浙江大学	博士生
吴志岩	浙江大学	硕士生
王莉华	浙江大学	行政秘书

序

"中国智能城市建设与推进战略研究丛书"，是由 47 位院士和 180 多名专家经过两年多的深入调研、研究与分析，在中国工程院重大咨询研究项目"中国智能城市建设与推进战略研究"的基础上，将研究成果汇总整理后出版的。这套系列丛书共分 14 册，其中综合卷 1 册，分卷 13 册，由浙江大学出版社陆续出版。综合卷主要围绕我国未来城市智能化发展中，如何开展具有中国特色的智能城市建设与推进，进行了比较系统的论述；分卷主要从城市经济、科技、文化、教育与管理，城市空间组织模式、智能交通与物流，智能电网与能源网，智能制造与设计，知识中心与信息处理，智能信息网络，智能建筑与家居，智能医疗卫生，城市安全，城市环境，智能商务与金融，智能城市时空信息基础设施，智能城市评价指标体系等方面，对智能城市建设与推进工作进行了论述。

作为"中国智能城市建设与推进战略研究"项目组的顾问，我参加过多次项目组的研究会议，也提出一些"管见"。总体来看，我认为在项目组组长潘云鹤院士的领导下，"中国智能城市建设与推进战略研究"取得了重大的进展，其具体成果主要有以下几个方面。

20 世纪 90 年代，世界信息化时代开启，城市也逐渐从传统的二元空间向三元空间发展。这里所说的第一元空间是指物理空间（P），由城市所处物理环境和城市物质组成；第二元空间指人类社会空间（H），即人类决策与社会交往空间；第三元空间指赛博空间（C），即计算机和互联网组成的"网络信息"空间。城市智能化是世界各国城市发展的大势所趋，只是各国城市发展阶段不同、内容不同而已。目前国内外提出的"智慧城市"建设，主要集中于第三元空间的营造，而我国城市智能化应该是"三元空间"彼此协调，

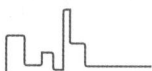

使规划与产业、生活与社交、社会公共服务三者彼此交融、相互促进，应该是超越现有电子政务、数字城市、网络城市和智慧城市建设的理念。

新技术革命将促进城市智能化时代的到来。关于新技术革命，当今世界有"第二经济""第三次工业革命""工业4.0""第五次产业革命"等论述。而落实到城市，新技术革命的特征是：使新一代传感器技术、互联网技术、大数据技术和工程技术知识融入城市的各系统，形成城市建设、城市经济、城市管理和公共服务的升级发展，由此迎来城市智能化发展的新时代。如果将中国的城镇化（城市化）与新技术革命有机联系在一起，不仅可以促进中国城市智能化进程的良性健康发展，还能促使更多新技术的诞生。中国无疑应积极参与这一进程，并对世界经济和科技的发展作出更巨大的贡献。

用"智能城市"（Intelligent City，iCity）来替代"智慧城市"（Smart City）的表述，是经过项目组反复推敲和考虑的。其原因是：首先，西方发达国家已完成城镇化、工业化和农业现代化，他们所指的智慧城市的主要任务局限于政府管理与服务的智能化，而且其城市管理者的行政职能与我国市长的相比要狭窄得多；其次，我国正处于工业化、信息化、城镇化和农业现代化"四化"同步发展阶段，遇到的困惑与问题在质和量上都有其独特性，所以中国城市智能化发展路径必然与欧美有所不同，仅从发达国家的角度解读智慧城市，将这一概念搬到中国，难以解决中国城市面临的诸多发展问题。因而，项目组提出了"智能城市"（iCity）的表述，希冀能更符合中国的国情。

智能城市建设与推进对我国当今经济社会发展具有深远意义。智能城市建设与推进恰好处于"四化"交汇体上，其意义主要有以下几个方面。一是可作为"四化"同步发展的基本平台，成为我国经济社会发展的重要抓手，避免"中等收入陷阱"，走出一条具有中国特色的新型城镇化（城市化）发展之路。二是把智能城市作为重要基础（点），可促进"一带一路"（线）和新型区域（面）的发展，构成"点、线、面"的合理发展布局。三是有利于推动制造业及其服务业的结构升级与变革，实现城市产业向集约型转变，使物质增速减慢，价值增速加快，附加值提高；有利于各种电子商务、大数据、云计算、物联网技术的运用与集成，实现信息与网络技术"宽带、泛在、移动、融合、安全、绿色"发展，促进城市产业效率的提高，形成新的生产要素与新的业态，为创业、就业创造新条件。四是从有限信息的简单、线性决策发展到城市综合系统信息的网络化、优化决策，从而帮助政府提高城市管理服务水平，促进深化城市行政体制改革与发展。五是运用新技术使城市建筑、道路、交通、能源、资源、环境等规划得到优化及改善，提高要素使用效率；使城市历史、地貌、本土文化等得到进一步保护、传承、发展与升华；实现市民健康管理从理念走向现实等。六是可以发现和培养一批适应新技术革命趋势的城市规划师、管理专家、高层次科学家、数据科学与安全专家、工程技术专家等；吸取过去的经验与教训，重视智能城市运营、维护中的再创新（Renovation），可以集中力量培养一批基数庞大、既懂理论又懂实践的城市各种功能运营维护工程师和技术人员，从依靠人口红利，逐渐转向依靠知识与人才红利，支撑我国城市智能化健康、可持续发展。

综上所述，"中国智能城市建设与推进战略研究丛书"的内容丰富、观点鲜明，所提出的发展目标、途径、策略与建议合理且具可操作性。我认为，这套丛书是具有较高参考价值的城市管理创新与发展研究的文献，对我国新型城镇化的发展具有重要的理论意义和应用实践价值。相信社会各界读者在阅读后，会有很多新的启发与收获。希望本丛书能激发大家参与智能城市建设的热情，从而提出更多的思考与独到的见解。

我国是一个历史悠久、农业人口众多的发展中国家，正致力于经济社会又好又快又省的发展和新型城镇化建设。我深信，"中国智能城市建设与推进战略研究丛书"的出版，将对此起到积极的、具有正能量的推动作用。让我们为实现伟大的"中国梦"而共同努力奋斗！

是为序！

徐匡迪

2015 年 1 月 12 日

前　言

2008 年，IBM 提出了"智慧地球"的概念，其中"Smart City"即"智慧城市"是其组成部分之一，主要指 3I，即度量（Instrumented）、联通（Interconnected）、智能（Intelligent），目标是落实到公司的"解决方案"，如智慧的交通、医疗、政府服务、监控、电网、水务等项目。

2009 年年初，美国总统奥巴马公开肯定 IBM 的"智慧地球"理念。2012 年 12 月，美国国家情报委员会（National Intelligence Council）发布的《全球趋势 2030》指出，对全球经济发展最具影响力的四类技术是信息技术、自动化和制造技术、资源技术以及健康技术，其中"智慧城市"是信息技术内容之一。《2030 年展望：美国应对未来技术革命战略》报告指出，世界正处在下一场重大技术变革的风口浪尖上，以制造技术、新能源、智慧城市为代表的"第三次工业革命"将在塑造未来政治、经济和社会发展趋势方面产生重要影响。

在实施《"i2010"战略》后，2011 年 5 月，欧盟 Net!Works 论坛出台了 *Smart Cities Applications and Requirements* 白皮书，强调低碳、环保、绿色发展。之后，欧盟表示将"Smart City"作为第八期科研架构计划（Eighth Framework Programme，FP8）重点发展内容。

2009 年 8 月，IBM 发布了《智慧地球赢在中国》计划书，为中国打造六大智慧解决方案：智慧电力、智慧医疗、智慧城市、智慧交通、智慧供应链和智慧银行。2009 年，"智慧城市"陆续在我国各层面展开，截至 2013 年 9 月，我国总计有 311 个城市在建或欲建智慧城市。

中国工程院曾在 2010 年对"智慧城市"建设开展过研究，认为当前我国城市发展已经到了一个关键的转型期，但由于国情不同，"智慧城市"建

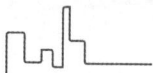

设在我国还存在一定问题。为此，中国工程院于 2012 年 2 月启动了重大咨询研究项目"中国智能城市建设与推进战略研究"。自项目开展以来，很多城市领导和学者都表现出浓厚的兴趣，希望投身到智能城市建设的研究与实践中来。在各界人士的大力支持以及中国工程院"中国智能城市建设与推进战略研究"项目组院士和专家们的努力下，我们融合了三方面的研究力量：国家有关部委（如国家发改委、工信部、住房和城乡建设部等）专家，典型城市（如北京、武汉、西安、上海、宁波等）专家，中国工程院信息与电子工程学部、能源与矿业工程学部、环境与轻纺工程学部、工程管理学部以及土木、水利与建筑工程学部等学部的 47 位院士及 180 多位专家。研究项目分设了 13 个课题组，涉及城市基础建设、信息、产业、管理等方面。另外，项目还设 1 个综合组，主要任务是在 13 个课题组的研究成果基础上，综合凝练形成"中国智能城市建设与推进战略研究丛书"综合卷。

两年多来，研究团队经过深入现场考察与调研、与国内外专家学者开展论坛和交流、与国家主管部门和地方主管部门相关负责同志座谈以及团队自身研究与分析等，已形成了一些研究成果和研究综合报告。研究中，我们提出了在我国开展智能城市（Intelligent City，iCity）建设与推进会更加适合中国国情。智能城市建设将成为我国深化体制改革与发展的促进剂，成为我国经济社会发展和实现"中国梦"的有力抓手。

目 录
CONTENTS

第2章　智能城市经济发展战略

第3章　智能城市科技发展战略

第4章 智能城市文化发展战略

第7章　智能城市发展规划的理念探索

第1章

iCity　　智能城市发展战略总论

一、研究背景

目前，智能城市的概念已得到越来越多的关注。针对智能城市的概念与本质问题，我们从国内外典型的调查资料和研究成果入手进行分析，并通过走访国内部分省区市了解智能城市建设的相关情况，试图总结具有中国特色的智能城市建设的经验，揭示智能城市的概念和特征。

（一）智能城市概念的起源与演变

当今城市发展面临着各种各样的挑战，如环境、食品安全、能源、经济、交通和公共安全等。尤其是进入 21 世纪后，生态恶化、粮食短缺、能源匮乏、金融风暴、恐怖主义等问题层出不穷。这类问题不断蔓延，主要是由于我们的城市并未发展成为可自我调节并可持续发展的系统 (Abdoullaev, 2011)。因此，未来的城市发展必须走智能化、包容性和可持续发展的道路 (Abdoullaev, 2011)。智能城市的概念也开始逐步萌芽。

在起步阶段，无论是学术研究还是政府的实践行为，都将重点放在信息技术建设上 (Röller et al., 2001)，欲通过技术手段实现城市经济和政治效率的提升。可以说，这一阶段的智能城市概念，大多是技术导向型的，注重的是城市建设的硬实力。此外，有两种驱动力使得智能城市的雏形逐步形成，一是以互联网为首的信息技术，二是城市的区域创新系统 (Komninos, 2008)。前者是科技创新层面的技术因素，后者是社会创新层面的技术经济因素。由此可以看出，创新在智能城市发展中的驱动作用。

随着智能城市的概念逐步发展，学界关注的焦点不再局限于硬件设施的建设，而更注重城市的人文和教育环境建设 (Berry

et al., 2005)，即重视城市建设的软实力。持这一观点的学者认为，硬件设施建设是建设智能城市的基础，但要想保证其可持续发展，离不开人文、教育和社会资本在其中的作用 (Caragliu et al., 2011)。举例来说，信息技术手段在智能城市建设中的作用，不应仅局限于提升政府、企业和其他组织的工作效率 (Hollands, 2008)，更重要的是，它能为城市未来发展方向的民主讨论提供一种高效的教育和交流平台 (Deakin et al., 2011)。这种交流平台可以帮助城市更有效地了解市民期望的智能城市能为他们提供的服务，并将这种信息反馈整合到智能城市建设的规划中。换句话说，这时的智能城市概念已经演化为面向市场，注重的是城市建设的软实力。

值得一提的是，智能城市概念的兴起与发展，在很大程度上是被商业行为所驱动，而非政府行为本身 (Hollands, 2008)。近年来，智能城市演变为一种城市的标签行为，即大肆宣传智能城市的概念，而忽视其概念内涵和本质 (Hollands, 2008)。构建一些先进的网络基础设施，配备一系列高科技含量的信息技术，就宣称其具有智能属性的城市比比皆是，如美国的圣地亚哥、加拿大的渥太华、荷兰的阿姆斯特丹和印度的班加罗尔等 (Deakin et al., 2011)。而真正意义上的智能城市应该是可持续发展的城市 (Abdoullaev, 2011)。

随着智能城市概念的不断成熟，学界的关注焦点也在发生变化。从技术角度而言，研究重点从关注技术创新到重视技术应用，从关注后台处理到重视前端服务；从政策角度而言，研究重点也从关注公司主导模式到重视市民主导模式，从关注市场价值到重视人文价值，从关注行政部门的经济效益到重视自由民主的政府建设 (Allwinkle et al., 2011)。

上述五类转变，从我们的前期调查来看，正是目前各政府进行智能城市建设所缺失的。目前，大多数政府进行智能城市建设在很大程度上是通过信息化建设来提升自身行政效率和城市经济效益，未来可以将智能城市建设为一种打造民主的政府平台，关注百姓的安全感和幸福感问题。这样，智能城市建设解决的也不再是经济问题，还涉及社会问题、文化问题、环境问题等。

（二）智能城市的基本特征

结合国内外资料的调查和研究成果，并结合我国部分省区市智能城市建设的实践经验，我们认为，智能城市是整合了数字城市、知识城市、生态城市、创意城市和创新型城市的立体城市概念，并囊括了技术属性和社会属性：通过先进的数字技术给城市赋予智能性，通过教育培育人的创造力和智能，通过文化陶冶人的情操，进而提升百姓生活的安全感和幸福感。

根据对智能城市本质的思考以及前期调研资料的梳理，我们认为智能城市一般特征如下：第一，世界级城市发展的长期战略思考与短期规划，包括：（a）长期的发展计划与目标；（b）中短期的城市规划，尤其是高效的城市运营计划和控制系统的建设。第二，宜居的生态环境和文化，包括：（a）绿色宜居环境；（b）智能的网络、通信和交通系统；（c）创新创业文化。第三，适合于个人、组织和产业的创新、创业与投资环境。

（三）智能城市与数字城市、知识城市、生态城市、创意城市、创新型城市间的关系

近年来，关于未来城市的发展方向，有过很多争论，如数字城市、知识城市、生态城市、创意城市、创新型城市等。从根本上说，这些城市都试图通过信息技术手段来提升城市的经济、政治和文化价值 (Hollands, 2008)。这就使得它们彼此之间界限模糊，甚至被错用滥用。

有学者认为智能城市是一种整合了数字城市、生态城市和创新型城市的立体城市 (Abdoullaev, 2011)。沿着这一思路和扩展，并结合我们的前期调查资料来看，本研究认为智能城市概念是对数字城市、知识城市、生态城市、创意城市的一种整合和升级，它囊括了数字城市的技术架构、知识城市的价值观、生态城市和创新型的宜居环境和创意城市的创造力，最终实现城市的永续发展。可以说，智能城市是整合了数字城市、知识城市、生态城市、创意城市和创新型城市的城市功能并凌驾其上的综合体，形成一种金字塔—星状结构，如图 1.1 所示。

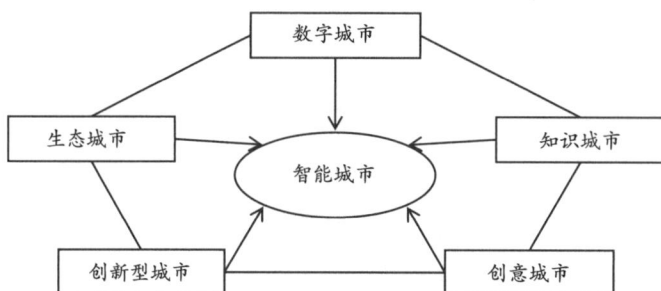

图1.1　金字塔—星状结构的智能城市

二、新型城镇化及智能城市建设的宏观环境与主要挑战

（一）中国智能城市发展的宏观环境分析

1. 政策环境

首先，依法治国、依法治理城市是智能城市发展的制度保障。近年来，依法治理城市的制度建设日趋完善。城市治理问题涵盖内容多、矛盾和利益冲突突出、时间跨度大、涉及产业广泛，一直以来面临诸多难题。随着依法治理城市的政策不断落实和深入，我国的城市治理逐步做到有法可依，大大提高了城市治理和城市规划、发展的速度。此外，智能城市建设符合国家的政策导向。智能城市建设的针对性政策陆续出台。近年来，住房和城乡建设部、国家发改委等多个部门先后发布了一系列促进智能城市建设的指导性文件。其中，最主要的有：2012年12月，住房和城乡建设部发布的《关于开展国家智慧城市试点工作的通知》，正式提出开展国家智慧城市试点工作，启动试点申报；2014年8月，国家发改委、工业和信息化部等八部委联合发布的《关于印发促进智慧城市健康发展的指导意见的通知》，对我国智慧城市建设和发展的顶层设计、信息资源开发、新技术应用、信息安全管理、组织和制度建设等各方面提出了针对性的指导意见，有利于缓解和扭转近年来我国智慧城市盲目建设的局面。

其次，城市社会、经济、环境的和谐发展是智能城市建设的主旋律。

2012 年，习近平总书记提出实现中华民族伟大复兴中国梦的目标，其中的实施手段则包含政治、经济、文化、社会、生态文明五位一体建设。由此可见，国家层面上，促进经济、社会和环境和谐发展的导向和政策环境已经成熟，和谐、可持续发展的理念深入人心。此外，智能城市的建设顺应时代需求。智能城市的建设目标可以概括为：保增长、保民生、保稳定，符合进入改革深水区以后我国经济建设的总体方向和要求。

再次，节能、环保的国际压力驱动传统城市向智能城市升级。在国际政治框架内，节能减排和环境保护已经成为各国经济发展的硬约束，在节能方面的成效将与国家在国际谈判中的话语权直接挂钩。虽然近年来我国在节能减排方面取得了一些进展和成绩，但未来节能减排压力将越来越大。2013 年6 月，《2012 年中国企业节能减排状况报告》发布，从能源效率看，我国能源利用效率总体仍然偏低，单位国内生产总值能耗约为日本的 4.5 倍、美国的 2.9 倍，单位国内生产总值能耗仍是世界平均水平的 2 倍以上（中国环保在线，2013）；从能源结构看，我国石化能源资源相对不足，人均占有量低于世界平均水平（中国环保在线，2013）；从发展阶段看，对比发达国家的经济发展历程，尽管我国在能源稀缺程度、环境空间、技术水平等方面有所不同（中国环保在线，2013)，但许多经济发展问题，如高耗能和粗放式发展模式都是城市化、工业化经济发展阶段性的基本特征。这也决定了我国在未来一个时期内面临的节能减排压力将越来越大（中国环保在线，2013)。

最后，人口素质提升、社会和谐稳定是智能城市建设的基本保障。虽然目前我国社会管理中仍存在部分问题，但在党和国家的领导下，我国的社会整体上表现出良好的态势。在金融危机的阴影之下，国家采取一系列经济措施确保就业和产业发展，积极通过再分配政策调整收入差距，进一步促进了社会的和谐与稳定。近年来，国家倡导智能城市的建设和发展，与社会的和谐稳定是相辅相成的。一方面，如今相对稳定和谐的社会为智能城市的建设创造了良好的环境；另一方面，智能城市的建设宗旨对于保增长、保民生、保稳定，对于进一步促进和谐社会的建设、维护社会稳定具有积极作用。此外，人口素质提升是智能城市建设的人才保障。

改革开放以来，我国人口素质得到逐步提升。人口素质主要反映了人口适应和改造客观世界的能力，它包括三个方面：身体素质、科学文化素质和思想道德素质（段力刚，2009）。人口素质尤其是人口的科学文化素质和思想道德素质的提升，对于智能城市的建设具有重要作用，同时为智能城市的建设提供了必不可少的用户基础。智能城市的核心理念是创新，主要依赖的技术是信息技术，发展的要点是提高城市经济发展水平，改善民生，保护环境。可以说智能城市建设中，不管是技术的实现，还是服务功能的应用，都离不开良好的人口素质作为基本保障，否则智能城市的建设即为空谈。

2. 转型中的经济环境

智能城市建设的兴起和发展动力来自两个方面，第一是社会发展的客观需求，第二是技术发展和推动为城市经济发展提供了必要的技术支撑。从经济环境角度来看，技术的发展推动了经济发展方式的转变，新兴产业的形成、传统产业的升级与改造、智能服务业的兴起，都是智能城市经济发展的加速器。

首先，新兴产业成为智能城市经济发展的重要突破口。智能城市经济发展需要体现核心竞争优势，即立足于科技与产业前沿，培育和发展新兴产业，构建具有创新引领、高附加值的新产业体系，使我国的智能城市经济更加健康地发展。

其次，经济结构调整成为智能城市经济发展动力的重要来源。目前我国以制造业为代表的第二产业规模已居世界第一，但存在着明显的大而不强现象，品牌少，产品档次和利润低。在智能城市经济发展战略下，我国正在调整经济结构，对传统产业如制造产业进行升级与改造，扩大包括信息设备制造、信息技术开发、软件开发等信息相关制造和服务业的比例，将这些行业作为出口、投资之外的新型经济增长点。物联网、云计算及其他新一代信息技术的广泛推广与应用，使得此类新技术产业形成、发展并逐步壮大，在国民经济中所占的比重不断上升。而技术密集型产业在产业结构中的比重上升，本身就是产业结构动态调整与合理化的表现。此外，这类新技术产业还具有极强的关联、渗透和带动作用，在农业、工业及服务业等各领域的普遍采用，可以极大地提高劳动生产率，提升产品质量和竞争力，为城市整体经济增长提供强劲动力。

再次，现代服务业的发展成为智能城市经济发展的趋势。作为城市经济增长的重要因素，服务业在我国经济构成中占有越来越重要的地位。随着信息技术等新兴技术的发展，较之于传统服务业，以融合了信息化技术的信息服务业等为代表的现代服务业的兴起成为我国智能城市经济发展的新趋势，也为我国智能城市经济发展注入了新的活力。随着以制造业为主的实体经济向以服务业为主的虚拟经济过渡，现代服务业应运而生。这种通过传统服务业与新兴信息技术相融合形成的新兴产业催生了如电子商务、云服务、网络教育培训、信息咨询等一系列新兴的服务行业，同时也为传统服务业注入了科技含量，提高了其服务附加值，使其效率提升，收益增加。

最后，融合发展成为智能城市经济发展的重要推手。新一代信息技术产业的兴起使融合发展成为了可能，融合发展主要指信息化和工业化相结合，包含技术融合、产品融合、业务融合与产业衍生等四个层次。与传统的两化融合不同的是，智能城市发展模式下的融合发展更依赖于以物联网为代表的新兴信息技术，并且更加关注"智能"。以物联网为代表的新兴信息技术为智能城市下的两化融合提供了巨大的帮助。总体来说，物联网技术可以实现物与物、物与人之间的广泛连接，使先进制造、企业服务化等成为可能。在智能城市发展过程中，信息化与工业化的融合可以大幅度提高城市经济系统、生产系统的智能性，减少浪费和无效率的活动，提高智能城市的管理效率，从而显著推动智能城市经济发展向集约化转化。

3. 构建中的新型社会环境

首先，人民生活水平提升对城市提出了新要求。城市的基本功能就是经过规划、建设后投入运行并提供服务，为市民创造良好的人居环境，保障市民正常生活，服务城市经济社会发展 (于浩然, 2013)。然而，随着经济社会的快速发展和城市化进程的不断加快，市民群众生活水平明显提高，对城市管理工作提出了新的要求。信息技术的不断发展，城市信息化应用水平不断提升，传统思维的城市发展规划已经无法满足日益膨胀的城市居民新要求，智能城市建设应实时而生。通过运用信息和通信技术手段感测、分析、整合城

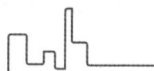

市运行核心系统的各项关键信息（何东，2012），从而对包括民生、环保、公共安全、城市服务、工商业活动在内的各种需求做出智能响应（陈立等，2012）。智能城市替代传统城市，实现城市可持续发展，引领信息技术应用、提升城市综合竞争力，为满足城市居民新需要提供重要支撑。

其次，大量城市新增人口增加了城市治理的压力。加速推进的城市化催生了庞大的外来人口群体（该群体主要由农民工组成），大量城市新增人口为城市经济发展做出了巨大贡献，但也对城市治理提出了新的挑战。大量城市新增人口常引致诸多社会问题，尤其在以下两个方面表现比较突出：一是城市环境与公共基础设施的压力超出所能承受的范围，从而引发城市公共资源紧张问题；二是外来人口素质参差不齐，威胁着城市社会治安形势，常导致日益严重的城市社会治安问题。

最后，互联网带来了社会结构的扁平化。从全球的视野来看，互联网自诞生之际就深刻地影响着社会结构、社会互动模式，改变着社会变迁进程（李强等，2013）。互联网所引发的技术革命深刻地影响了诸多社会领域。我国传统的社会结构被互联网迅速地改变和重塑着，重构一种崭新的扁平化社会结构，凸显着一种全新的社会关系和社会运行模式。在交流沟通模式、生活工作方式、舆论表达、利益诉求等方面都不同于传统的新特性。互联网的影响既带来显著的社会进步，也给城市管理者带来了前所未有的压力（李强等，2013）。

（二）当前城镇化发展面临的主要问题和挑战

目前，我国城市发展正面临着人口密度过大、交通拥堵和环境污染等城市难题。上述问题是城镇化与工业化失衡发展的结果：首先，城镇化速度过于超过工业化速度，即大量劳动力涌入城市，由于工业化水平相对滞后，城市不能承载人口负担，导致大量失业、交通拥堵与贫民窟等问题；相反地，工业化速度过于超过城镇化速度，即城市工业水平超前，而城镇化进程缓慢，导致城乡差距越来越大，农村大大落后于城镇发展，城乡对立产生，且超规模的工业化也会导致环境污染等城市难题。

而城镇化与工业化失衡发展，归根结底，是城市的无序发展：在大规模城镇化过程中，许多城市的发展偏离了正常轨道，城市建设布局出现无序乃至失控，使社会经济发展与资源、生态、环境之间的矛盾和冲突愈来愈严重，已经对我国社会经济可持续发展构成了危害(薛媛媛，2008)，这是一种贫困的城镇化（中国科学院陆大道院士）。另外，根据李光耀预言，2030年，中国有70%的人口住在大城市里。为此，如何进行高质量的城镇化，以避免二次城镇化和反城镇化浪潮，是政府建设智能城市的重要议题之一。

中国的城镇化与世界各国相比，具有起步晚、发展快的特点（如图1.2所示）。在20世纪50年代，我国的城镇化率只有世界平均水平的一半左右。但是，改革开放至今的30多年来，我国的城镇化水平快速增长，2010年时已经逼近世界平均水平，预计在2020年将超过世界平均水平。正如诺贝尔经济学奖得主斯蒂格利茨说："美国的高技术产业和中国的城镇化是世界经济的两大驱动力量。"而智能城市有效地融合了两股力量，是转变经济发展方式和实现创新驱动发展的重要抓手。

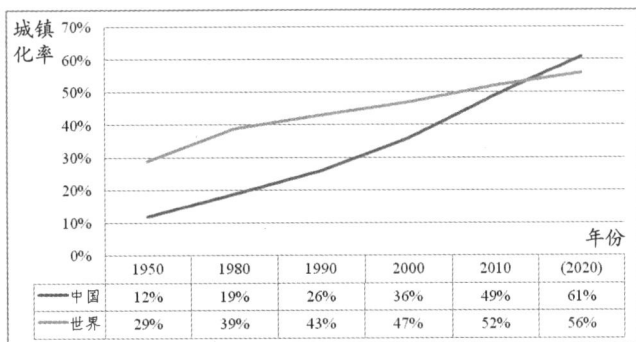

城镇化率	1950	1980	1990	2000	2010	(2020)
中国	12%	19%	26%	36%	49%	61%
世界	29%	39%	43%	47%	52%	56%

图1.2 中国与世界平均城镇化率的比较

数据来源："中国的城镇化：挑战与前景"国际研讨会

为此，亟待从顶层设计角度对城市发展进行合理布局。城市的建设与发展不仅仅是城市在物理空间的扩张，更应关注城市整体上协调、解决城市发展中面临的经济、社会和公共管理中各类问题的"智能化"的提升。智能城市的发展战略应把物理空间、赛博空间、社会心智空间等三元空间综合起来规划城市的发展，并以社会心智空间的发展规划为核心，着重于培育城市的"智能化"。

同时，城市规划是城市管理的重要组成部分，有利于确定城市的未来发展目标、城市的合理布局，并综合安排城市实现城市发展目标的综合部署，确定较长的一个时期内城市发展的总体蓝图。因此，城市规划是连接城市发展战略和实际的城市建设的纽带，对城市发展战略的实施具有重要意义。

三、智能城市的建设架构

（一）国外智能城市建设的基本思路

实现上述愿景，需要依靠城市居民的创造力、大学和科研机构的研发能力，以架构城市的数字空间建设，将智能城市打造为学习和创新的沃土 (Komninos, 2008)。这一过程，需要构建有效的智能城市架构 (Komninos, 2008; Abdoullaev, 2011)，他们的模型架构强调区域创新系统和信息技术在智能城市建设中的重要作用，并划分为三个层次，如图 1.3 所示。

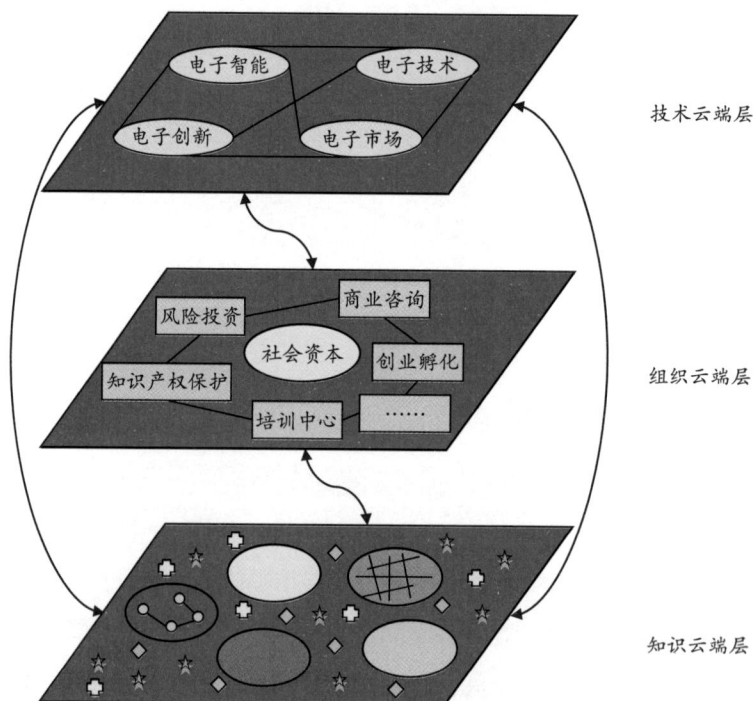

图1.3　智能城市的架构

资料来源：Komninos (2008)

最底层是智能城市的基础架构层,又称为知识云端层 (Komninos, 2008)。这一层主要凝聚了有创造力的知识界人士,如科学家、艺术家、企业家等。这些人在不同的领域中从事知识密集型的工作,为城市发展提供知识服务。

中间层是组织云端层 (Komninos, 2008)。这一层次的组织主要将知识云端层提供的知识进行整合和商业化以实现创新。这一层主要包括风险投资商、知识产权保护组织、创业与创新孵化组织、技术转移中心、咨询公司、融资机构等。这些组织通过它们的社会资本和金融资本,为知识云端层的智力资本提供财务和其他方面的支持。图 1.4 更好地表示了组织云端层的区域创新系统的作用机理,即产品创新与创业孵化机理。区域创新系统中的研发中心、政府部门、咨询公司和技术生产者等为新创公司提供技术和市场等方面的支持,以实现孵化产品创新和创业孵化。由此可见,创新型城市是智能城市的一个主要组成部分。

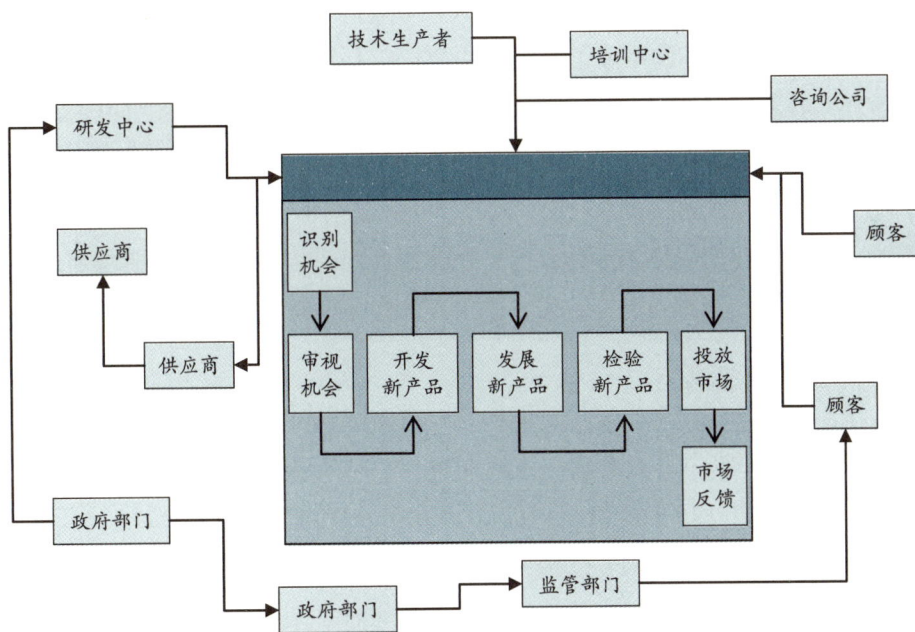

图 1.4　组织云端层的区域创新系统的知识网络

资料来源:Komninos (2008)

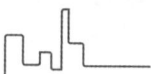

最顶层是技术云端层 (Komninos, 2008)。这一层主要是依靠知识云端层的智力资本和组织云端层的社会资本开发出来的数字技术与环境。这一数字技术与环境是供给和满足智能城市智能运营的技术内核。

这三个层次有机连接，成为一个"智能链"，为智能城市的可持续发展提供不竭的动力。

（二）国外经验对我国智能城市建设的重要启示

智能城市建设是现代城市发展的必由之路。推进智能城市建设必须从我国社会主义初级阶段基本国情出发，遵循规律，统筹规划。新型城镇化背景下的智能城市建设是城市形态演化升级的长期过程，要科学有序、积极稳妥地向前推进。

第一，新型城镇化背景下的智能城市建设要从以往的"以物为主"的发展模式向"以人为本"的发展模式过渡。不盲目追求城市基础设施建设和信息空间建设，应更加注重市民的城市生活体验以及环境和公共服务的均等化。

第二，正确处理好城镇化、工业化、信息化和农业现代化之间的关系。四者是促进社会经济结构不断演化升级的重要推力。正确处理好四者之间的关系，是城镇先进生产力、现代文明与生活方式不断传播和扩散的重要前提。新型城镇化要引领工业化、信息化和农业现代化协调发展，确保城镇化质量的有效增长，避免无序发展，走出一条四化融合、有序协调的科学发展的道路。

第三，建立全面协调可持续的愿景。传统的城镇化发展以 GDP 论英雄、以环境牺牲谋经济发展的思路需要重新审视。新型城镇化背景下的智能城市建设要建立全面协调可持续的愿景观，真正实现城市的可持续繁荣。

第四，重视科学布局和战略谋划。智能城市建设是提高城市竞争能力的重要手段。但是，智能城市的建设是一个长期的系统工程。无论从重要意义上，还是从时间和功能上，智能城市建设都需要战略规划。另外，实现全面协调可持续的发展愿景必须由多元化的战略做支撑。传统的城镇化发展，经济、科技、文化、交通、医疗、教育、环保、城市空间规划等各个领域单独为战，没有考虑各领域问题的相互关联，因此没有实现城市整体的协调发展。当前，面对城市中出现的经济发展失调、环境建设失衡、社会管理失稳等问题，我们总是针对每个问题的症状，寻找短期的、直接针对症状的解决方案，而不是把问题放在城市整体社会系统中进行理解和考虑，寻找问题的深层次原因，寻找长效的、根本的解决方案。这导致了大量重复建设和浪费。另外，我国城市发展也有形态趋同的态势，导致了"千城一面"等问题的产生，为此，因地制宜的城市发展战略亟待提出，以促进我国城市特色发展道路科学化、差异化和系统化。

第五，智能城市的建设与发展是一个艰难和漫长的过程。从历史上看，世界主要城市大多花了几十年的准备才成为创新型城市或艺术文化名城，如意大利的佛罗伦萨（15 世纪），花费数十年的时间最终成为世界级城市；再如精于纺织业的英国的曼彻斯特，到 1780 年才成为世界级创新型城市；英国的格拉斯哥花费时间较长，从 1820 年开始，历经 60 年才成为以轮船业闻名的世界级创新型城市；德国的柏林经历了 50 年的发展，在 1870 年成为以电气工程闻名的世界级创新型城市；在 1900 年左右，美国的底特律成为以汽车业闻名的创新型城市；美国的旧金山在 1950 年成为电子创新中心，建设成为创新型城市。这表明，无论是建设创新型城市，还是建设世界艺术文化名城，都需要长时间的发展。作为城市发展的高级阶段，智能城市的孵化需要经历一个较长的时间。

四、我国智能城市建设的思路与愿景

（一）三元空间有序协调发展的新型城镇化道路

城市智能化反映了新技术革命条件下城市发展的新方向，应超越单纯信息技术的观点，从更为开阔的视野开展智能城市的建设。从城市演进的历史视角看，城市发展在历史上是以城市的物理空间、城市的人类社会空间及城市的赛博空间而逐次发展的。而从智能城市的建设视角看，当前人们探讨的智能城市建设则主要着眼于赛博空间的发展，以及赛博空间和物理空间的贯通。智能城市建设的下一步焦点则应进而把"人类社会空间"的发展纳入智

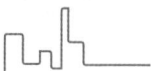

能城市的建设中心，着眼于人类社会空间和物理空间赛博空间的三元空间的贯通和协同发展，特别是在"人类社会空间"的发展中应着力于其中的社会智能、社会意识和社会规范等为内核的"社会心智空间"（可理解为"人类社会空间"的子空间）。

具体来说，在传统的城市建设中，重点是放在物理空间的。其城市规划、建设和管理的主要着眼点是城市的物理场所和物理设施，例如土地使用、功能区域布局、交通运输规划、能源、环境、水资源、城市基础设施等。与此同时，城市建设始终是在不断完善人类社会空间。我国自 20 世纪 90 年代以来提出的数字城市、网络城市等的建设开始着眼于营造和拓展城市的赛博空间。当前国内外各城市开展的智能城市建设，实际上主要还是集中于赛博空间的营造，以及第二空间与物理空间联系的构建。

值得引起重视的是，围绕物理空间和赛博空间的城市建设无疑是重要的，但人类社会空间的巩固与扩大以及人类社会空间与前两个空间的贯通是智能城市建设的更为深层与长远的主题。未来的智能城市建设，应在重视物理空间和赛博空间的建设的同时重视人类社会空间的建设，以及三元空间的耦合，把城市建设的中心定位于人的全面发展，尤其是人的创造力的全面提升，从而推动城市经济、社会、文化的全面可持续的发展。可以看出，既重视物理空间和赛博空间的建设与这两个空间的连通，又注重在此基础上人类社会空间的培育和发展以及其与物理空间和赛博空间的耦合，才使得城市发展的三元空间彼此协调、相互促进；与之相应，应把城市建设的根本目标定位于人的发展。由此我们认为，在我国开展智能城市建设，如果顶层设计做得好，可以使三元空间彼此协调、相互促进，有可能会超越现有的数字城市、网络城市和智能城市建设思路的核心理念，走出一条科学、有序、协调发展的新型城镇化道路。

（二）全面繁荣的发展愿景

关于智能城市的愿景有很多讨论，主要观点有以下四类：

第一类，根据国外相关学者的观点，智能城市的愿景是将信息通信技术应用到城市运营和发展的方方面面 (Wright et al., 2004)，通过计算机化的系统结构有效完成感知、处理、决策等复杂行为（图1.5），使得城市环境更加宜居、城市运营更加智能、城市管理更加高效 (Bowerman et al., 2000)。

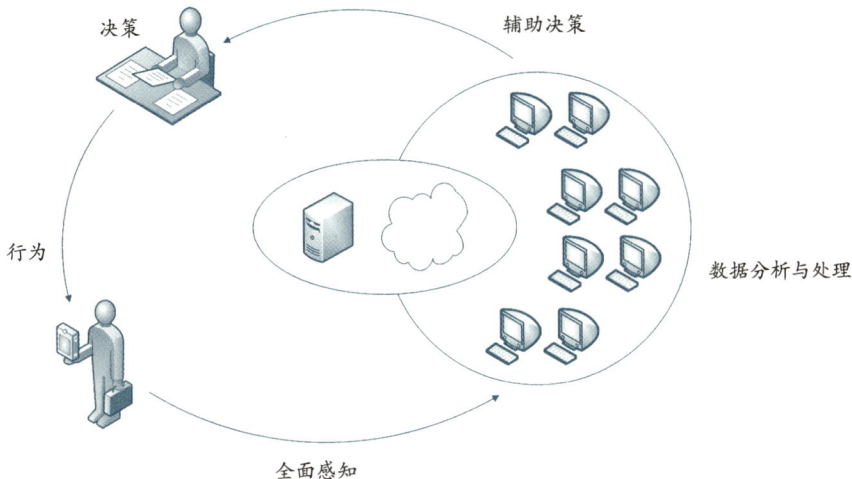

图1.5 智能城市愿景的图解

资料来源：根据 Wright et al.(2004) 进行修改

第二类，IBM 倡导的智能城市愿景是通过先进的信息技术在城市发展中的高度介入与应用，实现城市经济发展的可持续性。

第三类，有学者认为，经济持续繁荣仅是城市的可持续发展战略的重要环节之一，并提出了"经济—社会—环境"的可持续发展模型，如图1.6所示。他们认为城市在考虑其可持续发展战略时，应当将经济、社会和环境的政策相互融合，统筹兼顾，实现三者均衡的可持续繁荣。

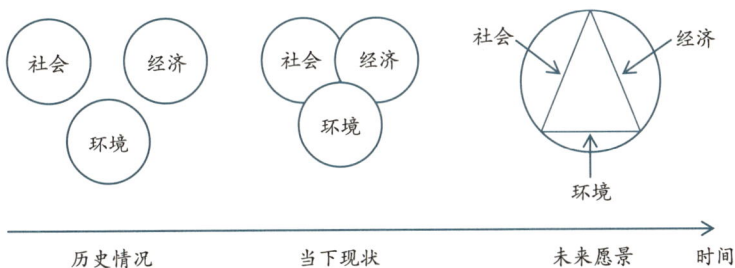

图1.6 城市可持续发展的愿景

资料来源：Kelly et al. (2004)

17

第四类，宁波在充分利用现代信息通信技术的同时，还强调积极汇聚人的智能，赋予物以智能，使汇集智能的人和具备智能的物互存互动、互补互促，以实现经济社会活动最优化的城市发展新模式和新形态。宁波对于智能城市理解的创新之处在于其把人力资源纳入智能城市建设的战略框架中。由此可见，智能城市的愿景不仅应涉及智能技术的构建与铺设，还应给予教育、文化和人力资源应有的重视，只有这样才能让人汇聚智能，让物拥有智能，通过二者的协调互补，实现城市的创新发展。也只有此，才是真正的智能城市愿景。

综上所述，我们认为中国的智能城市应以增进经济持续增长为目标，以生态文明建设为驱动力，以提高人民幸福感为最终理想。

建设智能城市，将保持制造、工程、服务三者联动发展，形成新的经济增长点，同时转变经济发展方式，积极实现创新驱动发展。建设智能城市，将显著推动产业发展模式的革命，特别是提高创新能力，在若干新兴科技、新型服务业等领域实现一大批原始创新、集成创新和消化吸收再创新的成果，能够培育出具有国际竞争力的智能型企业和创新型人才。智能城市的建设与维护，将需要一大批新型的科技人才、工程建设人才、运营维护人才，这十分有利于增加就业。因此，建设智能城市，是实现"促增长、保就业"的强力抓手。

建设智能城市，能构建宜居家园、绿色城市和美丽中国，践行党的十八大提出的发展生态文明伟大构想。

建设智能城市，能方便人民群众主动参与城市建设，建设和谐社区。能贯彻群众路线，改变机关作风，提升社会管理模式，实现社会和谐。改善民生、提高人民的安全感和幸福感，能实现数据、信息和知识共享，加速开放式的全民教育发展，推广中华优秀文化，促进不同文明的交流与对话，提升人的价值观，不断提高人的安全感和幸福感，实现人的现代化。

因此，中国的智能城市的发展可以概括为全面协调可持续发展与繁荣，即：经济持续繁荣、生态持续文明、社会持续和谐，如图1.7所示。

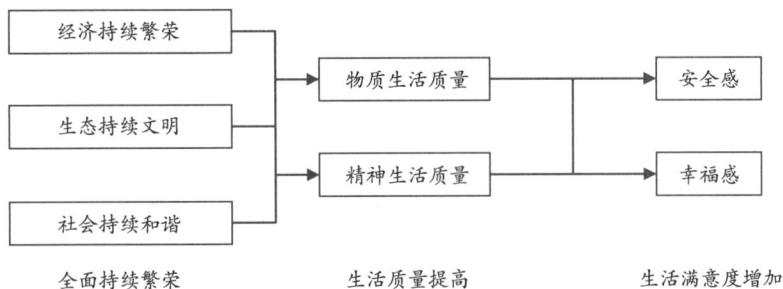

图 1.7 全面持续繁荣的智能城市模式

由于我国仍处在发展中国家行列，发展经济是当前的重要任务。只有经济基础才能决定上层建筑。因此，城市的建设与发展需要分阶段、渐进式地实现，如表 1.1 所示。首先，在经济落后、社会待发展的时期，无论是国家还是地方政府，其战略目标和任务应当是摆脱贫穷和落后、满足人民需求，故发展经济为这一时期的主要目标。当经济发展到一定程度，尤其是增长持续升温，生态环境的承载能力亟待纳入城市规划的决策框架，否则资源枯竭、耕地骤减、温室效应等问题都会导致生态和能源瓶颈，造成经济不可持续发展。为此，在第二时期，要兼顾经济持续繁荣和生态持续文明。随着经济水平的不断提升，生态环境的日益完善，人民的物质生活水平也就得到了很大程度的提高，按照需求层次理论，百姓会继续追求更高层次的需求，即相对于物质生活水平的精神生活水平。这时保证社会公平、处理好主要社会矛盾是第三阶段的主要任务。

表 1.1 全面持续发展与繁荣的分阶段发展

	发展阶段		
	1. 初始期	2. 发展期	3. 成熟期
1. 愿景 1.1 经济持续繁荣 1.2 生态持续文明 1.3 社会持续和谐	经济持续繁荣	经济持续繁荣 生态持续文明	经济持续繁荣 生态持续文明 社会持续和谐
2. 主要矛盾	经济落后 社会需发展	生态和能源瓶颈	社会矛盾
3. 战略目标/任务	摆脱贫穷、落后 满足人民需求 发展经济为主要目标	解决环境、能源阻碍 保证生态可持续	解决社会矛盾 保证社会可持续

续表

	发展阶段		
	1. 初始期	2. 发展期	3. 成熟期
4. 经济/社会发展模式	高速发展	集约型发展	和谐发展
5. 驱动发展模式	资源–投资驱动	消费与技术驱动	创新驱动

上述三个阶段是互相协调和互动的，离开了生态文明，经济无法持续繁荣，社会也难以实现持续和谐。同样，离开了社会持续和谐，经济也无法实现持续繁荣。然而，目前我国政府主管经济、社会和环境的各部门制定的政策往往仅考虑本部门领域的问题，兼顾其他领域的政策还不够，如图1.8（a）所示。如主管经济的部门制定的政策，往往是以经济增长最大化为原则，甚至以环境污染为代价，这就使得经济持续繁荣与生态持续文明发展相悖。这种顾此失彼的发展战略必然会导致资源浪费和效率低下。导致上述问题的原因是，各部门的战略目标不一致，必然会导致彼此的政策制定相互矛盾、相互制约。因此，为了实现智能城市可持续的健康发展，经济、社会和生态的可持续繁荣战略应进行协同，如图1.8（b）所示。具体来说，经济和社会的可持续发展战略与政策制定应当考虑环境的承载力；同时，经济的可持续发展战略与政策制定还应考虑社会和谐等问题。另外，西方国家，由于社会制度问题，不可能兼顾经济繁荣、生态文明和社会和谐相协调的政策和设计，只有在我国这样的社会主义制度优势下，才能做好顶层设计和各方面的综合协调，才能建成三元空间协同、"经济—社会—生态"统一的智能城市。

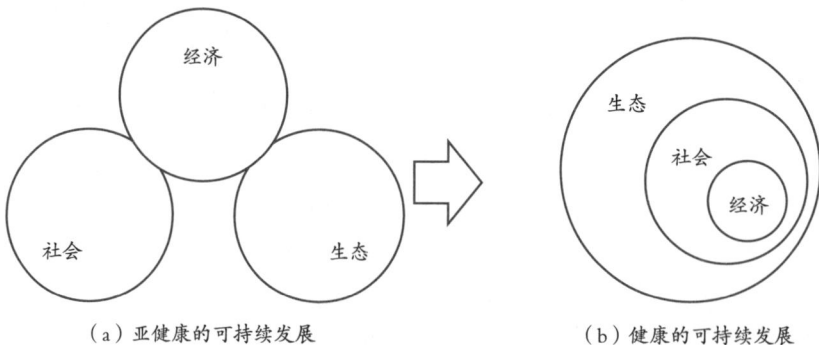

（a）亚健康的可持续发展　　　　　　　（b）健康的可持续发展

图1.8　全面持续繁荣的两种模式

（三）正确处理三元空间与全面可持续发展愿景的关系

根据三元空间理论，传统的城镇化和信息化建设，是在物理空间和赛博空间进行的，催生了数字城市的概念，即"数字城市 = 物理空间 + 赛博空间"。正如三元空间理论所阐述的，围绕物理空间和赛博空间的城市建设无疑是重要的，但人类社会空间的巩固与扩大以及人类社会空间与其他二元空间的贯通是智能城市建设的更为深层与长远的主题。这与新型城镇化以人为核心的指导思想是一致的。为此，智能城市建设是在数字城市基础上向人类社会空间（尤其是社会心智空间）的延伸，即"智能城市 = 数字城市 + 社会心智空间"。

社会心智空间决定了城市的发展方向、发展模式和发展道路，城市的智能不仅体现为信息空间，更体现为认知空间。举例而言，当前，中国的城市病主要体现在交通拥堵、环境污染、经济转型升级缓慢等问题上。这些城市问题主要体现在物质空间中，如果利用信息空间，可以帮助我们部分缓解这些问题，但无法真正解决这些问题。因为这些城市病的深层次根源是在社会心智空间中，是我们以经济建设为中心，忽视社会、文化和生态文明发展的价值观、愿景、发展模式和发展道路所导致的；同时，各个城市在经济利益的刺激下，盲目发展，大干快上，缺乏城市整体规划与协调机制，导致经济增长挤占了社会、文化和生态文明的发展空间，造成社会严重失调的状态。因此，智能城市建设的关键是在社会心智空间中实现观念转换：从以经济增长为中心转换到经济、社会、生态协调可持续发展，并以此城市愿景为中心，组建官产学研合作的、多学科的城市规划委员会，实施智能城市的整体规划，实现经济、科技、产业布局、交通、城市空间、土地、城市文化与形象和生态的协调发展。

五、智能城市建设的基本原则

（一）一个核心：城镇化，归根结底是"人的城镇化"，"人为本"乃最根本的原则

城镇化有助于扩大内需已经成为全国共识。在 2014 年发布的国家新型城镇化规划下，各个城市都在努力提高城镇化和智能化水平。新型城镇化道路，核心是人的城镇化，关键是提高城镇化质量。智能化与城镇化应在土地资源集约优化配置的前提下，更加注重"人的智能化"和"人的城镇化"：一方面，通过信息化和智能化技术，释放经济建设的生产力，催化生产方式的变革，真正实现创新驱动与转型升级；另一方面，实现农民群体向城市迁移，改变不合理的二元结构。

与此同时，人的城镇化必须紧密地与智能化联系起来，不能将智能城市建设为空城，只有人口旺的人才集聚地才能发挥城镇化和智能化建设的活力。譬如，鄂尔多斯曾耗资 50 亿元建现代化新城，原本打算使之成为城市对外宣传的窗口，但是在城市建设的同时，忽视了人的城镇化应当与基础设施建设的同步，使得新城建设后经济不能持续繁荣，市民没有足够的就业机会，无法安家立根，以至于人口不断减少。有人把它戏称为"空城"，因其丧失了城市生存的活力。当然，鄂尔多斯市政府也积极采取了措施，以解决这一困境。因此，城镇化不仅仅意味着城市规模的扩张、智能化基础设施的普及，还必须要通过"人的城镇化"实现经济繁荣与人口兴旺。

（二）两个结合：城镇化与创新创业相结合、经济发展与环境 / 生态保护相结合

首先，城镇化与智能化相结合。城镇化是由农业为主的传统乡村社会向以工业和现代服务业为主的现代城市社会逐渐演变的历史过程，涉及人口迁移、产业转型、空间变革等问题。在这一过程中，要注重将城镇化与智能化相结合，既要为进城农民提供安居乐业的生活空间和条件，还要通过利用城镇化带来的扩大内需的机会，在促进经济发展的同时，注重产业结构的合理转型。

其次，城镇化与创新创业相结合。智能城市建设的本质特征之一是实现城市治理服务的智能化，它要求管理上的创新，也需要技术创新的支持。另一方面，智能城市建设必然伴随着城镇化的同步进行。人口的集聚，既需要理好城镇化和产业及就业的关系，还要鼓励城市居民创新创业。譬如，不少城市都在中心城区建设创新创业综合体，并着力吸引人才集聚，以期实现高科技技术的产业化，形成大众创业、万众创新的产业发展路径。

最后，经济发展与环境/生态保护相结合。李克强总理曾指出"兴城首先要兴业"。城市发展离不开经济发展，二者是相辅相成、互补互足的关系。我国过去几十年来实施的高碳发展模式给生态环境带来了巨大的自愈压力。兼顾经济增长与环境保护的发展模式已成为我国下一步发展的必然选择。这与党的十八大提出的发展生态文明、建设"美丽中国"的战略愿景是一致的。智能城市建设要通过目标一致的经济、社会和生态规划，实现三者可持续繁荣的全面愿景。近年来，北京市、河北省出现较为严重的雾霾、污染等环保问题，其实就是我国某些地区过于单纯以经济增长为动力、忽视全面持续繁荣发展模式，直接导致了当下的治污难题。因此，在未来国家层面的规划中，要统筹经济、社会和环境规划，实现三者的联动发展。

（三）三元空间：物理空间、人类社会空间、赛博空间的序进发展、有机融合

区别于以往对智能城市狭隘的理解，城市管理者和百姓应当建立智能城市建设的系统观：将智能城市看作由三元空间耦合关联而成的复杂系统。因此，三元空间建设应当序进发展与演化。同时，赛博空间是连接物理空间和人类社会空间的纽带，智能城市建设有助于通过赛博空间建设实现三元空间的有机融合。当前，大多数城市的智能化建设主要停留在物理空间和赛博空间建设阶段，通过信息化基础设施的构建实现城市有形元素的互联互通，这方面的例子不胜枚举。但是人类社会空间（尤其是社会心智空间）建设方面只得到了较少城市的关注。

（四）四化融合：城镇化与工业化、信息化和农业现代化相结合

智能城市建设有助于实现四化融合，进而促进经济发展方式、城市治理结构、社会生活模式的转变。首先，要以信息化带动工业化，智能城市建设有利于利用"互联网+"的模式驱动传统产业的转型升级，譬如，在智能城市建设初级阶段，浙江省就重视从四化融合的角度驱动智能城市建设，以"机器换人""电商换市""信息化应用"等新模式，驱动战略性新兴产业成为全省经济增长的新引擎，实现工业化、信息化与智能化的融合。其次，要以信息化提升城镇化，推进社会各领域的信息化与智能化水平，通过互联互通的数据资源，实现城市的科学治理。最后，智能城市建设还应鼓励大企业参与农业现代化建设，通过技术和人才的投入，改变传统农业的生产方式，实现农业发展从作坊式向集约式转变，进而实现农业的现代化。

以上四个要点可以归结为"1-2-3-4"，它是我国这些年来城镇化建设的基本经验，也是指导我国建设智能城市的基本原则。

六、智能城市发展战略

智能城市发展战略是对城市经济、社会、环境等的发展做出的全局性、长期性的规划，是统领城市发展大局的战略性目标。战略架构对于核心竞争能力的形成是很重要的，但现在鲜有讨论我国智能城市战略架构的书籍和学术论文。我们尝试从功能的角度探讨智能城市战略的架构，将其分为五个子战略：经济、科技、文化、教育与管理发展战略，如图1.9所示。以下各节简要介绍各战略重点内容，具体内容请参阅本书的后续章节。

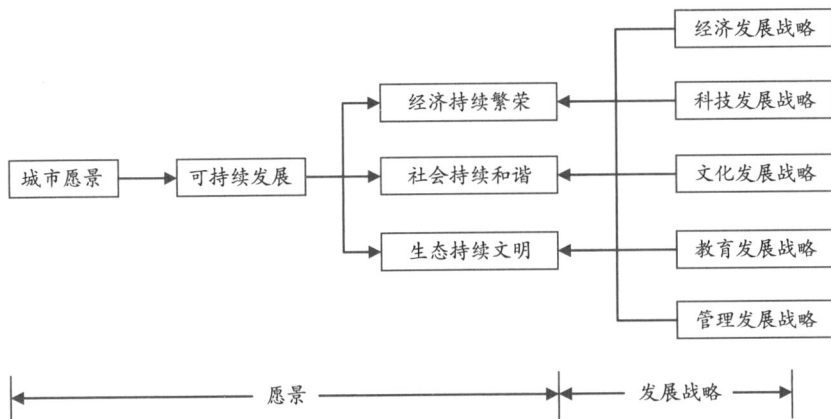

图1.9 智能城市建设的愿景及其发展战略

（一）经济发展战略

经济发展战略强调智能城市经济发展的整体战略分析框架：物联网和数字城市是智能城市发展的基础，智能城市经济发展战略的制定就是在此基础上，打造智能城市的智能协同、内生创新、高度集成等核心能力，结合城市发展的外部环境和自身发展历史、特点，促进新兴产业的诞生和发展、传统产业的增强以及新兴和传统产业的联合发展，从而通过要素投入、优化产业结构、转变发展模式等途径，以扩大出口、合理投资和拉动消费的方式促进智能城市经济发展，实现可持续性、全面性、绿色发展等智能城市经济发展目标。

（二）科技发展战略

科技发展战略强调从三元空间的视角理解智能城市的科技发展。科技发展战略应着眼于三个方面。首先，通过科学技术的有效利用促进智能城市经济、社会、生态等方面直接建设内容的建设。其次，把城市科技创新能力的培养作为智能城市的长远战略目标加以规划。最后，在建设中，科技应和文化、教育相互配合，共同发展。这样，智能城市科技发展是城市"人类社会空间"提升的重要环节，同时在科技战略的实施中还应着力于三元空间的贯

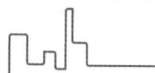

通和协同发展。

（三）文化发展战略

这部分从现代城市的文化内涵出发，提出了智能城市文化发展的三大战略：文化化人战略、生态文明战略、创新文化构建战略。然后阐述多媒体信息智能技术如何调动全社会的参与热情，形成全社会认同的社会主义核心价值观。同时，论述了智能与信息技术如何弘扬传统文化，并与现代生态文明融合；并且从文化与科技融合的角度，分析了如何形成全社会共同参与、汇聚智能的创新文化；最后通过中外城市文化发展的五个案例，阐述了智能城市文化发展的方向与路径。

（四）教育发展战略

智能教育的战略路径是规划智能教育的路线，构建支撑智能城市发展的"教育云"，建设一个泛在的、智能化的教育平台，通过系统、资源、文化的全球整合产生专业化教学服务，有效发挥在线教学的规模化定制优势；智能教育的战略愿景是使每一公民都能获得个性化的学习路径，通过学习社团学到适应未来经济的专业知识技能，使其低成本、高品质地提升我国各个教育层次的教育质量。以更好的教学效能、更灵活的劳动力创造一个创新因素驱动的智能协同、内生发展智能城市，实现"三全、两结合、一提升"，即在"赛博空间"构建全民教育、全时空教育、全要素教育的教育体系；统筹协调教育发展与社会主义核心价值体系相结合、与经济转型升级相结合；通过智能教育构建更加健康可持续的城市"社会心智空间"，在提高技能教育的同时，提升国民素质、社会责任和爱国主义情怀，最终实现全社会物质面貌与精神风貌的全面改观，以整体实力的提升实现经济与社会的持续发展，走出中等收入陷阱。

（五）管理发展战略

这部分提出采用能动至变和优化设计两种机制共同协调作用来促进智能

城市的和谐发展，采用能动至变的演化的机制来对智能城市中的"人"进行管理，采用优化设计控制机制来对智能城市中的"物"进行管理。将以上两种机制结合应用于智能城市的建设中不仅鲜明地体现了管理活动中自主演化和人为设计的特性，而且也提供了这一复杂问题的有效解决之道，即能够事先安排、用科学方法解决的，用科学设计和优化来解决；反之，让人发挥其创造性，权宜应变。

七、智能城市评价指标体系

智能城市评价指标体系是由一套科学系统的评价指标构成的，对智能城市建设成果进行量化计算、科学评测的方法体系（邓贤峰，2010）。

（一）评价原则

关于智能城市评价指标体系，指标体系是否全面，层次结构是否合理，直接关系到评价质量（邓贤峰，2010）。智能城市建设效果的分类涉及诸多方面，智能城市建设涵盖诸多领域，由于城市类型的差异，不同城市发展模式与侧重点也存在差异。要对其进行合理的评价分类，必须建立完善的指标体系。因此，构建智能城市评价指标体系时，要遵循以下基本原则（顾德道等，2012）：

第一，导向性原则。智能城市建设是一个动态序进的过程。指标体系需要考虑城市的发展目标，并极可能涵盖较为宽广的城市建设范围。第二，科学性原则。是指要从智能城市的基本原理出发，选取能够体现智能城市内涵的适当指标，以准确地反映智能城市发展的特点（顾德道等，2012）。第三，系统性原则。指标体系要能提供翔实的信息，若干个相互独立的指标群聚合成一个完整的评价指标体系（魏金江，2013），以测度和评价城市信息化的整体水平（李贤毅等，2008）。第四，可操作性原则。主要体现在三个方面：可采集性，可量化性，代表性。第五，可比性原则。智能城市必须明确评价指标体系中每个指标的含义和适用范围，以确保评价结果具有横向与纵向的可

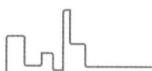

比较性（魏金江，2013）。

（二）评价指标构建和评价方法

智能城市指标体系现在仍处于探索阶段，分别从智能城市实现过程的视角出发和实现结果的视角出发，有两种评价模型可供选择。

1. 智能城市评价指标构建和评价方法：基于过程视角

（1）智能城市评价指标构建：基于过程视角

智能城市的建成犹如一棵参天大树的成长一样，离不开大树所处的土壤、树本身的特点，所表现出的枝繁叶茂虽有共同点，却又处处体现差异。为此，我们用智能之花、智能之干、智能之根、智能之壤形象地描述智能城市的指标体系，它是一个综合性的评价指标体系，其一级指标分别为：智能经济、智能民生、智能社会、智能环境、智能治理、智能人才、智能平台、智能基础设施、智能自然禀赋等九个一级指标。智能自然禀赋是智能城市建设的先天条件，智能基础设施是智能城市建设的硬件基础，智能人才、智能治理、智能平台是智能城市建设的核心要素，智能经济、智能民生、智能社会和智能环境是智能城市的直接表现，这些因素相互影响、相互促进。

值得注意的是，不同城市由于其智能自然禀赋、城市发展战略、城市定位及其自身人口、资源和环境特点等多方面的差异，因此又可以细分为：智能旅游城市、智能创新型城市、智能制造城市、智能商务城市、智能金融城市等等，这就要求首先应该构建全面的、涵盖各个方面的综合性评价指标。本书的综合性的、理念性的智能城市指标体系如表 1.2 所示。

表 1.2　智能城市评价指标体系：基于过程视角

属　性	一级指标	二级指标
智能之花	智能经济	传统升级（智能化）
		智能产业
		产业融合水平
		战略性新兴产业

属　性	一级指标	二级指标
智能之花	智能民生	教育
		社保
		医疗
		交通
		居住
	智能社会	社会服务
		社会管理
	智能环境	环境宜居性
		污染指数
		废水废物处理率
智能之干	智能治理	智能规划体系
		城市功能完善性
	智能人才	人才结构
	智能平台	公共基础数据库
		公共信息平台
智能之根	智能基础设施	网络基础设施
		感知基础设施
智能之壤	智能自然禀赋	自然资源禀赋
		人文资源禀赋

（2）智能城市评价方法及实施：基于过程视角

智能城市评价结果的合理性与准确性在很大程度上取决于其评价指标体系是否合理、指标权重是否恰当、所用数据是否准确。智能城市的评价应根据城市类别，分层次、分板块进行，不同类别、层次和板块适用于不同的城市，同类比较更具合理性。智能城市指标体系的设置与指标权重的计算方法必须能够充分体现"公平"原则，以保证各城市在评价指标体系面前"人人平等"。就具体的研究方法而言，可基于 TOPSIS（Technique for Order Preference by Similarity to an Ideal Solution）方法，考虑到 TOPSIS 的基本方法中对于标准化和确定权重没有太多讨论，可以在具体评价中对 TOPSIS 方法进行一定改进，结合其他评价方法形成综合方法。

通过构建科学化、可定制、易剪裁的评估指标体系，可以对城市进行全面评估，也可以对城市中的特定领域进行针对性评估，如智能交通、智能政务、智能环保、智能市政、智能旅游、智能社区、智能园区、公共安全与应急等；可以满足不同规模（大、中、小）、不同特色（综合型、工业型、旅游型、港口型等）的城市评估需求，帮助城市结合自身实际和特点科学发展。

2. 智能城市战略评价指标构建和评价：基于结果视角

（1）智能城市战略评价指标构建：基于结果视角

基于结果视角的智能城市评价体系包括 3 个一级指标：经济持续繁荣、社会持续和谐、生态持续文明。经济持续繁荣的测量主要从城市生产总量的增加值来表征，包括 1 个二级指标。社会持续和谐的测量主要从市民对各项智能应用的满意度角度来考虑，包括 4 个二级指标。生态持续文明的测量从城市绿化和排放角度来考虑，包括 5 个二级指标。

指标结构层次如图 1.10 所示。

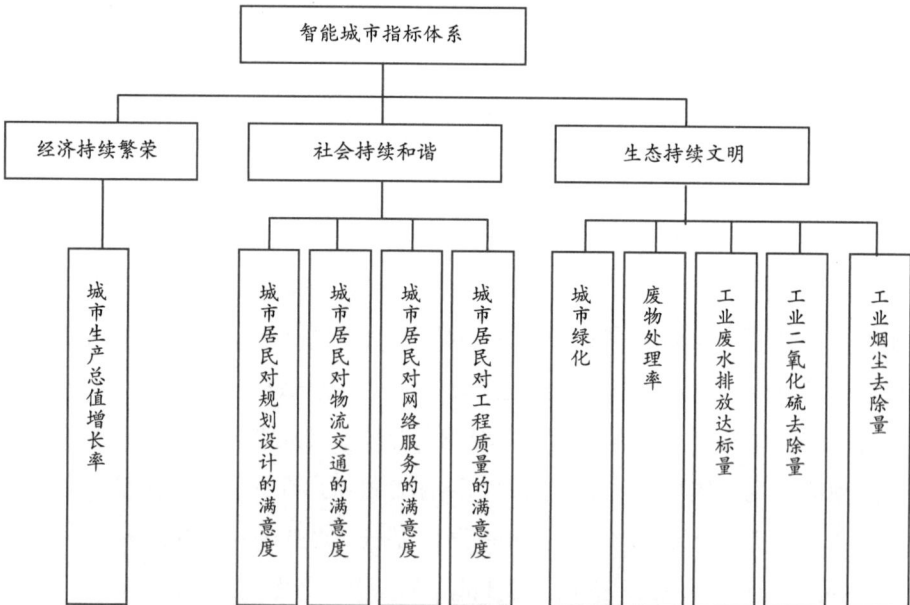

图 1.10 智能城市战略评价指标层次图

（2）智能城市战略评价方法及实施：基于结果视角

首先，样本城市选择。由于智能城市是城市发展的高级阶段，故本研究选择了 12 个发展较好较成熟的城市作为样本城市，具体而言是 12 个直辖市或省级 / 副省级城市：北京市、天津市、上海市、南京市、苏州市、杭州市、宁波市、青岛市、武汉市、广州市、深圳市、重庆市。

接着，数据收集。本研究根据图 1.7 所示的智能城市战略评价指标体系，从《中国城市统计年鉴》（2011）、《中国 20 城市居民幸福感研究报告》（2012）、《中国城市居民居住满意度调查报告》（2012）中收集了上述样本城市的数据。原始数据表如表 1.3 所示。

然后，基于统计标准方法，采用 SPSS 16.0 软件对原始数据进行了标准化处理，标准化后的数据矩阵如表 1.4 所示。

然后，对各城市数据分别求均值得分，并将得分除去总均值，得出排名（如表 1.5 所示）。

借鉴余红艺（2012）的分类，本报告将现有 12 家样本城市在实现智能城市战略程度上进行了分类。由于最后数值为各城市得分 / 所有城市得分均值，表示的是在实现智能城市战略上，各城市的相对优势，故该数值大于 1 时，表示该城市智能城市战略实现情况高于平均水平；反之，该数值小于 1 时，表示该城市智能城市战略实现情况低于平均水平。数值越高，该城市在这些精选的发展较好的样本城市中的优势越显著。

表 1.3　样本城市智能城市战略原始数据表

指标 城市	城市生产总值增长率	城市居民对规划设计的满意度	城市居民对物流交通的满意度	城市居民对网络服务的满意度	城市居民对工程质量的满意度	城市绿化（公顷）	废物处理率	工业废水排放达标量（吨）	工业二氧化硫去除量（吨）	工业烟尘去除量（吨）
北京市	10.30	85.1	86.6	83.3	82.5	62672	65.82	8096	129888	1907537
天津市	17.40	83.1	83.3	82.0	82.5	19221	98.57	19671	374014	4844544
上海市	10.34	85.0	89.8	78.9	82.1	120148	96.16	55969	349849	4723090
南京市	13.06	82.2	82.4	77.6	80.6	77087	88.82	32164	606632	3008848
苏州市	13.30	80.4	80.2	81.0	79.0	13987	98.71	63739	179393	3904745
杭州市	12.00	82.4	83.6	76.7	80.4	15118	94.13	77957	92156	1061174
宁波市	12.50	80.3	85.0	75.9	77.8	9893	89.66	18111	721536	5777233
青岛市	12.90	77.8	75.2	75.0	74.0	16619	98.60	10591	202374	2178880
武汉市	14.70	78.8	77.9	73.0	74.6	15447	98.59	22286	153925	2473257
广州市	13.20	75.3	74.9	73.3	73.9	124420	97.25	25116	164567	2564321
深圳市	12.20	75.3	75.1	69.6	73.8	96368	134.74	8676	38554	408996
重庆市	17.10	72.9	72.6	69.2	72.7	41244	80.40	42798	462388	3773199

表 1.4　标准化后的样本城市智能城市战略数据表

城市 \ 指标	城市生产总值增长率	城市居民对规划设计的满意度	城市居民对物流交通的满意度	城市居民对网络服务的满意度	城市居民对工程质量的满意度	城市绿化（公顷）	废物处理率	工业废水排放达标量（吨）	工业二氧化硫去除量（吨）	工业烟尘去除量（吨）
北京市	1.2284	0.6919	0.2522	0.4484	0.6249	0.7773	0.9660	1.2284	0.6919	0.2522
天津市	0.3767	1.0362	0.6128	1.2914	1.5872	1.3132	1.0046	0.3767	1.0362	0.6128
上海市	2.3549	1.0109	1.7437	1.2080	1.5474	0.7803	1.0161	2.3549	1.0109	1.7437
南京市	1.5109	0.9337	1.0020	2.0946	0.9858	0.9856	0.9326	1.5109	0.9338	1.0021
苏州市	0.2742	1.0377	1.9857	0.6194	1.2793	1.0037	0.9184	0.2741	1.0377	1.9857
杭州市	0.2963	0.9895	2.4287	0.3182	0.3476	0.9056	1.0714	0.2963	0.9895	2.4287
宁波市	0.1939	0.9425	0.5642	2.4914	1.8928	0.9433	1.0522	0.1939	0.9425	0.5642
青岛市	0.3257	1.0366	0.3299	0.6990	0.7139	0.9736	1.0316	0.3257	1.0366	0.3299
武汉市	0.3028	1.0365	0.6943	0.5315	0.8103	1.1094	0.9506	0.3028	1.0365	0.6943
广州市	2.4387	1.0224	0.7825	0.5682	0.8402	0.9962	0.9673	2.4387	1.0224	0.7825
深圳市	1.8889	1.4165	0.2703	0.1331	0.1340	0.9208	1.0278	1.8889	1.4165	0.2703
重庆市	0.8080	0.8452	1.3334	1.5966	1.2362	1.2906	1.0612	0.8080	0.8452	1.3334

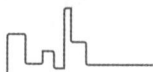

表1.5　样本城市智能城市战略实施情况排名

排名	城市	得分/均值
1	上海	1.380235
2	南京	1.206501
3	重庆	1.167377
4	宁波	1.154374
5	广州	1.087932
6	天津	1.031768
7	苏州	1.016948
8	杭州	0.908241
9	深圳	0.827334
10	武汉	0.776486
11	青岛	0.730023
12	北京	0.712780

因此，本报告将样本城市分为三类，如表1.6所示。

表1.6　样本城市智能城市实施情况分类

智能城市战略	城市	得分/均值
领跑者	上海、南京、重庆、宁波	>1.1
紧跟者	广州、天津、苏州	(1, 1.1)
准备者	杭州、深圳、武汉、青岛、北京	<1

本研究中智能城市评价的创新点为：第一，针对前人研究中对于智能城市内涵界定不清，从而导致评价和内涵不一致，内部效度低的问题，本研究在清晰界定智能城市及其战略内涵的基础上，设置指标，提高了研究的内部效度。第二，针对现有智能城市评价体系多主观评价、鲜客观指标，造成的评价结果有效性易被质疑的问题，本研究采用的指标均为二手数据，且具有多种数据源（客观和主观），进而有效地降低了同源偏差，提高了研究的内部和外部效度。第三，针对现有智能城市评价研究多基于单一视角（过程或结果），造成的视角较片面、评价结果难一致的问题，本研究整合了过程和结果视角，开发了两套评价体系，有助于我们更加全面和深入地理解智能城市这一正处于探索阶段的研究领域。

第2章

i City 智能城市经济发展战略

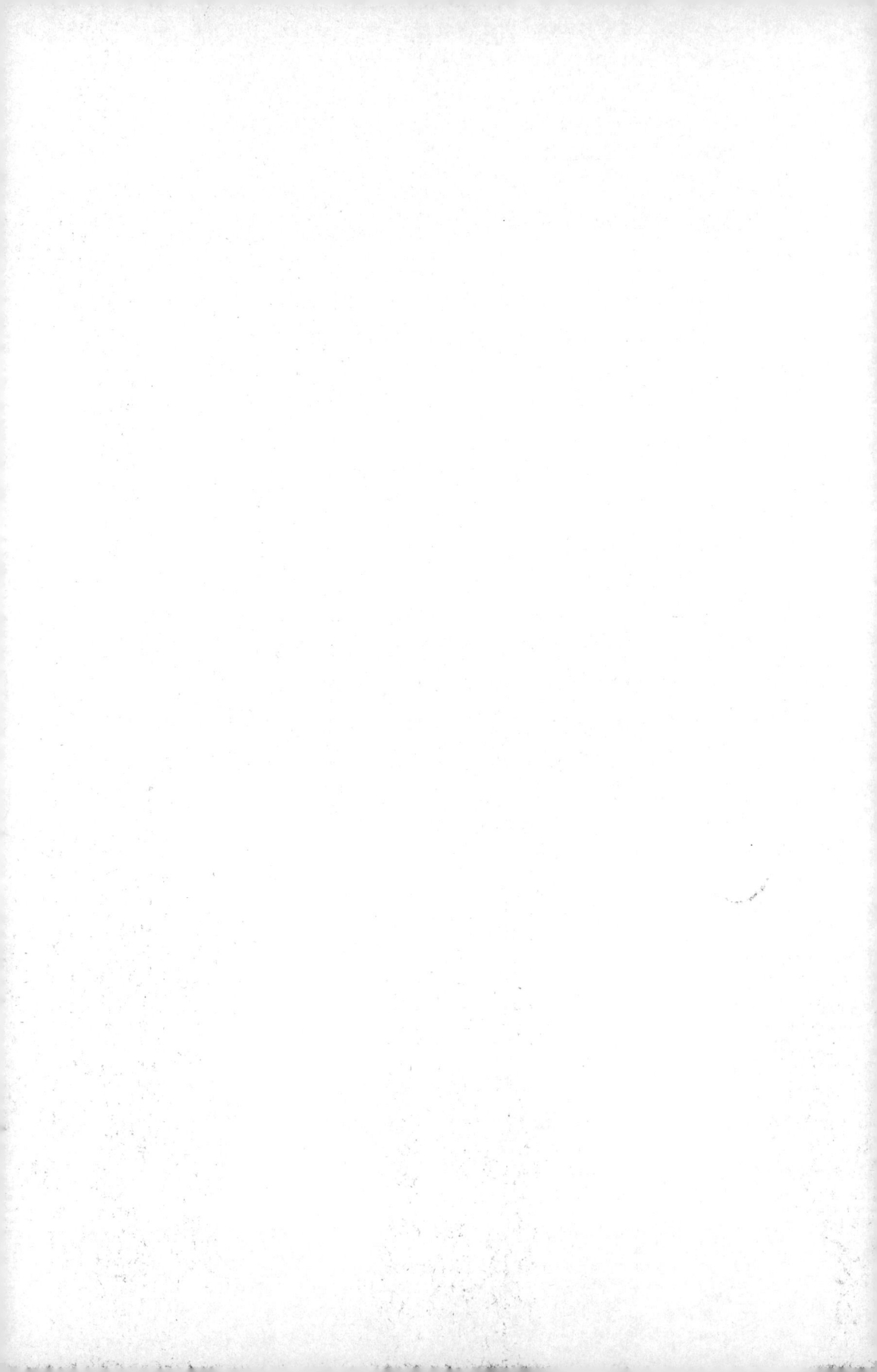

一、中国城市发展面临的机遇与挑战

（一）中国城市经济发展面临的机遇与挑战

1．中国城市经济发展面临的挑战

据国家统计局统计数据显示，2013 年，我国总人口达到 13.61 亿（不含港澳台），其中城市人口约为 7.31 亿，农村人口约为 6.3 亿，城市化率达到 53.73%。过去 10 年我国城镇化率情况如图 2.1 所示。

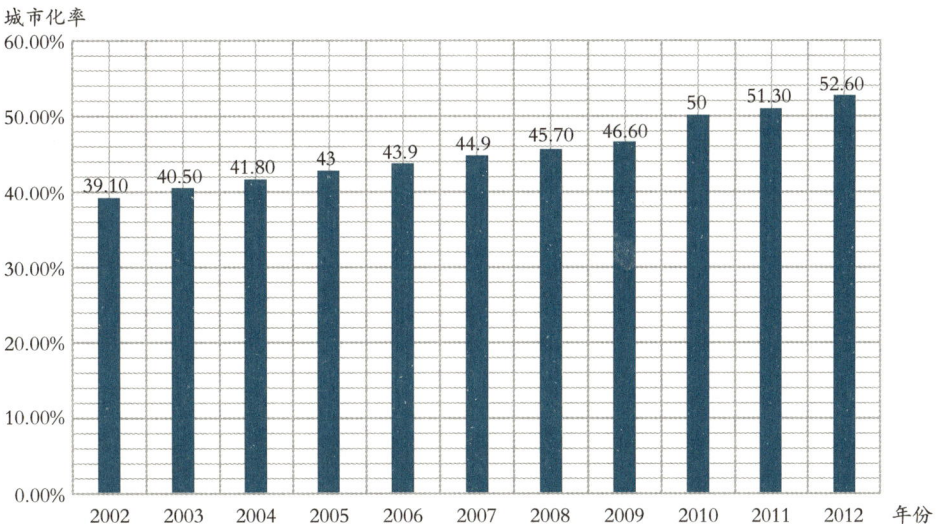

城市化率

图 2.1　2002—2012 年我国城市化率

自 2010 年以来我国城市化率连续 4 年超过 50%，并以每年 1.3% 左右的速度逐年上涨。未来 10 年，我国仍将处于城市化快速发展阶段，到 2020 年，城市化率将达到 60% 左右，总体上将达到中等发达国家水平。城市化率的提高标志着我国城市化进程的加速，而我国城市的数量与规模也在迅速增加与扩大。2013 年我国的城市数量达到 657 个，其中包括直辖市 4 个，副省级城市 15 个，地级市 270 个，县级市 368 个。城市时代的到来使城市经济成为中国经济的最主要贡献者。然而，在这种城市化快速发展的背景下，中国的城市经济发展在经济结构、资源环境、劳动力等方面也将面临巨大的挑战。

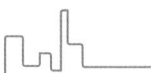

（1）经济结构亟待升级

早在 1672 年，英国古典政治经济学创始人 William Petty 就在其著作《政治算术》中指出：第二产业（主要指工业）的利润高于第一产业（主要指农业），而第三产业（主要指服务业）的利润又高于第二产业。从发达国家经济结构升级的历程来看，其演变大致分为三个主要阶段：初始阶段，农业所占的经济比重较高；随着国民经济的发展，在经济结构升级的中期，农业在国民经济中所占比例逐渐下降，而工业与服务业比重上升；经济结构升级的后期，服务业越来越受到重视，在国民经济中所占比例大幅提高，而由于竞争等因素的影响，工业在国民经济中所占比例逐渐降低。

就城市经济发展现状来说，我国正处于经济结构升级的后期，即从前一阶段的中、低技术产业向高技术产业以及知识密集型服务业转移。目前来看，我国城市经济结构主要面临的挑战表现为高技术产业比重低，城市之间产业结构类似，低水平重复竞争突出，传统产业创新能力不足。首先是产业结构水平低，许多城市高新技术产业的发展较为滞后，在城市经济中所占的比重较小，许多城市在多个产业的技术装备比较差和技术水平比较低（姚兰，2003）。在基础产业依旧薄弱的基础上，由于区域城市间产业竞争激烈且缺乏互补，重复建设和重复投资情况较多，许多工业部门中存在着严重的生产过剩与生产能力闲置的情况。此外，产品科技含量低也是大多传统产业面临的问题，有些地区的传统优势产业如机械、制造等产业重复、非良性竞争情况突出，而服务水平不高，与国外同业之间的竞争激烈，抗风险能力较弱，附加值不高（钱斌华，2012）。最后，经济结构的升级同样离不开创新的管理理念与手段，各产业间界限逐渐模糊也要求企业间进行更加紧密的信息与资源共享，这也是我国城市经济结构升级需要面对的问题。

（2）资源过度消耗和环境污染

在工业化进程的初期，由于产业结构水平低下，许多城市依靠其自然资源——包括矿产资源、水利资源等进行发展。经过长时间的对自身资源的过度依赖，很多"资源型城市"随着资源的过度消耗呈现后期发展乏力的状态。我国这方面的困境尤为明显：煤矿资源城市如鹤岗、大同，石油资源城市如大庆等地的经济发展问题在资源逐渐衰竭后显露出来，失业率的提高、企业利润的降低甚至过度开采后造成的环境的破坏都使城市的经济发展面临严峻的挑战。

环境不止受到资源过度开发的影响，人口密度的提升、现代交通工具的使用，甚至高科技产品的普及也会对环境造成很大的影响。根据联合国人口基金会统计报告的数据显示，预计到 2050 年，全世界的人口总量将超过 90 亿，其中城市居民人口占 70% 以上，而人口总量在 1000 万以上的特大城市数量将增至 27 个。世界人口激增和城市化进程的加速，使得土地沙漠化、水资源缺乏、生物多样性丧失等一系列环境问题愈加恶化，资源问题尤其紧张（陈骞，2012）。而在经历了这种快速扩张阶段之后，中国的城市化在环境方面也遇到了世界发达国家曾经和正在经历的发展困境和挑战，同时还有包括生态失衡、交通阻塞、能源危机、空气污染等方面的特殊问题（高晓雨，2012）。

20 世纪 80 年代中期以来，快速的城镇经济发展与人口集聚对区域资源环境造成了巨大压力，外延增长式的城市发展模式已难以适应新形势下的发展需求，资源环境保障能力建设与城镇化发展不协调的矛盾日益突出。我国目前资源和生态环境不能缓解快速城镇化带来的巨大压力，不允许再走西方初级工业化阶段的城镇化的老路，而必须与科技含量高、经济效益好、资源消耗低、环境污染少、人力资源优势得到充分发挥的新型发展道路相适应。党的十八大明确提出，要"积极稳妥推进城镇化，坚持走中国特色城镇化道路"。在此背景下，我国的城市发展转型模式及其趋势都是决策者和城市规划建设者迫切需要思考和解决的问题。

（3）劳动力红利消失，劳动者素质有待提升

虽然我国的总人口与城市人口基数不断增加，但据统计资料显示，自2010 年开始，我国 60 周岁及以上人口占总人口比重约为 13%，其中城市 60 周岁及以上的人口占城市总人口比重约为 12%，都大大超过了国际上通用的10% 的标准，标志着我国已进入老龄化社会，并且老龄化程度较高。对我国的城市经济发展而言，人口老龄化的加剧预示着适龄劳动力的减少，即劳动

力红利正逐渐消失。如何解决劳动力红利消失对城市经济发展的影响，也是我国城市建设的决策者们面临的严峻挑战。

从劳动力的角度来看，不能只关注劳动者的数量，同时也要提高劳动者的质量，而劳动者质量最直观地体现在劳动者素质方面。劳动力产业转移理论指出，随着人均 GDP 的增长，劳动力首先从第一产业向第二产业转移，并且随着人均 GDP 的进一步提高，劳动力进而向第三产业转移。此外，城镇化进程的加快也促使着农村劳动力向城市转移，即国家从以农民为主向以市民为主转变。而在我国目前这种加速的城市化进程中以及城市经济结构升级的背景之下，劳动力的素质是亟待解决的难题：原本从事第一、二产业的劳动力可能面临需要从事其不熟悉产业的情况，而第三产业的劳动力也要面临新兴理念与技术的考验。因此，如何提高劳动者的素质，使其在面对新的工作环境时可以正确、高效地完成工作，从而为城市化经济的发展贡献力量也是城市建设的决策者面临的巨大考验。

（4）物联网等核心技术缺乏国家标准

新一代信息技术产品被国外厂商垄断，新产业的发展内忧外患。以 RFID（射频识别）技术为例，在高频领域尤其是在最关键的超高频领域，我国缺乏制定标准的能力，相关标准的制定仍由国外机构把持，这就使我国在未来面临大量的专利费用，从而在标准方面使中国企业的成本大大增加（邓贤峰，2011）。另外，从国家竞争方面考虑，由于智能城市的概念由美国公司 IBM 的"智慧地球"概念发展而来，相关国外企业可能把持着与智能城市发展相关的大量资源，如果物联网等核心技术缺乏国家标准的支持，没有自助研发的核心竞争能力，我国在智能城市发展过程中将会被其高附加值的产品消耗掉大量的资金，从而使我国信息产业特别是核心软硬件领域的发展受到阻碍，继而使我国城市经济的发展受到影响。

（5）信息安全成为亟待解决的问题

信息网络安全问题的全球化往往伴随着信息网络全球化产生，虽然新一代信息技术的应用为智能城市发展提供了技术支持，但同时也为整个社会经济、产业等各个系统数据的泄露、网络攻击带来隐患。数据显示，2010 年我国互联网上新增病毒 750 万个，比上一年下降 56%；但新增钓鱼网站 175 万个，增加了近 12 倍；其中，钓鱼网站的受害网民高达 4411 万人次，间接损失超过 200 亿元（隋立明，2011）。智能城市经济发展战略亟待解决的重要问题之一是要保证政府部门、企业、科研机构在内部研发、信息传递以及与境外机构合作时有关商业机密、涉及国家安全的信息等不被泄露，努力提高信息安全系数。

2．中国城市经济发展面临的机遇

虽然我国的城市经济发展在很多方面面临着巨大的挑战，但在国际经济发展环境变化迅速的今天，全球经济发展模式在新一代信息技术发展与应用的过程中不断变化和升级。较发达国家而言，我国目前的城市发展阶段更加显著地受到信息化、工业化融合和服务行业比重上升的促进（史璐，2011）。此外，时代进步所带给我们的更为先进的管理理念与手段，更为我国城市的经济发展提供了难得的机遇。

（1）新兴信息技术产业的快速发展

国家统计局数据显示，我国信息化发展速度较快，2011 年信息化发展指数达到 0.732，比 2010 年高 0.025。2001—2010 年年均增长 13.98%，而 2010年，该指数年增长速度已居世界第 1 位，历年中国信息化发展指数情况如图2.2 所示。早在 2012 年底，我国网民规模就接近 6 亿，约占世界网民数量的四分之一。而随着互联网的深入普及，据中国互联网络信息中心发布的《第34 次中国互联网络发展状况统计报告》显示，截止到 2014 年 6 月，我国的互联网用户已突破 6 亿大关，达到 6.32 亿，互联网普及率达到 46.9%，历年网民规模及互联网普及率如图 2.3 所示，城市互联网用户在其中占据了比较大的比重。此外，就移动互联网用户而言，其规模已经越来越接近 PC 互联网用户，其便捷性上的优势使其增长势头较普通互联网用户更为迅猛，手机网民规模情况如图 2.4 所示。我国城镇化的特点基本上可概括为规模大、速度快、问题多、要求高，因此信息——作为城市经济发展的可重复使用、无污染、低成本要素——也得到了决策者们的充分重视，新兴信息技术产业的快速发展也为城市的经济发展进程开辟了新的方向。

信息化发展指数

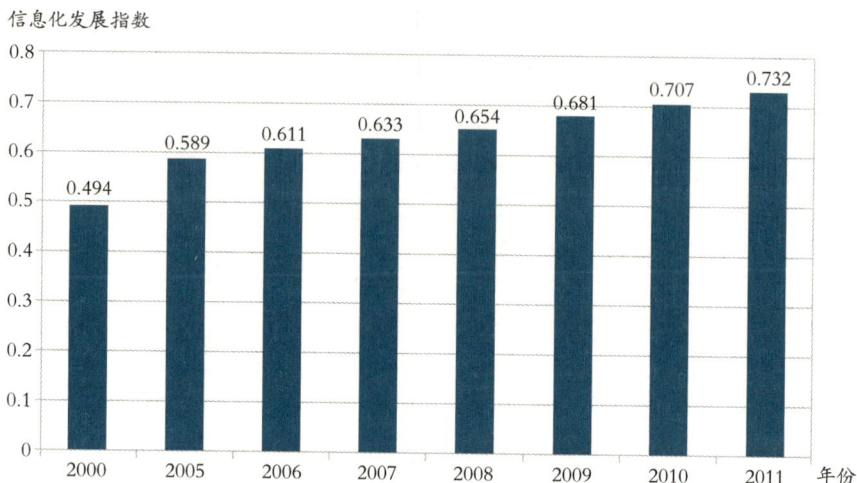

图 2.2　中国信息化发展指数

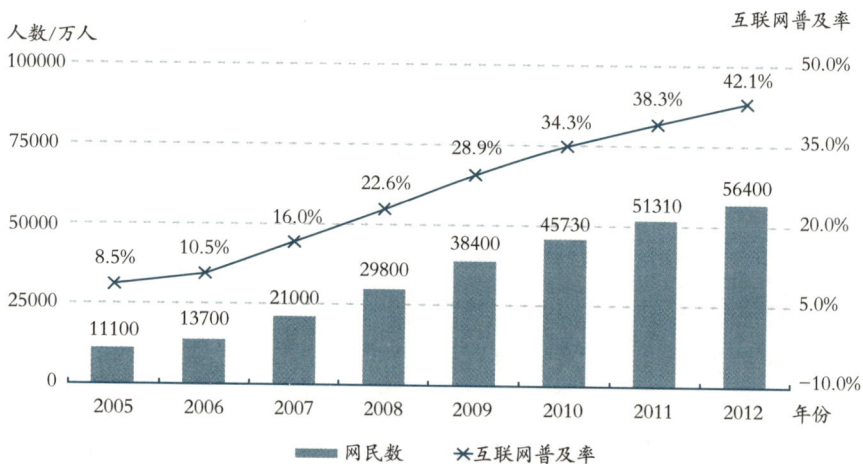

图 2.3　中国网民规模和互联网普及率

数据来源：CNNK 中国互联网络发展状况统计调查

人数/万人

图 2.4　中国手机网民规模及其网民占比

数据来源：CNNK 中国互联网络发展状况统计调查

电子商务的崛起：信息技术的快速发展对城市经济发展最直观的作用应该体现在电子商务的崛起上。2013 年，我国通过电子商务交易的金额达 9.9 万亿元，为带动城市经济发展做出了巨大的贡献。电子商务的便捷性、可比较性与相对低廉的价格逐渐获取了不同年龄、不同阶层互联网用户的关注，也使有些地区的企业如阿里巴巴、京东等电商巨头受益匪浅，网络经济正成为我国企业投资和居民消费快速增长的新动力。统计显示，2012 年，我国网络经济市场规模达 3850.4 亿元，同比增长 54.1%，网络经济规模占 GDP 的比例从 2011 年第一季度的 0.50%，上升至 2012 年第三季度的 0.86%，极大地带动了地区经济的发展。未来几年电子商务的持续快速发展同样会为城市经济发展贡献较大的力量。

社交媒体的普及：近年来，社交媒体越来越多地为我国居民所使用，微信、微博、社区、论坛等社交媒体的普及为人们提供了一种即时性的、便捷的非正式交互方式，也开通了一条更为便捷的信息获取渠道，拉近了人与人之间、组织与组织之间乃至人与组织之间的距离。合理地应用社交媒体包含的信息也可以为我国城市经济发展提供更好的机会。

此外，从信息技术产业机会来看，以云计算、物联网、大数据为代表的新兴信息技术产业正得到越来越广泛的应用，城市经济发展的各个方面都可以看到信息技术产业举足轻重的作用。

从发达国家在信息技术应用方面的经验看来，美国通过信息技术建立了精准、可靠的城市传感网络，正向数字经济方向发展；欧盟正在打造泛在网，加强智慧城市网络信息基础建设，并强调以绿色信息通讯技术，实现向低碳经济的转型，物联网也是其规划的重要一环；日本、新加坡等国家也都依托于新兴的、快速发展的信息技术为城市经济的发展铺平道路。同样地，新兴信息技术的应用也会为我国城市经济发展提供重要的技术上的支持（许庆瑞等，2013）。我国信息技术的应用相对发达国家水平较低，然而，信息化在我国城市经济发展进程中的潜力则是巨大的。

（2）智能服务业的兴起

新兴信息技术的发展会产生巨大的边际效应，会对城市经济建设的很多方面产生推动作用。目前，在我国 GDP 中服务业占比越来越大的环境下，服务业的升级也是城市经济建设的关键一环。以基于地理位置服务的各类服务业态（如智慧社区服务）、智能医疗、智能家居服务等为代表的智能服务业正是一种依托于高速发展的信息技术，并且较传统服务业而言是一种知识更加密集型服务业（韩雅鸣等，2005）。智能服务业可以更主动地识别人们的需求，使服务需求者可以更加快捷、有效地接受服务；智能服务业的兴起可以使供应方更准确地识别需求信息，从而更加有效地为需求方提供服务。智能服务业除了可以满足传统服务业提供的较低等级的共性服务之外，还可以针对不同的需求提供更具个性的服务。智能服务业的功能参见图 2.5。

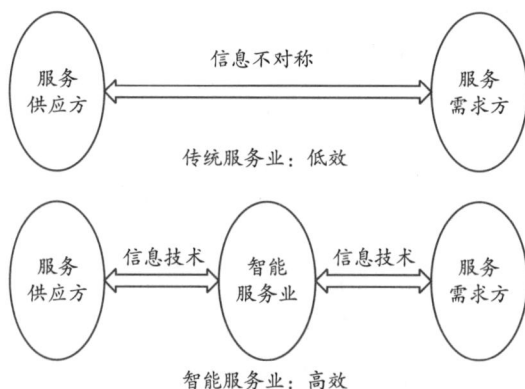

图 2.5　传统服务业与智能服务业的形式

图 2.5 可见，传统服务业会产生服务供应方与需求方信息不对称的情况，也就是说，服务供应方有能力提供服务，但不知道应该提供何种服务，也很难快速找到提供服务的对象；而服务需求方需要服务，但对自己的服务需求没有充分的了解，也无法快速、准确地选择自己所需的服务供应者。而智能服务业的兴起为这一问题提供了解决的途径：智能服务业可以作为服务需求方与供应方的中介，通过信息技术的分析与匹配，实现信息及时、高效地传递，从而提高效率。效率的提升、服务业的更好发展势必会为城市经济的发展提供良好的帮助（马鹏等，2010）。此外，作为一种知识密集型产业，智能服务业的发展会促进我国城市产业结构的升级与改造（裴长洪等，2010）。

从发达国家在智能服务业方面的发展经验来看，美国当前开展了智能电网、智能交通、智能医疗、智能建筑等，以智能产业虚拟化、个性化、便捷化的特点促进城市经济的发展；日本则在交通、物流、环境、能源以及医疗等服务行业大力推进智能应用；新加坡、欧盟等国家和地区也通过其独特的智能产业计划来推进城市的经济发展。就我国目前的阶段而言，智能服务业应该处于起步阶段，若能吸收发达国家的成功经验，并结合自身现状合理地发展智能服务业，必将对我国城市经济的发展起到极大的促进作用。

（3）传统产业的改造与智能升级

服务业向智能服务业转变的方式除了传统服务业自身的改进外，还包括传统产业如制造业等向服务领域进军。而"十二五"规划也要求对产业结构进行改造与升级，并且更为注重服务业，这也为传统产业的升级提供了良好的环境。

以我国一贯以来工业化的支柱产业——制造业为例，目前来看，由于市场竞争的加剧，企业传统的采购——加工——销售的模式已很难满足企业的竞争需求，单一的产品类型、简单的售后服务也难以满足顾客的需求，越来越多的制造企业选择了一条创新的运营模式，即从传统的制造企业向制造——服务型企业转变，通过提供更为细致、全面、个性化的服务在市场竞争中脱颖而出，并为企业实现更高的利润。

另外，李克强总理在 2015 年 3 月的政府工作报告中首次提到"互联网＋"

计划，更加深入地阐释了之前聚焦的通过互联网改造传统产业的内涵。"互联网＋"实际上是创新 2.0 下的互联网与传统行业融合发展新形态、新业态，是知识社会创新 2.0 推动下的互联网形态演进及其催生的经济社会发展新形态。也就是说，驱动当今社会发展与城市发展的不仅仅是互联网，还有各种数据、知识等。"互联网＋"在应用互联网的前提下，将无所不在的计算、知识、数据纳入进来，推动了创新，促进了以用户创新、开放创新、大众创新、协同创新为特点的创新 2.0，进而引领了创新驱动发展的"新常态"。

传统产业的改造不仅仅包括采取服务化战略，目前有很多高科技企业通过技术创新与新兴信息技术实现产业升级。创新使企业在一定程度上摆脱成本——收益方面的剧烈竞争，在一个更高的层次上占有市场，并且使我国企业在与国外品牌竞争时保持竞争力。而创新驱动发展战略已经在党的十八大中确立为国家战略。物联网、大数据、云计算等信息技术促进了创新 2.0 的发展，而创新 2.0 反过来也可以影响新兴技术的形成与发展。物联网的普及使企业可以通过物物相连实现发展，一些整车制造企业就基于物联网平台形成了具有自身特色的车联网服务平台，为顾客提供更为人性化的服务；大数据、云计算也为传统企业的智能化升级提供了可能，企业通过搜集并分析顾客的数据可以对其需求进行量化，可以为顾客提供更好的产品与服务，提升顾客满意度，进而提升企业绩效；此外，社交媒体平台作为一个创新的交互模式等也可以作为产业升级的手段之一。

传统产业虽然面临着巨大的竞争，但由于技术的发展，信息化与产业发展相结合的创新型模式正为越来越多的企业采用，企业运营模式的转变会对企业的经济产生显著的影响。此外，政府政策的引导、"互联网＋"概念的提出、创新驱动战略的发展也为传统产业的改造与智能升级提供了方针上与路径上的指导。城市经济建设的决策者们应敏锐地意识到这一趋势，并进行合理地引导，使传统产业在城市经济发展中做出应有的贡献。

（4）绿色城市、人文城市的发展趋势

我国城市经济的发展靠企业带动，但城市经济发展的最终目的是使居民拥有良好的生活环境和状态，因此经济的发展不能只关注企业，还要把居民的生存状况考虑进来。值得庆幸的是，目前城市管理者们已经意识到了这一点，为了为居民构建更好的生存环境，在人文方面，许多城市更加注意在发展经济的同时减少对环境的损害，如使用新技术对垃圾进行回收处理、控制污染物的排放、增加绿化面积等；在居民基本生活保障方面，重视医疗、交通、基础设施、文化生活等方方面面的建设，加大对居民的人文关怀。大多城市已经认识到通过经济带动城市发展，提高居民幸福指数，反过来，居民工作热情的提高又可以更好地促进城市经济发展。

城镇化进程的加快也使居民平均受教育程度有了显著的提高，居民素质有了显著的改善；信息技术的飞速发展更是使居民可以较以往更为便捷地获取更加丰富的信息，促进了信息的共享，拉近了人与人之间的关系。在这一背景下，城市经济建设的决策者们可以把握住机会，在建设绿色城市、人文城市的趋势下，正确对居民行为、企业行为进行引导，形成合力，从而促进我国城市经济的发展。

（二）中国城市经济发展对智能化发展的需求

目前，与智能城市发展相关的概念较多，不同的组织群体对智能城市都有各自独特的认识。"智能城市"概念的提出借鉴了"智慧城市（Smart City）"的内容。IBM 给出"智慧城市"的定义为：运用信息和通信技术手段感测、分析、整合城市运行核心系统的各项关键信息，从而对包括民生、环保、公共安全、城市服务、工商业活动在内的各种需求做出智慧响应（张梅燕，2012）。IBM 定义的实质是用先进的信息技术，实现城市智慧式管理和运行，进而为市中的人创造更美好的生活，促进城市的和谐、可持续成长。

我国工业和信息化部电信研究院通信标准研究所给出"智慧城市"的定义为：将现有资源进行整合，包括数据的智慧整合、应用整合、感知网络整合，数据的整合打破信息孤岛，实现城市级的信息共享，加强数据的统一管理，实现数据的准确性和及时性，建立把数据转化为价值的体系，实现数据从部门级到城市级的提升；应用整合通过基础能力、服务与流程的全面集成，统一整合城市运营和产业，实现城市一体化运营；基于应用聚合门户，

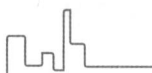

提供统一的智慧应用服务，实现整个智慧城市运营产业链的高效协同；感知网络整合视频监控、传感器、RFID 等多种感知网络，实现对城市感知网络的统一监控和管理，并在此基础上进行城市运营感知数据的统一分析与优化，从而实现对城市运营的智能管理，提供更有效的城市服务。

中国城市科学研究会数字城市专业委员会认为，智慧城市是架构在城市实景模型上，以城市建（构）筑物为承载主体，将城市中的人、企业、城市设施的基本要素，与城市资源、环境、社会、经济信息融合，采用物联网等技术获取动态城市运行数据，在智慧城市公共信息平台上集成各种行业应用。

《全球趋势 2030》给出的"智慧城市"定义为：利用先进的信息技术以最小的资源耗费和环境退化代价能够实现最大化的城市经济效率和最美好的生活品质而建立的城市环境。可以认为，该定义高度概括了从信息技术、产业经济、体制机制不同背景下对智慧城市的共性认识。

相对于以上"智慧城市"的概念，相关领域的专家、学者们通过大量的国内外调研分析，认为欧美国家"智慧城市"的建设已经走过了大规模城市化和工业化时代，当前主要任务在于城市管理与服务的智能化层面。而中国所处的发展阶段不同，正处于大规模的城市化建设阶段，遇到的困惑与问题在质和量上都是不同的，也表明了中国城市的智能化发展路径必然是独特的。当前我们正同时处于信息化、工业化和城镇化相融合阶段，仅从信息技术角度解读智慧城市，难以解决中国城市发展问题。无论官员、学者和各界人士，对于"智慧城市"的理解都已经向更宽泛的视野展望，建议重新定义，提出用"智能城市"概念，即用"Intelligent City，简称 iCity"代之。智能城市更多的是从城市的整体出发，也就是从市长和市民的需求出发，通过对各种数据的集成，在充分运用数字化、网络化和智能化等技术的基础上，通过对知识技术、信息技术的高度集成与深度整合，按城市发展与市民的需要进行有效服务，这样的城市将具有生命力和可持续性。智能城市就是这样一座城市，是以智能技术、智能产业、智能人文、智能服务、智能管理、智能生活、智能医疗等为重要内容的城市发展的新形态、新模式。智能城市不仅可以从经济、社会及服务方面给予市民直接的利益，更能让他们实时感受到触手可及

的便捷、实时协同的高效、和谐健康的绿色和可感可视的安全。智能城市的社会价值主要体现在可以有效解决城市病、拓展产业发展领域、使居民创业就业生活满意；智能城市的经济价值主要体现在它是城市经济增长的倍增器。

针对以上背景，学者们对智能城市的定义是：充分利用现代信息通信技术，汇聚人的智慧，赋予物以智能，使汇集智慧的人和具备智能的物互存互动、互补互促，以互联网、物联网、电信网、广电网、无线宽带网等网络组合为基础，以信息技术高度集成、信息资源综合应用为主要特征，以智能技术、智能产业、智能服务、智能管理、智能生活等为重要内容，致力于能够自我修正和及时解决城市社会、经济、文化、生态、市民、政府等关键问题，以实现经济社会活动最优化的城市发展新模式和新形态。无论是城市的经济发展还是城市的管理都需要城市的智能化发展。

智能城市的特征包括以下几个方面：

（1）以人为本：以人的需求作为根本出发点，以个体推动社会进步，以人的发展为本，实现面向未来的数字包容，让城市中的人类生活更加方便与安全。

（2）全面感知：利用泛在的智能传感，对物理城市实现全面综合的感知和对城市的核心系统实时感测，实时智能地获取物理城市的各种信息。

（3）互联互通：通过物联网使城市的所有信息互联互通。

（4）深度整合：物联网与互联网系统连接和融合，将多源异构数据融合为一致性的数据。

（5）协同运作：利用城市智能信息系统设施，实现城市各个要素、各个单位和系统及其参与者的高效协同运行，达到城市综合智能运行状态。

（6）智能服务：泛在、实时、智能的服务。在城市智能信息设施基础上，利用大数据的新服务模式，充分利用和调动现有一切信息资源，通过构架一个新型服务模式和一种新的能提供服务系统结构，对海量感知数据进行并行处理，数据挖掘和知识发现，为人们（主要是指政府、企业、市民等）提供各种不同层次、低成本、高效率的智能化服务，即决策与认知的服务。

城市的经济发展是城市保持发展、居民生活水平提高的重要保证。针对

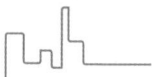

目前我国城市经济的发展趋势——即更加注重产业结构的改造与升级，并且更加地注重对资源与环境的保护，结合我国目前城市化的发展战略，通过城市的智能化发展在新兴产业培育、传统产业改造、现代服务业发展以及资源环境的保护等各方面都可以满足城市经济发展的需求。

智能城市的主要特点之一就是信息技术的广泛应用，这将促生出一系列新兴的产业。技术创新驱动是产业结构调整与升级，进而促进城市经济发展的重要手段。在新的产业之中，网络化、智能化、绿色化、高技术化，是其主要发展方向。信息技术、自动化与制造技术、资源技术、健康技术等新技术日新月异的发展，使得城市的建设有了新的方法和构建模式。当今世界即将迎来第三次宏大的技术变革，其影响足以匹敌20世纪的第二次工业革命。因此，新技术的发展将会更加有效地推动智能城市建设。智能城市建设，有利于中国产业走出一条科技含量高、经济效益好、资源消耗低、环境污染少、人力资源优势得到充分发挥的新型工业化道路。产业结构调整的同时，新的就业人群不断增加，使从事产业工作的人群素质与知识含量得到较大的提升，也使居民就业结构和生活方式发生改变。

此外，智能城市发展强调数字化与信息化，在发展过程中会产生大量的关于城市运行与管理的数据，智能城市建设是城市大数据最好的收集平台。城市大数据建设不仅将帮助城市管理者提高城市管理服务的内涵与质量，也是城市新的生产要素。大数据的合理利用将创造巨大的财富，可打造智能城市的新兴产业和服务业，也可以帮助传统产业完成升级与改造从而为市民和企业做出更大贡献。

作为城市产业的重要增长极，现代服务业向信息服务业发展是智能城市建设的主要趋势。"生产性消费者"这一新的概念的出现，使信息消费成为促进内需的强劲动力。信息网络技术正朝着"宽带、泛在、移动、融合、安全、绿色"的趋势发展。大量的互联网应用、海量数据的高速传输、物联网海量终端间的实时信息交互、数十亿人的实时交往和交易，超高速网络、泛在网络技术、4G无线技术、网络融合技术、绿色网络技术以及移动互联网、人体局域网、车联网等基于互联网的新技术、新业务、新形态不断涌现。

最后，经济发展需建立在对环境的保护和对资源的有效利用之上，智能城市建设恰好满足这一需求，可以尽可能地用最少的资源消耗、时间消耗，使人们获取更大的满足和快乐。智能城市的建设是为了使市民足不出户便可享受便捷贴心的服务，多样便捷绿色智能的交通、连续整合高效成本可控的医疗健康服务、安全与绿色的有机食品、新鲜的空气和整洁舒适的居住环境、终身的个性交互式的教育、随时随处可得的知识资源、公平正义的生存环境，等等，这样的环境可以使居民更有动力为城市的经济建设贡献力量。

二、智能城市经济发展机理

（一）传统城市经济发展机理分析

传统城市经济发展战略的分析框架如图 2.6 所示。

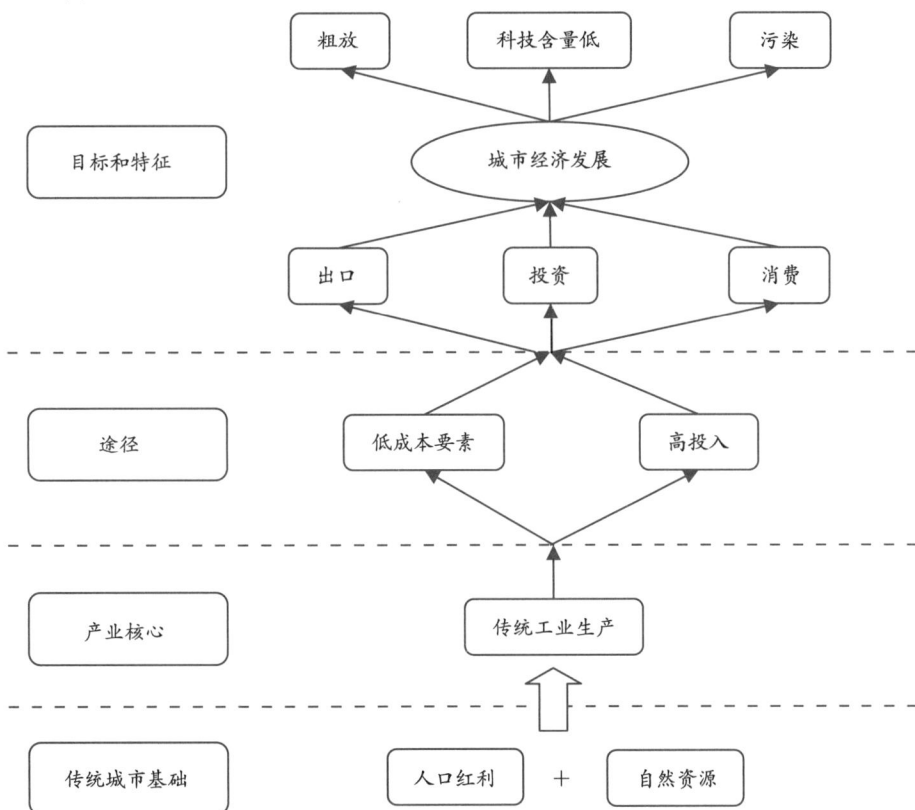

图 2.6　传统城市经济发展战略分析框架

从供给的角度来看，我国施行改革开放以来，主要由低成本要素、高投入和生态环境为代价给经济发展带来发展途径。大量的廉价劳动力从农村迁移到城市，便宜的土地使用权和自然资源推动了当时制造业等的发展。境外的技术和资金的引入，提高国内制造业的生产效率和产量。低成本的环境污染使得企业长期进行无节制的开采和排污，以透资环境为代价的方式粗放发展，虽然暂时推动经济发展，实际却给城市带来了不少隐患，如雾霾现象，饮用水的污染，土地污染等。再加上各地政府大规模的引资和配套的土地政策，为城市经济发展奠定基础。

从需求的角度来看，30年的经济发展主要是通过本地消费、投资需求和产品出口拉动。本地消费在20世纪80年代一度占到我国GDP的62.0%，如此大的本地消费需求给我国企业和经济快速发展带来机遇。随着时间的推移，如今消费需求对GDP的贡献有所削弱。据统计，2014年全年最终消费支出对国内生产总值增长的贡献率为51.2%。在经济增长的过程中，投资需求扮演了很重要的角色。1981—1990年，固定资产投资占GDP比重为35.5%，1991—2000年，年平均为38.5%，到2013年这个数字更是达到了76.0%，可见投资需求对我国GDP增长起到非常重要的作用。产品出口作为GDP另一个贡献者之一，随着改革开放程度的提高，我国进出口贸易量的逐渐提高，我国廉价的劳动力成本、土地成本以及税收优惠吸引了大量的国外投资商，引入资金和先进技术，给我国经济快速增长提供帮助。

从我国30多年的经济发展旅程来看，我国所采取的经济发展战略是有成效的，通过政府引导和土地、资源的保障，进行城市投资建设，促进产品出口和内销带动了城市经济快速发展。随着科技的发展和人们对环境认识的提高，各地也逐渐重视资源匮乏的现实环境，快速经济发展带来的环境污染问题，以及人们不断提高对生存环境的要求，城市经济发展面对的环境也发生了重大的变化。劳动力的价格和土地资源的价格提高，人民币的升值，都一定程度上降低投资倾向。相比过去更高额的企业污染物处理费用也给企业发展带来了一定的影响。随着人类文明逐渐发展，城市需要采取新的发展思路和策略来适应现今的城市发展。

（二）我国智能城市经济发展的整体内在机理

智能城市建设对于推动城市经济可持续发展具有重要作用，是对当前我国城市化进程中经济发展体制和机制的重要创新。在传统经济发展模式中，虽然企业等交易主体已逐渐重视内部的信息化建设，但各主体之间由于信息不充分、不对称，只能以信息孤岛的形式存在，导致资源流动性低、配置不均衡、交易主体因为不确定性导致彼此的关系强度不足、机会主义行为突显，成为提升经济发展效率和降低成本的主要瓶颈。借助物联网等新一代信息技术的推进，智能城市建设将有效提升各交易主体之间的信息沟通水平，打破信息孤岛之间的壁垒，实现不同交易主体之间的目标互动，增强其交互频度与关系强度，实现信息的即时沟通、分析与智能决策，促进不同交易主体之间的协同发展，有效降低成本，提升经济发展效率。

智能城市是城市发展的高级阶段，其基础是物联网与数字城市，其能力体现在智能协同、内生发展、联合创新等。这些能力的出现对城市产业发展产生了巨大的影响，一方面，促进了新兴产业的形成和发展，为物联网发展和智能城市的建设提供了必要的物质基础和技术支撑；另一方面，智能城市核心能力的发展对于推动传统行业产业升级，加速行业间的融合，改变行业发展模式等具有积极的影响作用。从整体上看，智能城市的建设通过核心能力建设（创新性、创业性、经济形象和地位、生产力、劳动力市场灵活性、国际性）、新兴产业和传统产业发展的支持，从增加经济发展要素投入、优化经济发展需求结构、转变经济发展模式方面促进城市经济的发展，进而表现在城市经济的出口、投资和消费对经济的拉动作用上，带动智能城市经济向全面性、可持续性、环保型经济发展。

（三）我国智能城市经济发展的整体战略分析框架

智能城市经济发展战略的分析框架包括智能城市经济发展的目标，经济发展的主要途径，经济发展的关键因素分析以及智能城市经济发展基础。图2.7 给出了智能城市经济发展的整体战略分析框架。物联网和数字城市是智能城市发展的基础，智能城市经济发展战略的制定就是在此基础上，打造智能城市的智能协同、内生创新、高度集成等核心能力，结合城市发展的外部环境和自身发展历史、特点，促进新兴产业的诞生和发展、传统产业的增强以及新兴和传统产业的联合发展，从而通过要素投入、优化产业结构、转变发展模式等途径，以扩大出口、合理投资和拉动消费的方式促进智能城市经济发展，实现可持续性、全面性、绿色发展等智能城市经济发展目标。

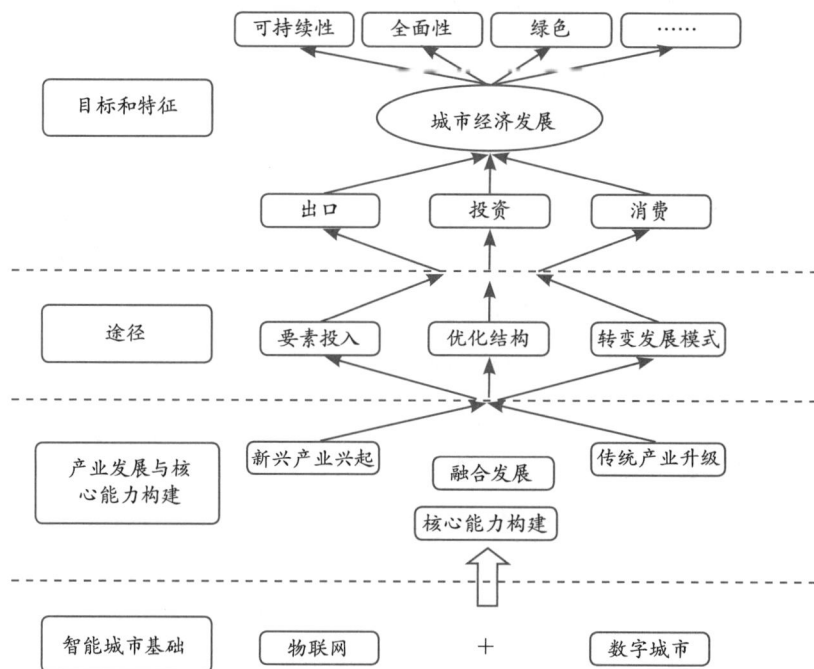

图 2.7　智能城市经济发展战略分析框架

党的十八大在论述加快完善社会主义市场经济体制和加快转变经济发展方式时明确提出，要实施创新驱动发展战略，并提出"要坚持走中国特色自主创新道路，以全球视野谋划和推动创新，提高原始创新、集成创新和引进消化吸收再创新能力，更加注重协同创新，进而促进产业结构战略性调整"。也就是说，创新驱动，尤其是自主创新驱动，是实现我国产业转换升级，转变经济发展方式，进而实现经济持续健康发展的战略支撑。当前我国经济持续健康发展的要求包括经济均衡快速发展、保护环境以及改善民生，从我国

近 20 年经济发展历程可以看出，产业转换升级是我国经济持续健康发展的必经之路。

创新驱动是实现产业转换升级和发展新兴产业的动力源泉，持续科技创新是创新驱动的内在支撑。我国现有的原始创新技术、集成创新技术、引进吸收再创新技术等都存在消极的路径依赖"锁定效应"，极大地阻碍了我国技术创新的步伐。要突破技术创新的路径依赖，实现路径创造，必须培育产业升级主体的自主创新能力。"中国工程"和"中国制造"及现代服务业是我国经济增长的支柱，也是科技创新的主要载体。

智能城市经济发展战略的目标是实现城市经济的可持续性、绿色以及全面性的发展，有效缓解人口增长、快速城市化带来的人口、资源、环境等问题，提升城市发展的生态环境承载能力，实现人与城市、自然的和谐相处。城市绿色发展是智能城市建设的目标之一，也是我国新型城镇化规划的关键内容。

当前我国经济发展的现状是，劳动力成本迅速攀升，产品生产过程中的劳动力优势正逐步消失，伴随着工业粗放式生产带来的环境污染、交通拥堵等经济问题突显，经济发展三驾马车中出口受世界经济危机的不利影响，投资作用的边际收益正在下降。因此，拉动内需成为促进我国经济建设和发展的重要推手。

智能城市经济发展战略的基础是"物联网＋数字城市"。数字城市是在城市的生产、生活等活动中，利用数字技术、信息技术和网络技术，将城市的人口、资源、环境、经济、社会等要素，以数字化、网络化、智能化和可视化的方式加以展现，是把城市的各种信息资源整合起来用于规划城市、预测城市、运营城市、监管城市。随着物联网时代的到来，利用云计算等新一代信息技术对感知到的城市各类信息进行智能处理和分析，实现数字城市与物联网的融合，对包括政务、民生、环境、公共安全、城市服务、工商活动等在内的各种需求做出智能化响应和智能化决策支持，为解决快速城市化、粗放式经济发展带来的环境、人口、资源问题带来了新的思路。

连接物联网、数字城市等智能城市经济发展战略的基础，实现智能城市经济可持续性、绿色、全面性发展的目标，产业发展与核心能力构建是完成二者对接的重要桥梁。通过构建与提升城市的全面感知、智慧协同、内生发展、以人为本、充分整合、自主因势创新等核心能力，促进物联网、数字城市下新兴产业的发展，推动传统产业的升级改造，促进新兴产业与传统产业的融合发展，以要素投入、优化结构、转变发展模式等途径，实现智能城市经济发展战略目标。因此，智能城市经济发展战略分析框架需在对新兴产业兴起、传统产业升级和产业融合发展的基础上，结合城市经济基础，探讨自身经济发展的优势和劣势，辨识外部环境建设带来的机会和威胁，针对性地制定适合城市自身发展特色的经济发展战略，同时设计相关制度保障和支撑条件，推进智能城市经济战略的贯彻实施，形成有效的政策反馈机制，满足经济发展战略的监控和调整发展需要。分析框架如图2.8所示。

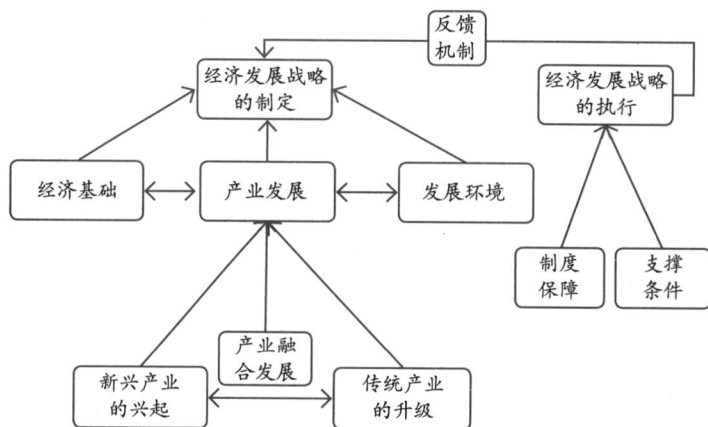

图2.8　智能城市经济发展战略分析框架

（四）智能城市推动新兴产业发展机理

智能城市的建设对于新兴产业的发展具有积极的推动作用，首先从新兴产业内在的因素来讲：随着科学技术的发展，新技术、新信息、新知识将不断涌现。这些新技术发现之初，尽管还属于一种知识形态，但在其发展过程中，其成果逐步凸现其效应，形成产业化，最后形成一种新兴产业，并且这种产业具有无限的发展空间和价值（李兴华，2011）。考虑到城市发展的人本

理念和可持续性问题，信息技术和数字化的角色更加凸显。纵观全球，以信息技术为支撑的智能城市，正显现出蓬勃的生机，在未来也会给城市带来新的动力，从而带动一系列新兴产业的发展；其次从外部因素来讲，智能城市建设为战略性新兴产业发展提供了广阔的市场空间和成长平台，这将会推动着战略性新兴产业由开发实验、理论探讨走向推广应用。智能城市建设，首先要做的就是通过广泛地采用互联网、物联网、云计算、人工智能、知识管理等技术构建大量智能化基础设施，在此基础上，提高城市规划、建设、管理、服务的智能化水平，使城市运转更加高效、敏捷、低碳与和谐。因此，智能城市建设对促进新一代信息技术产业——包括智能硬件产业、与之对应的软件产业以及应用服务业——的成长是一个重要发展契机，对具有广阔前景的云计算、物联网的设备制造业产生巨大的市场需求，尤其将城市现代服务业的范围、规模和质量提升到一个崭新的水平。智慧城市建设本身的不断发展与升级，必将进一步推动智能交通、数字城市管理、城市安防、医疗信息化、绿色建筑、地理信息、云计算、物联网等新兴产业的发展。加快建设智慧城市步伐，有助于促进战略性新兴产业发展，为相关产业落地提供机会（刘海军等，2013）。

近些年来，智能城市的建设得到了政府的高度关注和大力支持。首先，智能城市对于推动经济发展，解决发展过程中的资源浪费和环境污染问题大有裨益。2012 年，发改委副主任张晓强在接受中国政府网专访时提到，战略性新兴产业对进一步缓解经济下行压力有好处，因为像 IT 这类信息技术，其产业的发展速度要比工业的平均增长速度快很多，再加上前些年我们快速的工业化、城镇化，导致了大量的资源消耗、环境污染，因此发展新型产业尤其是战略性新型产业是非常有效且必要的（周荣祥，2012）。其次，信息技术和通信技术的不断发展，新兴产业的不断涌现以及创新能力的不断加强与智能城市的建设相辅相成，共同促进。智慧中国首席战略官曹国辉在上海举行的"2012 中国智慧城市高峰论坛"上表示，所谓"智慧城市"就是集成多种高新技术应用，通过数字化、信息化、泛在互联、云计算、全面感知、智能分析等手段，形成技术集成、综合应用、网络高端发展的现代化、网络

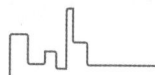

化、信息化城市。近年来以物联网、云计算、下一代互联网、新一代移动通信为代表的信息技术的不断革新与融合，为智慧城市的发展提供了有力支撑（丁鑫，2013）。全国人大财政经济委员会副主任委员辜胜阻也指出，中国智慧城市将进入 3.0 时代，3.0 时代的特点是物联网技术开始大量应用于前端的感知与数据采集，3G 或 Wi-Fi 技术用于数据传输，云计算和大数据技术用于后端的数据存储、处理与挖掘（丁鑫，2013）。最后，在智能城市建设的实践中，一大批高科技技术得以推广运用，由此带来一系列新兴产业的飞速发展，促进城市的数字化和人本化。以上海为例。上海市经信委副主任刘健表示，建设正依托云计算、物联网、高端软件、高端芯片、光纤技术、第四代移动通信技术等一系列最新高科技、新技术，为城市构建起智能水网、智能电网、智能医疗、智能教育、智能市容监管、智能灾情预警等系统，并由此为一大批新兴技术、新兴产业提供了"用武之地"（高少华 等，2012）。在智能城市建设中，政府也会通过资金、政策等加大对新兴产业，尤其是新型高科技创新类产业、战略性新型产业的扶植力度，来促进新型产业的快速发展，使其成为转变经济发展方式的助推器，来带动城市的经济发展。

互联网的出现，催生了 B2B，B2C 等商业模式；伴随着 3G、4G、5G 时代的到来，移动互联网的迅速发展，使得原本相对固定的网络行为，变得更加自由与迅捷。移动互联网显然已经成为全球最活跃、最具潜力的产业领域，并且正将整个 IT 产业带入一个新的快速发展通道。而随着物联网技术的逐步发展，人类社会正朝着更加智能的时代变迁。借助物联网技术，人类可以实现对带有传感设备产品的远程控制。通过物与物、物与人、人与人的互联互通能力、全面感知能力和信息利用能力，通过物联网、移动互联网、云计算等新一代信息技术，实现城市高效的政府管理、便捷的民生服务、可持续的产业发展。

（1）新兴 IT 产业和大数据、云计算等促进城市经济发展的机理

1）经济发展的数字化

互联网技术、物联网技术的快速发展，使得高效、安全、便捷、低碳的数字经济蓬勃兴起。随着消费者的需求不断变化和竞争对手不断出现，产品

与服务的更新周期越来越快。速度的压力使得企业必须通过合作进行资源整合和发挥自己的核心优势。规模经济的要求、新产品研发等巨额投入的风险也迫使企业必须以合作的方式来分担成本，甚至是与竞争对手进行合作，形成合作竞争的关系。信息技术手段特别是互联网技术极大地降低了合作沟通的信息成本，使得广泛的、低成本的合作成为可能。通过信息平台而不是组织整合平台，伙伴间形成了虚拟企业。这样的虚拟企业既具有大企业的资源优势，又具有小企业的灵活性，为合作的各方带来极大的竞争优势。在信息技术的快速发展的冲击之下，许多行业出现了大的断层，产业的游戏规则在变化，新的对手来自四面八方，新的供应商随时产生。这种断层既对行业中的现存者提出了挑战，又为新生者提供了机会，各个行业都不同程度地存在行业重新洗牌的机会。许多中间环节面临消除的危险，他们被迫提供新的、更大的价值；许多企业进入价值链的其他环节；制造业向服务业转型或在价值链中重新定位（如从品牌制造商转为 OEM 制造商）等。传统经济中，商品或服务的多样性（richness）与到达的范围（reach）是一对矛盾。大众化的商品总是千篇一律，而量身定制的商品只有少数人能够享用。但数字技术的发展改变了这一切。企业现在能够以极低的成本收集、分析不同客户的资料和需求，通过灵活、柔性的生产系统分别定制。

2）公共管理高效化

互联网等新兴技术的出现与发展，促进公共管理的精细化与智能化。通过对城市地理、气象等自然信息和经济、社会、文化、人口等人文社会信息的挖掘，可以为城市规划提供强大的决策支持，强化城市管理服务的科学性和前瞻性。在交通管理方面，通过对道路交通信息的实时挖掘，能有效缓解交通拥堵，并快速响应突发状况，为城市交通的良性运转提供科学的决策依据。在舆情监控方面，通过网络关键词搜索及语义智能分析，能提高舆情分析的及时性、全面性，全面掌握社情民意，提高公共服务能力，应对网络突发的公共事件，打击违法犯罪。在安防与防灾领域，通过大数据的挖掘，可以及时发现人为或自然灾害、恐怖事件，提高应急处理能力和安全防范能力。

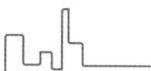

3）公民生活数字化

互联网、物联网等新技术的发展，使得公民有了新的交流方式，WeChat、Facebook、E-mail、QQ、MSN、新闻群组（news group）、BBS、讨论群组网站、附属组织的讨论区、在线游戏、网络聊天室等在线交流能拓展人们的社交圈。新技术的出现，同时也为公民提供了新的信息检索方式，以往人们通过向他人求教、查阅报刊、看电视和听广播等方式实现信息的检索；现在，互联网作为网民信息检索的第一媒介的地位已然树立，人们逐渐习惯于互联网信息检索的方便、快捷与丰富。新技术的出现，使得公民的消费方式有了巨大变革，电子商务如火如荼地发展起来，人们足不出户便可以购买到质优价廉的产品。与此同时，公民借助新兴技术，实现在线娱乐与生活，甚至在线工作。且在线教育系统也变得越来越为人们所认可。在这样一个技术充斥的时代，科学、绿色、便捷的数字化新生活将变成现实。

4）公共服务网络化

信息技术的发展正在改变着公共服务的形式，我国已经着手推进公共服务的网络化。从 2014 年 7 月开始，国家卫计委在北京、天津、上海等 11 个省区市推行流动人口电子婚育证明试点工作。现在试点结束，将向全国推广，说明电子婚育证明运行顺利，技术成熟。此举可谓顺应时代、与时俱进，意义重大。它能为公众提供更加方便快捷的服务、将节约大量行政成本、促进政务行为的透明化，减少一些部门设置乱收费的可能，促进政府的廉洁性，提高服务效能。互联网、物联网等新兴技术的发展，势必会加快政府的公共服务的网络化进程。虚拟化、个性化、均等化的社会服务将无处不在。

（2）新兴 IT 产业和大数据、云计算等促进城市经济发展的路径

1）加强城市基础网络建设

大力推进光纤到户、三网融合、无线城市、物联网和智能管网等建设，形成高端化、系统化的信息网络，加强信息资源开发利用，真正实现信息城市，随时随地共享信息、感知和被感知，为智能城市建设奠定坚实基础。

2）构建高效的公共管理服务

打造政府云计算中心和公共管理服务平台，加强智能政府建设，加快信息资源共享、城市管理模式和理念的转变，创新发展智能社会保障、智能医疗卫生、智能教育文化、智能社区、智能交通等，实现公共管理服务能力与水平的提升。

3）促进产业体系的融合

充分利用智能城市建设契机，积极运用下一代信息技术、新一代网络技术和智能技术，大力发展智慧产业、战略新兴产业和现代服务业，促进传统产业高端化发展，推动产业结构转型升级，打造全面融合、发达的现代产业体系。

4）提供和谐友好的生活环境

围绕生态宜居发展目标，发挥高新技术在环境建设方面的作用，积极发展低碳经济和循环经济，推进生态环境与城市发展相互促进、资源节约与可再生资源开发利用并举，进一步凸显城市自身特色，实现城市环境生态化、人文化、科学化，形成一个环境和谐友好的城市。

抓住信息技术引领的城市管理变革机遇，以信息技术、智能技术为手段，抓好专家体系、计算机体系、数据信息体系的综合集成，高标准规划、高起点建设，大力加强城市综合管理与协调，实现城市系统的智能开放，全面发挥城市的集聚力和辐射力，最终成为智能开放的城市。

（五）智能城市推动传统产业改造升级机理

随着知识经济和信息数字时代的到来，很多传统产业的发展遇到了瓶颈，增长乏力且创新能力不够，这严重削弱了其对城市发展的贡献。而城市要发展，却离不开这些传统产业的支撑和带动，因此必须要对传统产业进行改造，更新落后的设备和工艺（汪光焘，1996），引进高科技信息技术，这样不仅能够提升效率，而且可以更好地为城市居民服务。

产业升级关键是依靠技术进步，归根到底是取决于创新：这包括技术创新、制度创新、组织结构创新等。产业的升级表现为两个方面：1）产业的

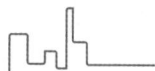

协调发展和结构的提升，例如各产业的布局、比例要合理，要由中低水平的重复建设向中高水平的集约型结构迈进等；2）产业素质与效率的提高，即生产要素的优化组合、技术水平和管理水平以及产品质量的提高。但是在我国传统产业升级改造的过程中却遇到了很多的问题，具体体现在：1）我国企业长期以来并没有建立起确保研发投入稳定增长的机制，除了像海尔、华为等试图掌握核心技术的具有强烈使命感的企业外，大多数的大企业都是根据自身盈利和资金状况来安排研发支出，研发投入机制的不健全、不完善，严重损害了企业的持续创新能力，企业的核心资源也会在市场的大浪淘沙中逐渐消失殆尽；2）很多企业因为对研发活动的重要性及必要性认识不够，存在着大量战略短视行为，把研发投入、员工培训投入等作为企业的利润调节器来使用，而不是作为打造企业人力资本、技术竞争优势与核心竞争力的长期战略（胡迟，2015），更不会致力于学习型组织的建设。人才与技术的匮乏、设备更新速度缓慢等使得转型中的企业长期进行低水平的建设，对内严重阻碍了内部效率的提升，对外削弱了企业的市场拓展能力和服务水平，对营销工作提出了更高的要求。

知识经济已拉开序幕，伴随着高新技术的迅速发展和广泛运用，智能化革命也深深地改变着人类发展的进程，这两者及其相互作用都为传统产业升级提供了新的契机。新经济的形成与发展，会促使社会各个经济主体——政府、企事业单位和个人——的思维方式及其行为方式发生巨大而深刻的变化。在社会的巨大变革中，传统产业的经济增长方式转型、传统产业的结构升级调整以及传统产业的技术、制度以及组织结构创新等有了新的推动力量和发展机遇（侯雪等，2009）。实际上，由新技术、新知识、新成果所转化的新兴产业，也必然会使传统产业产生革新、嬗变、改造和提升（李兴华，2011）。因此，企业改造升级过程中遇到的研发问题、战略导向问题、内部效率提升问题，营销问题、服务问题等必须借助于智能城市发展的契机，依靠智能化的硬件与软件，降低成本，提升效率，从而将企业的资源集中于技术的进步、创新能力的提高上。在智能城市的建设中具体要做好：1）处理好战略性新兴产业发展和传统产业改造升级的关系，重视智能技术与传统产业

的融合；2）着力突破关键核心技术，依靠科技创新成果的产业化促进传统产业改造升级等。

（1）智能交通在传统产业升级方面促进城市经济发展的机理和路径

城市交通作为城市的重要组成部分，在组织人们的生产生活、提高客货流的有效运转及促进城市经济社会的健康快速发展方面扮演着愈加重要的角色。随着城市交通需求的急剧膨胀，人、车、路和环境间的矛盾更加凸显，城市交通拥堵、事故频发、雾霾严重等问题，已成为城市经济社会发展的瓶颈。1994 年，第一届智能交通大会在巴黎召开，智能交通的概念得到各国的高度认同，并逐渐成为各国解决城市交通问题的有效途径。智能交通产业作为一种全新的产业，不断地吸收和应用现代高新技术，已经成为 21 世纪规模最大的产业（高玉荣等，2008）。目前，智能交通在我国已广泛应用到城市公共交通管理、交通指挥等领域，且在北京、上海、广州等城市得到了较大发展。然而，我国智能交通产业发展仍面临着关键技术创新、技术标准和产业链整合等方面的制约，迫切需要通过新的发展模式寻求出路（岳建明，2012）。

十八届三中全会以来，智能交通产业被认为是我国目前细分领域中最具前景、政策倾斜最多的行业（贺小花，2014）。因此，在国家政策或资金投入的引导下，智能交通产业链上的各个环节将得到快速发展。同时，这也将直接带动交通领域所涉及的高端装备制造业、软件业、信息服务业等行业的快速发展，直接体现为这些行业通过更好的产品或服务满足并刺激政府、企业和居民对城市交通的需求，以拉动内需的形式促进城市经济的发展。在政府的引导下，也会有更多的企业或投资机构将更多的资金投放到智能交通产业链中，能够为城市智能交通建设提供资金保障，使投资对城市经济发展的拉动作用更加明显。进而，在强大资金的支持下，智能交通领域的相关企业通过创新研发，不断增强国际竞争能力，从而把其城市智能交通相关产品或服务推向国际，以对外贸易的形式拉动城市经济的发展。总之，城市智能交通产业的发展通过拉动内需、加大投资、增加出口，促进了城市经济的快速增长。智能交通促进城市经济发展的机理和路径如图 2.9 所示。

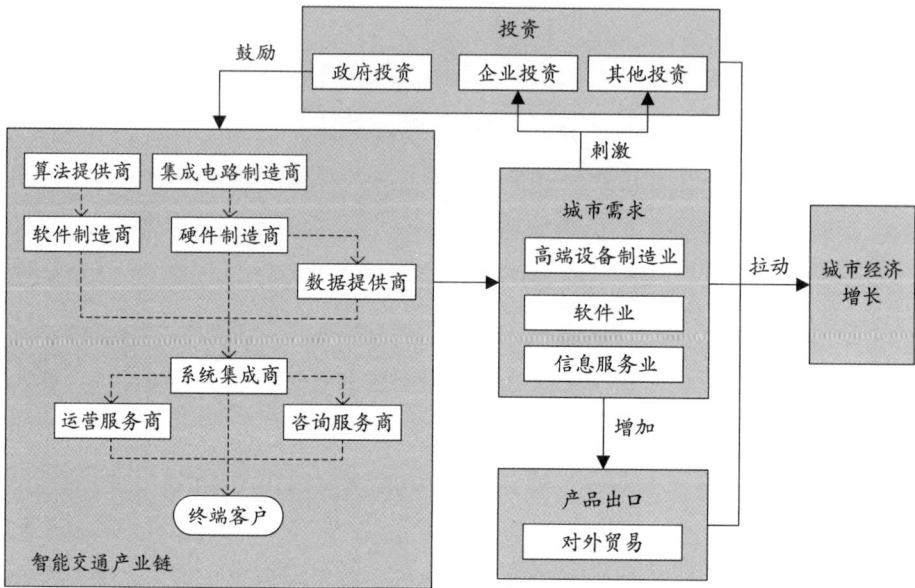

图 2.9　智能交通促进城市经济发展的机理和路径

当然，城市智能交通建设是一项系统工程，它涉及智能交通产业链的各个环节，具体包括软件、硬件、数据、系统集成以及服务等的提供商。智能城市的建设将推动我国城市智能交通产业的优化升级，实质上直接体现在智能交通产业链上我国软件、硬件等提供商创新能力及竞争能力的不断提高上，见表2.1。

总体而言，我国智能交通产业仍处于起步阶段，存在较大发展空间。而我国智能城市建设进程的加快，将有效推动我国城市智能交通产业链的优化升级、刺激相关行业消费需求的增长、带动投资与增加出口，为把城市智能交通产业培育成为智能城市经济发展的重要支柱产业创造了有利条件。

（2）电子商务在传统产业升级方面促进城市经济发展的机理和路径

根据商务部发布的《中国电子商务报告》，2013 年，中国电子商务交易额突破 10 万亿元，同比增长 26.8%，其中网络零售额超过 1.85 万亿元，同比增长 41.2%。我国已成为世界最大的网络零售市场，网络零售交易额占社会消费品零售总额的 7.8%。电子商务在拉动内需、促进就业方面作用非常显著。

表 2.1　智能城市建设推动我国智能交通产业优化升级的作用

算法、芯片和集成电路提供商	数据提供商	软、硬件制造商
目前，基本上都被ITU-T等国外研究机构和SONY等国外厂商垄断，他们利用掌握的核心技术保持着较高的利润水平。但国内如华为海思、中星微电子等后起之秀也发展得非常迅速。我国智能城市建设，对城市智能交通相关算法、芯片和集成电路的需求会不断增加，这会给国内外企业带来巨大利润空间。在利润和竞争压力的双轮驱动下，会促使国内企业通过增加投入、增强自主创新能力、提高国际竞争力以赢得更多的市场和效益。	我国导航电子地图的制作和发布受到国家严格监管，行业准入门槛和集中度很高。政府部门掌握的道路交通信息相对不公开，只有部分电子地图制作厂商开展了部分交通信息服务业务。智能城市建设需求，特别是城市智能交通建设对交通信息共享提出的更高要求，将促使政府部门、数据提供商等通过体制机制创新、技术创新等措施全面开展交通信息服务业务，增加服务能力和盈利水平。	软件制造商即软件平台系统提供商，如GIS平台提供商ESRI、数据库系统提供商Oracle和基于GIS平台做二次开发应用的北大千方等，城市智能交通建设离不开这些软件平台系统的支持。我国智能城市建设对智能交通感知终端、传输处理等软、硬件系统或设备的需求巨大，将给我国软、硬件制造商创造了良好的发展契机，刺激它们通过优化要素投入结构、转变发展模式等提升自身的创新能力，打造自身产品的核心竞争力。
系统集成商	运营服务商	咨询设计商
城市智能交通建设一方面需要综合系统集成商对城市智能交通进行完整的系统设计和施工建设，另一方面需要子系统集成商按照个性化需求提供各种智能交通子系统，以完善城市智能交通系统。智能城市建设将推动城市智能交通建设进程，这为我国系统集成商提供了广阔的发展空间。	我国智能交通管理系统行业目前尚处于标准的制定与完善阶段，行业内企业几乎全部扮演着系统集成商和产品供应商的角色。但是随着我国智能城市的建设，行业技术规范和标准将逐渐统一，软、硬件系统将进一步完善，运营服务商在行业的发展中扮演起愈加重要的角色。	目前咨询设计商主要是国外专门咨询企业和国内科研机构，部分地方政府部门和系统集成商也有专业的规划设计团队。智能城市建设离不开科学合理的规划设计，这将创造出巨大的咨询设计需求，无疑这一领域的市场竞争会愈演愈烈，生存的压力将迫使我国咨询设计商必须不断提高自身的核心竞争力。

软、硬件制造商

　一方面，城市智能交通建设给政府、企业、居民提供了高效、经济、绿色的交通环境；另一方面政府、企业、居民新的需求又可进一步促进城市智能交通系统的完善。二者的协同发展，将为城市交通与经济社会和谐稳定发展提供坚实的保障。

资料来源：公开资料，华创证券研究所

　　电子商务是适应城市化发展的新兴产业，在近年来的快速发展，将进一步完善城市服务功能，促进城市服务体系的信息化，并将对各个行业产生一定的冲击。电子商务已逐渐融入传统产业链的各个关键环节，传统产业的资源配置效率、管理水平和创新能力得到快速提升，转型升级的步伐大大加快，与此同时，电子商务自身也得到发展壮大。

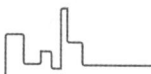

1）电子商务在传统产业升级方面促进城市经济发展的机理

①改变传统消费方式

2013 年我国网购用户达 3.12 亿，同比增长 26.3%，超过三成的网络购物用户全年网络购物频次在 40 次以上，且超过六成的中国网络购物用户累计购物金额在 3000 元以上，用户网络购物习惯在逐渐深化。

从消费者的角度来看，电子商务改变了厂商与消费者信息不对称的情况，增强了消费者的信息搜索能力、议价能力，降低消费者的交易费用，消费者在网络市场占据了主导地位。

通常，在交易过程中，双方掌握的信息是不对称的，且买家往往处于信息劣势的地位，信息经济学认为，信息是有价值的，可以增加人们做出有利选择的能力。于是，消费者在做出购买决策之前，会进行信息搜索，"货比三家"正是描述消费者的这种信息搜索行为。然而，搜寻是需要支出成本且具有机会成本的，随着搜寻范围的扩大，搜索成本不断上升，而搜寻获得的收益却是递减的，当消费者搜索信息的边际成本与边际效用相等时，他们便会停止搜索，做出购买决策。

而在电子商务环境下，消费者可以利用网络来进行信息搜索，信息搜索能力迅速提高，从而大大降低搜索成本。除去搜索成本外，电子商务可以让生产商直接面对消费者，并增加了交易过程的透明度，使得契约成本、监督成本等交易成本得以减少。

②变革流通渠道

传统的销售渠道结构呈金字塔形状，在竞争激烈的市场环境下，传统渠道存在许多缺点。过多的中间流通环节，造成成本上升，终端价格竞争力下降。并且生产企业难以有效地控制销售渠道，销售政策难以得到有效的执行，而且效率低下。

而电子商务则为渠道的变革提供了条件，生产者可以更近距离地接触到消费者，使得供应链中的流通环节大大减少。这种变革对于渠道效率的提升主要表现在三个方面：a）降低产品的流通成本，上游经销商甚至生产商能够直接面对消费者，批发商等流通环节逐渐消亡；b）提高了产品的流通速度，

特别是对于农副产品等易腐品而言，渠道的缩短使其能以更低的损耗、更快的速度到达消费者的手中；c）扩大流通范围，电子商务使卖方所接触的市场不再局限于一个区域或国家，网络所能触及的地方都可能会产生需求，也不再受到人力服务时间的限制。

③促进生产发展

通过电子商务平台，企业产品的流通范围扩大，且企业能够与消费者直接接触，及时了解产品在流通领域的信息，更易感知消费者的需求，从而更好地制定生产计划，让企业对市场的变化更加敏感，更能贴合市场需求。而各种功能的信息系统，如 ERP、PDM、MES 等系统的应用，使产品的采购、生产、销售等方面更加信息化，全面提高了企业的生产经营效率。

电子商务使企业生产的外部合作更加多样化，电子商务使企业的生产更多依赖于与其他企业之间的合作，采用供应链、虚拟企业、扩展企业、生产外包等方式，实行并行生产，企业更加专注于自己最擅长的环节，从而降低成本，提高整体生产效率。

而伴随着工业 4.0 时代的逐步临近，工厂最终走向智能化，实现智能化生产系统、过程和网络化分布式生产设施，原材料、生产工厂、物流配送被全部编织在一起，系统中的不同部分相互沟通，为消费者提供个性化的制造方案。生产模式也将发生改变，从集中式发展为分布式，各地的智能设备相互联结、协作生产。

④改善民计民生

电子商务在民生服务领域的应用，推动创新型智慧社区的建设与发展，社会化管理逐步实现网格化。

社区电子商务云服务平台的建设，以移动互联网为载体、以居民为中心，提供社区周边的生活服务、餐饮、购物信息，提供小区新闻、物业通知、物业缴费、物业保修等便民服务。"一站式"惠民服务平台的建成，为公众提供社保、医保、水电煤气、通信以及城市一卡通查询与缴费等公共事业服务。医院自助服务平台的建设，方便市民的预约挂号和医药费用的在线支付，提高医疗效率。

2）电子商务在传统产业升级方面促进城市经济发展的路径

①优化电子商务发展环境

加强电子商务的知识普及工作，提高行业和企业对发展电子商务重要性的认识，健全电子商务人才培养和引进机制，通过与国内外知名高校、知名电商企业的人才培养合作，培养一大批适应电子商务发展需要的专业人才。制定和完善电子商务相关产业政策，加大对电子商务企业的扶持力度，激发企业发展电子商务的内生需求。充分发挥政府有关部门的积极性，完善制度，明确分工，积极搭建有利于城市电子商务发展的良好支撑体系和政策环境。

②完善电子商务支撑体系

加快基础通信设施、光纤宽带和移动通信网、广电有线网络建设，推进三网融合。制订商务信用建设规范，支持、鼓励符合条件的第三方机构按照独立、公正客观的原则对电子商务经营主体开展商务信用评价、认证服务。引导商业银行、银联、第三方支付服务机构与电子商务企业共建在线支付平台。积极开展安全可靠的在线支付服务，推广电子支票、手机钱包等各类新兴电子支付和结算工具的使用。鼓励物流企业运用先进的信息和装备技术进一步提高运营效率。鼓励大型电商和物流企业在物流园区投资建设标准化仓储设施和电子分拨中心。

③拓展电子商务应用范围

创新电子商务注册登记制度，鼓励企业积极开展电子商务活动。支持重点企业以供应链为基础，整合上下游企业资源，建立信息共享的电子商务平台，提高企业运营效率。整合已有的商贸服务业资源，建立社区电子商务云服务平台，构建以社区为节点、覆盖城市的同城物流配送网络。与大型通讯运营商等企业合作，拓展基于新一代移动通信、物联网、云计算等新技术的移动电子商务应用。推动移动支付、公交购票、公共事业缴费、超市购物和社区服务等移动电子商务应用的示范和普及。

④发展电子商务产业集群

电子商务产业集群是各类电子商务企业的上下游之间关系的有机组合，

由电子商务企业本身与支撑电子商务企业发展的配套企业、环境所共同形成的产业生态链。

发展电子商务产业集群能够实现相关企业的优势互补，既实现各种资源的共享，又能发挥专业分工的高效率，形成更强大的竞争力。参与电子商务产业集群的传统产业，可以在网商及配套服务提供商的合作下开展电子商务活动，并实现在线支付和物流配送，而无需进行投资开发电商平台。

发展电子商务产业集群应当注意一下几点：a）加强第三方机构建设，引进各类金融及物流企业，降低集群内企业发展成本；b）与传统企业相结合，让其依托电商平台向产业链两端延伸；c）发挥龙头企业作用，鼓励其开展技术创新，扩大企业规模，带动相关企业发展。

⑤加大政策扶持力度

对电商及电商相关企业给予租金、物业、税收、融资、人才、带宽、水电等各方面优惠。对电子商务公共平台和电子商务园区基础设施建设等重大项目给予贷款贴息。资助第三方电子商务服务企业参加国内外专业展会、举办网商大会等市场推广活动。专门制定跨境电子商务专项扶持政策，支持电子商务跨境贸易。

强化金融支持。研究制定促进金融业与电子商务及电子商务相关企业互相支持、协同发展的政策，鼓励各类金融机构加大对电子商务的支持力度。加强政府财政支持对社会投入的引导和带动作用，形成政府引导性投入与社会资本投入互补的投融资机制。构建综合性融资服务平台，完善企业融资担保机制。培育和发展创业风险投资，促进风险资本对电子商务自主创新和创业的支持。鼓励和引导各大电信运营企业、银行和银联机构、第三方支付服务提供商、移动电子商务平台技术提供商和商贸企业等积极参与电子商务建设与应用。

（六）智能城市推动现代服务业发展机理

随着经济的不断发展，现代服务业已成为城市经济发展的基础产业，它不仅影响到人们的生活质量和水平，而且是一个城市竞争力的集中体现，具

体体现为：1）经济增长的新引擎，引领经济由传统"工业经济"向"服务经济"转变；2）发展的新领域、新业态层出不穷，知识和技术密集化使其内部结构不断升级；3）能够创造就业，满足需求，助力生产，推动城市发展和区域经济结构调整。服务业较其他生产制造行业不同，其创造的价值直接体现在现代生活中的方方面面，是多样化的、无法估量的，例如市场上电子信息产品给人们提供了更高质量、更好的服务；购物也越来越方便，价格也越来越有挑选性。现代服务行业的发展，推动了技术和思想的革新，提升了市场经济主体的创造力和活力（耿力生，2013），使得城市经济更加繁荣。此外，现代服务业也会对城市经济转型大有裨益，从而使得现代经济行业结构更优化、更具竞争优势。城市发展要实现可持续、全面、绿色等的目标，就要转变经济发展方式，促进经济由粗放式向集约式方向发展，大力发展服务业，尤其是现代服务业。在知识经济和信息时代，城市要借助高新技术的发展，促进城市的智能化。

城市化发展将成为中国社会与经济发展的重要驱动力，现代服务业的快速增长将推动以城市化与信息化融合为主的"智能城市"建设（高亢，2014)。智能城市是城市发展的高级阶段，服务业可以通过就业效应、出口效应、产品竞争力效应、吸引力效应等四个机制来影响区域经济发展。发展现代服务业，形成四大机制效应，是城市从"制造中心"向"服务中心"转型的关键因素（王强，2014)，也是促进城市由以物为本的物理、数字空间向以人为本的心智空间发展的大推力。例如在北京，神州数码控股有限公司提出打造"智慧城市"升级版作为试点项目，通过云计算、移动互联、大数据信息技术，构建了在线市民融合服务平台，向市民提供市民热线、智慧社区、区域卫生、肉食溯源等在线服务，平台的建设为当地带来了资源集约、产业拉动以及吸引效益（高亢，2014）。

（1）智能交通在现代服务业方面促进城市经济发展的机理和路径

2012 年 2 月，国家科技部出台的第 70 号文件中指出现代服务业是以现代科学技术特别是信息网络技术为主要支撑，建立在新的商业模式、服务方式和管理方法基础上的服务产业。城市智能交通建设作为城市交通管理、城市交通基础设施信息化建设的高级阶段，是综合利用先进的信息技术、数据通信传输技术、电子传感技术、控制技术等对原有城市交通系统的全面升级。事实上，智能交通产业是现代服务业的重要组成部分，其发展不仅是对现有交通系统商业模式、服务方式和管理方法等的革命性变革，而且对于培育起以智能交通技术与服务为核心的科技服务业、信息服务业、运输服务业等具有重要的支撑作用，图 2.10 为智能交通在现代服务业方面促进城市经济发展的机理和路径。

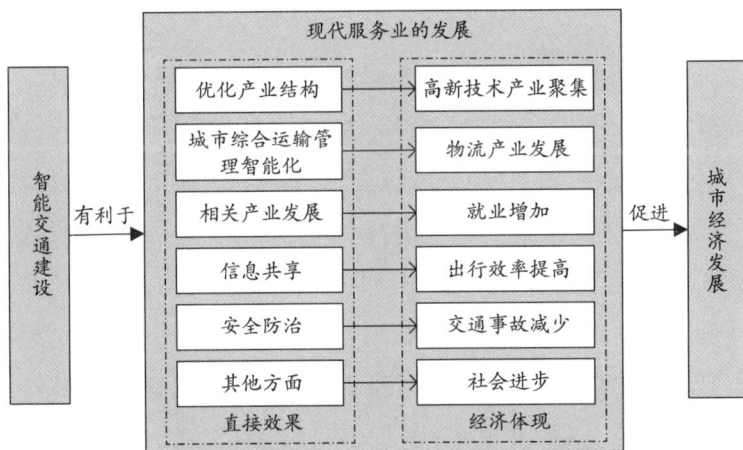

图 2.10 智能交通在现代服务业方面促进城市经济发展的机理和路径

随着城市智能交通系统的不断完善，城市交通综合运输能力、效率以及服务质量的不断提升，运输成本的相对降低，围绕智能交通产业所培育形成的科技服务业、信息服务业等对城市经济社会发展的促进和保障作用将越来越明显，具体包括：

①有利于优化城市产业结构，促进城市经济社会健康快速可持续发展

城市智能交通的建设可以带动信息技术、传感技术、通信技术、自动化技术、计算机技术和人工智能技术等高新技术的发展，有利于城市产业向高新技术产业聚集，培育出围绕智能交通建设需求的科技服务业。另外，城市智能交通的发展将带动和促进其他产业如物流业、旅游业、电子商务业、信息服务业等的发展，提高城市的国际竞争能力，实现城市社会经济健康快速发展的同时，促进人、车、路、环境的和谐发展。

②有利于实现城市综合运输管理智能化，推动城市电子商务、物流产业协同发展

城市智能交通建设可实现对不同部门、单位、交通方式间交通信息的智能化采集、传输、处理和反馈，实现城市运输体系中不同交通方式间信息的共享，实现城市综合运输管理智能化，科学合理地配置城市综合运输能力，推动城市不同交通运输方式与电子商务、物流产业间的协同发展，提升城市物流产业的整体经济效益，培育出围绕电子商务、物流产业发展需求的运输服务业。

③有利于实现城市交通信息的共享，提高城市公众的出行效率

城市智能交通建设通过对不同交通方式及同一交通方式交通信息的智能采集、传输、处理和反馈，实现交通信息的共享，为城市居民的出行提供交通诱导、零换乘等信息服务，减少出行中的绕行和拥堵，大大提高城市居民的出行效率、缩短出行时间，培育出满足公众交通信息需求的信息服务业。

④有利于营造安全的城市交通环境，预防和快速处理城市交通事故

城市智能交通建设通过建立车、路、设备等的感知与通信网络，实现交通过程中车辆位置、速度和距离的智能感知和信息交互，达到有效预防交通事故的发生的目的。另外，当发生事故时，城市智能交通系统可根据已有的知识库给出预处理方案，便于相关部门采取科学、合理的处理措施。

⑤有利于带动与智能交通产业相关的行业发展，增加就业机会

城市智能交通建设涉及如道路建设、道路通信、汽车导航、汽车电子、计算机、自动控制、网络技术以及信息服务等诸多领域，而人才是每一个领域发展不可或缺的因素。随着城市智能交通建设，将带动其相关行业的进一步发展，随即产生的人才的需求将增加更多的就业岗位，对于失业问题和城市经济社会和谐发展具有积极的作用。

此外，城市智能交通建设使各地区之间的来往更便捷、更经济，为地区间的人流、物流流动创造了有利的条件。城市智能交通的发展对城市医疗卫生、文化娱乐、人们生活水平的提高等也起着积极的作用，有利于推动社会的全面进步。

（2）电子商务在现代服务业方面促进城市经济发展的机理和路径

2012 年，我国服务业所占 GDP 的比重为 43.7%，而美国、日本、德国分别为 79.7%、71.4%、71.1%，我国远落后于其他发达国家，甚至与其他金砖国家也存在明显差距，如印度 65.0%，巴西 67.2%。

近些年来，电子商务的飞速发展，加速了产业结构的升级和调整，第三产业的增长速度明显加快。2013 年，我国第三产业的增长值首次超过了第二产业，我国的产业结构已出现历史性的变化，服务业将发挥出更加重要的作用，而电子商务则是带动现代服务业发展的有效途径。

1）电子商务在推进现代服务业方面促进城市经济发展的机理

①增强服务能力

服务业是一种基于需求的行业，它提供的是服务而非有形商品，对信息的需求强度高，特别强调顾客服务与信息传递的关系。而服务大多是将专业技术或经验以信息的方式向顾客进行传递，物流瓶颈对服务业影响甚微，这与电子商务的本质不谋而合，可以说，服务业开展电子商务是具有天然的优势。

服务业通过电子商务，可以与消费者进行更加及时有效的沟通，更能让服务快速到达消费端，服务响应时间被大大缩短。各地域分散的需求与资源也可以很低的成本聚集起来，企业信息传播的效果显著增强，而对于消费者来说，能以更低的搜索成本找到相应的服务。

通过电子商务营销模式的信息化，企业更能感知到消费者的诉求及偏好，以针对性更强的营销策略，更加准确地将信息传递给目标人群，将线上与线下有效连接起来。

②加快创新速度

电子商务的模式使企业必须更加注重创新，相比于实体经济，其对差异化的要求也更高。一方面，当消费者在实体店铺购买时，其空间转移成本较大，因此会选择较为临近的商铺，而在电子商务的环境中，顾客的转移成本极低，不再存在空间的限制，同质化产品竞争无疑是更加激烈的，产品只有通过不断创新才能存活于残酷的市场环境中。另一方面，电子商务使产品的储存、展示不再受到物理空间的限制，消费者的个性化需求便更有机会得到匹配。例如亚马逊网络书店的图书销售额中，有四分之一来自排名 10 万以后的书籍。这正是长尾理论的体现，几乎任何以前看似极低需求的产品，在电子商务市场中都有可能被卖出。这也给各种冷门、小众的产品提供了更大的市场空间。这两方面都无疑迫使企业在电子商务的环境下，加强自身创新意识，加快创新速度。

③催生新兴服务业

电子商务服务业是指为电子商务活动提供服务的各行业的集合，其与服务业的电子商务并非同一概念，是伴随着电子商务的发展，所衍生出的新兴行业。电子商务服务业的兴起，标志着电子商务的专业化分工有了显著的提高。为电子商务的发展提供技术支撑，是其快速发展的保障。

电子商务服务业提供全面而有针对性的电子商务支持服务，主要包括三个部分：a）电子商务交易服务，如网上支付等；b）电子商务支撑服务，如通信网络、物流服务、云计算服务等；c）电子商务衍生服务，如运营服务、营销服务、IT 服务等。2012 年，中国电子商务服务业总营收规模为 2463 亿元，同比增长 72%，其中，交易服务业收入为 688 亿元，支撑服务业收入为 1174 亿元，衍生服务业收入为 601 亿元。预计到 2015 年，电子商务服务业营收将突破 1 万亿元，支撑超过 13 万亿元的电子商务交易规模。

2）电子商务在推进现代服务业方面促进城市经济发展的路径

①加快信息经济基础设施建设

电子商务近年来在我国的飞跃式发展，得益于信息基础设施建设跟上了用户需求的快速增长。相比于传统经济的基础设施，信息经济基础设施对整体经济发展的影响将呈现出明显的乘数效应，是电子商务保持增长活力的基础保障，不仅对经济产生了毋庸置疑的拉动作用，并且影响范围也将从区域扩展至全球。

信息经济基础设施建设应注意以下几点：a）鼓励企业信息化建设，若基础设施的建设没有被企业所利用，将是资源的极大浪费，也会对进一步的建设产生反作用；b）追踪国际技术动态，以保证技术水平的先进性，使之始终位于世界前列，同时也应考虑技术的动态变化；c）加强移动互联网建设，电

子商务出现逐渐向移动端转移的趋势，对移动互联网的带宽等要求显著提升。

②推进电子商务服务业发展

电子商务已逐渐成为我国经济的新动力，而要想保持电子商务发展的活力，使其成为经济发展的新引擎，就务必要加强电子商务服务业的建设。电子商务服务业有效促进了社会分工的专业化，提高了社会资源配置，提升整体效率，其对电子商务发展的保障作用不言而喻。因此，作为信息经济的基础设施，电子商务服务业将成为国家战略性新兴产业。近些年来，我国电子商务发展的大环境已有所改善，网络、支付及物流等相关支撑产业水平都得到了快速提升，但还远未能跟上电子商务前进的步伐，而电子商务衍生服务业的发展则更需要进一步推进。

推进电子商务服务业的建设，主要从以下三方面着手：a）重视各类电子商务服务人才的培养，作为快速增长中的新兴服务业，知识型人才一直存在缺口，政府应和企业、学校一同，引导人才培养的方向；b）推进电子商务服务业的标准制定，有了标准的约束，更有利于行业的稳步发展；c）推进产业集群建设，让各项专业服务聚集起来，形成良性竞争，促进服务创新。

③提高服务业电子商务规范性

在电子商务飞速发展的背后，却是乱象丛生，各类投诉日益提升，其中有对商品描述、质量等的投诉，但更多的是对服务的不满，包括物流、支付等问题。让电子商务走向规范化也成为众多消费者、电子商务企业共同期待的目标，在庞大的市场规模之下，对电子商务的规范化也势在必行。

在电子商务环境下，诸多服务监管缺失，例如金融行业，不断爆出互联网金融的诈骗及违规事件，体现出其监管体系的缺失。相较有形商品而言，服务所涉及环节较多，服务水平和效果难以度量，监管难度更高。但互联网所带来的诸多优势，让其监管也有章可循：a）建立信用体系，互联网所产生的大量数据信息及强大的分析能力，使信用的测度更加便捷、准确；b）提升法制保障，电子商务相关法律法规一直处于严重滞后的状态，造成了相当大的法律空白，相关立法已刻不容缓。

三、促进智能城市经济与城市管理发展的对策

（一）促进智能城市经济发展的对策

1. 促进新兴产业发展的对策

（1）完善相关体制机制，为新兴产业发展提供政策保障

任何产业的发展都离不开政府的支持。从政府职能角度来看，政府应制定新兴产业发展规划，加强新兴产业的统筹规划和政策导向，围绕细分、产业协作、产业布局等重要环节发挥政府的宏观调控作用。作为新兴产业发展的决策者，政府还要完善产业标准、融资、人力等方面的相关法律法规，在财政、金融、税收、知识产权、人才引进等多个关键环节对相关企业进行支持，对符合新兴产业发展要求的企业给予相关的政策倾斜。

此外，政府除了在宏观上对新兴产业发展进行倾斜之外，还应在技术、人力等微观层面对新兴产业发展进行支持。政府应建立有效的激励机制，引进国际新兴资源对国内新兴产业发展进行引导；对相关企业、机构的创新性技术或产品进行激励，促进技术创新和独立创新；在降低税收的基础上提高对相关企业尤其是中小型企业的金融支持力度，激发其竞争意识，形成良性竞争市场；进一步优化人才引进政策，鼓励人才培养，形成有效的人才激励机制。

（2）积极培育新兴产业市场，通过需求带动新兴产业发展

市场需求是产业发展的直接动力，积极培育新兴产业市场是促进新兴产业发展的必要手段。培育新兴产业市场需要从两个方面着手。一方面，政府应通过一定措施大力拓展新兴产业的市场空间。目前，新兴产业处于发展的初期，由于成本与技术等方面的原因，其市场需求较难形成。政府应从公共需求领域出发，在基础设施、相关公共装备等方面减少对国外产品的引进，在满足功能需求的前提下尽可能地采购国产装备及产品。以新能源产业为例，政府可以在公共汽车及公务用车领域引进新能源汽车，提高对公共交通的补贴，鼓励使用新能源汽车。此外，在居民消费领域，政府应加强对新兴

产业的宣传，为新兴产业发展提供良好的舆论环境，让新兴产业具有一定程度的舆论基础，为新兴产业的蓬勃发展提供便利，从而形成更加广阔的新兴产业市场。

另一方面，在积极开拓市场的基础上，为了使市场能够正常、有效地运转，还应规范市场制度，完善市场环境。政府应确立市场准入、知识产权、财政补贴、税收优惠、市场监管等方面的机制，鼓励良性竞争，优化新兴产业市场的竞争环境，为电子信息、新能源、新材料、生物等企业提供良好的发展环境。

（3）完善金融市场，为新兴产业发展提供资金支持

新兴产业的发展离不开资金的支持，而由于新兴产业在我国属于初级发展阶段，短期的投入并不能产生立竿见影的效果，应做好长期投入的准备，这就要求在智能城市建设过程中为新兴产业发展提供良好的金融环境。首先，应拓宽新兴产业的融资渠道，除了由中央或地方财政提供资金外，要重视资本市场的作用，引导并激励社会化资本对新兴产业进行投资；在金融市场的保障体系方面也需进一步完善，建立相应的信贷制度、监管机构与监管体系，为新兴产业发展在资金方面提供法规方面的保障。其次，应完善新兴产业发展相关的金融保险行业的管理与服务，对知识产权转让、企业责任等方面加强制度化的管理并为新兴产业提供更为全面的保险服务；最后，除了本土资金的投入外，政府还应重视国际资本的投入，引导外资投向新兴产业，鼓励我国企业到境外投融资，多层次、多元化有效利用国外资金（王新新，2011）。

（4）提高创新能力，为新兴产业发展提供技术保障

新兴技术在智能城市经济发展中的特点主要通过数字化、网络化、智能化等方面来体现，要想快速地发展新兴产业，新兴技术是基础，如新能源产业的发展离不开绿色能源技术，电子信息产业的发展离不开物联网、大数据、云计算等技术，新材料、生物产业的发展也离不开相关的创新性技术。各种技术更加深入的发展与更加广泛的应用可以使市场需求得到更加快速和智能化的响应，进而实现智慧城市经济可持续性、绿色、全面性的发展（张

永民，2011）。

加大对技术研发的投入是提高技术创新能力的关键，新兴产业特点就是成本高、产出慢，与发达国家相比，我国的技术创新还有较大差距，只有拥有技术优势才能使企业在市场竞争中拥有足够的竞争力。此外，加强产学研结合也是提高技术创新能力的重要方面，企业、高校与科研机构联合组成技术创新联盟，国家及地方相关项目多向高校开放，形成高校—企业联合研发中心，形成一批起示范作用的产学研技术创新基地，进而依托市场和政府职能部门真正形成产业创新的平台，实现信息、知识等资源的共享。

最后，新兴产业的发展离不开相关领域的专业人才。在新兴产业发展的过程中，政府部门、高校、企业等都应重视对相关领域人才的培养，为新兴产业的快速发展提供充足的人力储备。此外，在对人才的培养过程中应注重理论与实践的结合，比如采取产学研相结合的方式由学校与新兴产业企业联合培养的方式，使培养出来的人才可以快速融入新兴产业的发展之中，为智能城市经济发展贡献自己的力量。

（5）龙头企业带动，扶持中小企业，形成完善的新兴产业结构

从地区角度来看，我国新兴产业在长三角、珠三角区域较为集中，产业聚集效应明显，而其他地区的新兴产业发展较差，总体形成了地区间发展不均的局面。针对这一现象，我国政府应对全国城市的新兴产业进行统一规划，为拥有不同新兴产业资源的城市制定相应的发展规划，努力形成让优势产业城市带动其他城市，形成城市间的资源优势互补，明确各城市新兴产业的分工，进而实现资源整合，避免"瓶颈"产业的出现，形成全面的、完善的产业结构。

在发展新兴产业的过程中，由于行业的特殊性，政府首先应发展一批龙头企业，通过各种政策对其进行扶持，并充分发挥其带动作用，形成一批有国际竞争力的国际知名企业和集团。此外，作为技术创新和市场竞争的主体，中小企业也不应被忽略，国家同时应采取税收、融资等方面的措施对中小企业进行扶持，在保障市场环境的基础上促进新兴产业间的良性竞争，最终形成地区间、企业间竞争与联盟并存的、良性并且高速发展的新兴产业结构。

2. 促进传统产业改造升级的对策

（1）完善产业政策，为传统产业改造升级提供政策保障

由于市场竞争的加剧，传统产业利润逐年降低，寻找新的产业发展模式已成为亟待解决的问题，传统产业的升级改造迫在眉睫。传统产业的升级改造同样应由政府引导。从产业角度来看，我国传统产业以国有企业为主，我国政府对其干预较强，在一定程度上导致了传统产业发展较为缓慢。为了更好地对传统产业进行改造升级，政府应出台一系列政策鼓励改造升级，在财政、税收、人力资源、融资环境、技术资源、产业保护等方面都予以一定的倾斜。目前，我国百余名院士专家已着手制定"中国制造2025"，以应对新一轮科技革命和产业变革，立足我国转变经济发展方式实际需要，围绕创新驱动、智能转型、强化基础、绿色发展、人才为本等关键环节，以及先进制造、高端装备等重点领域，提出了加快制造业转型升级、提升增效的重大战略任务和重大政策举措，力争到2025年从制造大国迈入制造强国行列。

在财政方面，政府首先应加大对高等教育以及职业教育的投入，由于传统产业自身的特点，对应用型人才需求量较大，而我国之前对面向应用的职业教育投入较少，此外，整体教育投入占GDP的比例也应有相应的提高，人才是产业发展的基础；同时，政府应加强对技术的投入，技术是传统产业升级改造的基础，而传统产业在升级改造时势必会遇到一些困难，因此一定程度的补贴、资助等很有必要；此外，政府在本身财政的投入之外，应鼓励社会资本对传统产业升级改造的投入，充分发挥政府的引导理论以及政府资金的杠杆能力；最后，对中小型传统企业的投入也是相当重要的环节，由于行业的特殊性，中小型传统企业往往面临着更高的门槛，高门槛大大限制了其发展，而传统产业的改造升级不仅仅是大型国有企业的升级，也是整个产业链的升级，中小型企业可以为之注入活力，政府应在财政方面予以支持，为其营造一个良好的融资环境，建立完善的信贷机制，形成大中小型企业共同发展的良性升级改造模式。

在税收方面，政府应完善对各种类型产业企业，如传统产业、高新技术产业等的认定机制，在税收方面对进行升级改造的传统企业予以优惠，通过建立联合发展平台、设立设计改造项目等方式对税收进行减免；此外，应调整出口关税的退税政策，限制低附加值的产品出口，鼓励高附加值的产品出口，增强企业升级改造的动力，提高相关企业的国际竞争力；最后，还应对进行技术创新的企业进行税收上的优惠，激发企业技术创新的活力，帮助企业从微观技术层面实现升级改造（文宗瑜等，2009）。

最后，从产业保护的角度来看，我国有必要通过支持本国企业的市场、金融、税收等方面实现对传统产业的保护，以帮助转型中的企业应对国际企业的竞争，相对地，在不影响招商引资的前提下在一定程度上降低国外相关企业在我国的优惠政策，进而使我国企业享有"本国国民待遇"，也会对我国传统产业的升级改造起到帮助作用（陶志峰等，2006）。

（2）完善市场机制，为传统产业改造升级提供动力

传统产业的改造升级离不开市场的拉动。政府应明确其职能，合理界定其在市场建设中的作用，加速推动市场的改革，减少垄断现象的发生，形成健全的市场机制，建立多元的、开放的、有序的市场环境。同时，应注意市场秩序的建立，在企业间竞争、法制秩序以及道德等方面进行正向的引导，结合相应的金融、税收等方面的政策，建立健全的、完善的市场体制。另外，由于传统产业的多元性特点，还应建立完善的信用体系，建立以居民身份证等为中心的监管机制与信用平台，将传统产业升级改造与社会化管理相结合，实现升级改造的健康发展。

在市场的拓展方面，首先各城市应根据各自特点兼容并蓄，打破区域贸易壁垒，摒弃地方保护主义行为——这种行为严重阻碍了地区产业一体化的发展，不利于市场的良性竞争，甚至还会导致国际企业趁机占领国内市场。各城市政府应引导消费者树立正确的消费观念，通过政府带头使用国内品牌产品等方式带动消费者，如公务用车采用国产自主研发品牌，办公系统采用国内企业开发的系统等；另外，政府同时应向消费者传递新兴的消费理念，在传统产品方面不仅要求产品本身，还应期待产品产生的附加价值，如家用电器等的上门安装与保修，家用仪器的使用培训等，进一步通过市场需求带动传统产业的升级改造。

在市场竞争方面，同样地，由于我国企业缺失改造升级的经验，政府应确立一批龙头企业带动整个产业链条的发展，可以根据区域确立各行业龙头企业，在金融、税收、融资等政策上予以扶持以及方向上的指导，鼓励产学研结合，为企业的升级改造提供理论及技术上的保障；同时，中小企业也是产业改造升级的主要力量，政府应营造一个对其发展有利的市场环境，实现龙头企业带动、各企业有序竞争的良性发展模式。

（3）提升技术能力，融合新兴技术，为新兴产业发展提供技术保障

新兴技术的发展也为传统产业的改造升级提供了契机：传统汽车生产商通过物联网可以实现对车况的实时追踪进而提供更加适时、全面的增值服务；传统企业可以通过海量的数据分析市场需求的变化情况，进而有针对性地对产品或服务进行升级；企业可以利用云计算技术处理海量信息，快速识别出所需信息，从而快速响应顾客需求。在新兴技术飞速发展的环境下，传统产业改造升级应牢牢抓住机遇，结合自身产业特性，绿色、智能化地实现改造升级，为智能城市经济发展提供新的动力。

目前，我国现有的原始创新技术、集成创新技术、引进吸收技术、再创新技术等都存在消极的路径依赖"锁定效应"，极大地阻碍了我国的技术创新的步伐。我国现有的原始创新技术要突破技术创新的路径依赖，实现路径创造，必须培育产业升级主体的自主创新能力。因此，在传统产业改造升级的过程中，必须强调创新思维，政府应加大对技术创新产业的投资，并带动社会资本对其进行投入，解决其资金问题；并通过设立考核机制与奖励机制等方式鼓励创新，在企业以至于高校对人才的培养中也强调创新，真正让创新成为传统产业改造升级的核心动力，实现从"中国制造"到"中国创造"的转变，争取创造出在国际市场上有竞争力的产品，从而促进智能城市经济的发展。

3．促进现代服务业发展的对策

（1）完善产业战略规划，为现代服务业发展提供方向性指引与政策支持

服务业是我国国民经济占比重最大的组成部分，也是我国智能城市经济

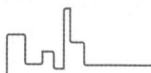

发展最重要的组成部分。目前我国现代服务业发展刚刚起步，仅依靠市场机制的作用无法满足现代服务业的发展需要，要想促进其发展，首先要加强战略规划，即应将现代服务业摆在突出的战略地位，并制定现代服务业的专项规划，在政策上实行重点倾斜，用财政、信贷、税收等经济手段保证现代服务业的优先发展。

在财政方面，就现有状况而言，首先应加大对现代服务业的投入。与传统产业和新兴产业有所差别，现代服务业作为第三产业对从业者素质要求更高，而作为制造业等行业的下游环节，现代服务业从业者往往直接接触顾客，现有的人员的职业素养很难满足现代服务业的需求。因此，政府首先应加大对人力资源的投入，通过加大对教育财政、人才引进、人力资源培训等方面的投入，使现代服务业在人员方面得到更大的支持。此外，作为智能城市经济发展的重要环节，服务业自身也需要从传统服务业（餐饮业、商业等）向现代服务业（如金融业、教育业、信息服务业、咨询业等）发展，技术上的投入必不可少，科技的落后是阻碍现代服务业发展的主要原因之一。为了更有效地利用资金，政府同时还应鼓励社会资本对服务业的关注。

在税收方面，首先应完善行业间的税收制度，目前对所有服务行业采取相同的税率，而且服务企业涉及的所有行业都需上缴营业税，这种方式会对不同的现代服务行业造成不同的税收，有时还会造成重复征税。政府应针对不同的行业制定不同的税率，例如对生产性服务业采取较高税率，而降低消费性服务业的税率，真正实现行业间的公平竞争。同时，针对某些特殊性的服务业如公益性服务产业应在税收上予以减免，鼓励其发展，鼓励其对城市发展做出应有的贡献。另外，可以考虑适当减免现代服务业所需负担的行政费用。

与传统制造业不同，现代服务业作为新兴的产业还没有统一的标准，服务对象、企业资质、服务成果等都没有明确的规定，为了现代服务业稳步的发展，也为了对现代服务业更加规范的管理，城市管理者应努力促进现代服务业标准的确立，在各个环节建立有序的竞争机制，规范市场秩序，提高现代服务业在智能城市经济发展中的比重。

（2）积极培育市场，完善市场结构，带动现代服务业的发展

市场同样是现代服务业发展的动力。现代服务业要快速发展，首先要完善市场制度，降低准入门槛，引入竞争机制，建立市场监督体系，提升现代服务业的发展活力。另外，由于发展阶段的限制，现阶段应允许国际服务企业进入中国市场，一方面本土企业可以学习其先进经验，另一方面在拥有完善管控机制的前提下可以促进市场竞争，从而促进本土服务业提高自身水平，进而提升市场竞争力，从而促进现代服务业的发展。服务是居民基本生活保障之外的更高层次的需求，现阶段我国城市居民收入逐年上升，需求也在不断变化，政府可以加大对现代服务业的宣传力度，改变城市消费者的消费理念，使之产生对现代服务的需求，在很大程度上也可以拉动现代服务业的发展。

需要注意的是，城市发展阶段与企业规模等的不同对现代服务业的发展有很大的影响。一方面，由于现代服务业在我国起步较晚，不宜操之过急，盲目发展。现代服务业应根据城市特点有针对性地进行发展，其主体应确定为发展程度较高的城市，而工业化城市与规模较小的城市应根据其城市特点制定适宜自身经济发展的路线。另一方面，由于现代服务业在我国刚刚起步，行业的复杂性与多元性导致企业可能在发展方向上存在问题。因此，除了政策引导之外，各地市还应针对自身城市现代服务业发展情况，确立一批各行业龙头企业，带动该地区现代服务业的发展，如教育业方面可设置商业模式较为创新、盈利情况较好的企业作为龙头企业；金融业设置业绩、口碑较好的企业；咨询业方面应扶持本土咨询企业作为龙头企业，以便于带动各类现代服务业发展。此外，在各城市的现代服务业企业中，中小企业占很大的比重，且具有高投资、高投入、高回报的特点，因此需重点扶持中小企业，使之在规范的竞争环境下逐步成长，提供多元化的现代服务，以适应不同的市场需求。

（3）大力发展知识密集型服务业，鼓励技术创新，与其他产业协同发展

知识密集型服务业是未来现代服务业发展的主要方向，其高技术型、高投资回报的特点和其与国际服务产业的相容性使其成为现代服务业发展的重

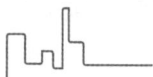

中之重。在政府对其重视的基础上，知识密集型服务业的发展离不开技术与创新。在现代服务业的发展过程中，也要融入创新的思维，积极探索不同的现代服务模式，如将服务与科研、生产等广泛结合，并应用新兴技术手段，加大信息服务业的投入，使现代服务业在促进智能城市经济发展的同时可以更好地解决民生方面的问题，实现经济与社会的双丰收。此外，在智能城市经济发展过程中，应善于利用云计算、大数据、物联网等新兴技术对海量信息进行综合处理，设立信息共享平台，如生产性服务外包平台、金融信息平台、物流信息平台、物联网平台，等等，使现代服务业更加有效地发展，最终更好地作用于国力民生。

现代服务业的发展也属于产业结构升级与改造的重要方面，除了可以使产业结构更加合理，还可以实现不同产业间的相互带动。现代服务业在自身可以直接创造价值的同时，也可以作为工业的下游产业通过对市场需求等更准确地以把握带动其他产业：其与传统产业的融合不仅限于物流、安装维修等方面，与金融服务业、技术研发业、教育培训业、咨询业之间的关系也将更加紧密，研发、设计等环境在产品价值中的比例不断提升，产品的功能更多地通过服务实现（邓洲，2013）；类似地，现代服务业与新兴产业在信息技术、新能源等多个行业也能实现相互促进。多元化现代服务体系的建设，是推动产业集群综合利用信息资源、技术创新，实现创新区域和可持续发展的关键举措（康正发，2012）。不同产业间的协同发展，可进一步推动其他产业的转型和升级，政府可以充分综合利用各种资源，以现代信息服务业的发展为基础，构建智能城市转型升级的服务系统，为产业升级发展、城市经济发展提供新的动力。

（二）促进智能城市经济和城市管理的实施保障

1. 促进智能城市发展的法制保障

（1）我国智能城市建设的法律现状

智能城市是对城市发展方向的一种描述，意味着城市功能全面实现信息

化（陈如明，2012），亦即智能城市的基础是以互联网、物联网、电信网、广电网、无线宽带网等的网络组合（殷令姣，2012）。但是实现传统城市向智能城市的转变不仅仅要依靠信息化和网络化等技术手段，也要有效地实现行政法规在城市运行和管理中的覆盖，通过立法明确城市建设的地位、消除阻碍因素，通过法制的转换和提升促进城市建设（黄辉，2011）。由于智能城市与智慧城市具有一定的包容性和共通性，因此在后续探讨智能城市建设各项保障措施的同时，引入智慧城市的相关理论研究和应用实践。

虽然现阶段我国信息化建设已经取得了很大的成功，但是长期以来针对信息化条件下公民的互联网安全和个人权利保护的相关基础法律、法规数量较少，其中较早的是 2000 年 12 月 28 日全国人大常委会通过的《关于维护互联网安全的决定》，旨在保障互联网的运行安全和信息安全，该决定对于促进我国互联网的健康发展，维护国家安全和社会公共利益，保护个人、法人和其他组织的合法权益起到了一定的推动作用。但是，我国在互联网法律法规建设方面仍然十分欠缺，并且已经造成了诸多互联网问题的出现，而在物联网与云计算时代，网络技术将更加广泛和深入地渗透到社会生活的各个领域，法律法规的不健全有可能导致更为复杂和严重的问题，这将严重影响智能城市系统的有效运行（李建明，2014）。

此外，在个人信息和数据资料的保护方面，我国民法体系中对个人隐私权保护的法律规定含糊不明，较为详细的且具有针对性的规定也是近两年才出台并实施的（李媛，2013）。2012 年 12 月 28 日全国人大常委会表决通过了《关于加强网络信息保护的决定》，旨在为互联网时代的个人信息提供法律保护与保证，该决定以法律的形式保护公民个人及法人信息安全，确立网络身份管理制度，明确网络服务提供者的义务和责任，并赋予政府主管部门必要的监管手段，重点解决了我国网络信息安全立法滞后的问题。2013 年 9 月 1 日起实施的《电信和互联网用户个人信息保护规定》从信息收集和使用规范、安全保障措施、监督检查、法律责任四个方面对电信和互联网用户的个人信息保护进行了较为详尽的界定和规范。然而，已有的规定（决定）主要是针对电信和互联网个人信息的保护，其立法的实践和理论基础薄弱。目前我国正处在智能城市建设的初级阶段，虽然已有学者提出当今我国智能城市建设存在的主要问题之一是缺乏国家层面的顶层设计和宏观指导，国家级的政策规划和法律法规不完善等（胡冬雪，2013），但是建立层级较高的法律和行政法规仍很难实现。

除上述的互联网安全、个人信息和数据安全的立法问题外，也有学者指出我国的智能城市建设存在计划调控权责混乱的问题，其原因在于缺乏计划调控立法，即在城市建设过程中计划调控活动当中各方主体的权利和义务不明确，以及缺少规范计划调控主体行为的法律法规；信息产业技术政策法也不完善，即缺少以促进技术进步为目的的产业政策法律法规；物联网技术标准规范缺乏、消费者个人信息保护的规范和法律法规仍然欠缺等（李媛媛，2013）。

（2）国外智能城市建设的法律经验

对于信息化条件下的数据信息和互联网安全，西方国家一直走在世界前列。欧盟出台的《欧洲电子商务提案》《关于数据库法律保护的指令》《欧盟数据保护指令》等指令、提案等为西方各国的网络和信息安全提供了强大的保障，并在后期对已有的指令、法案、提案等进行修正和补充，以期不断地适应新环境下出现的新问题。此外，为了保障网络和信息安全，欧盟设立了欧洲网络和信息安全机构对网络信息安全进行评估和分析，并协助欧盟委员会在物联网信息安全方面的立法和决策。

美国自 1966 年开始制定了一系列关于信息和数据安全、互联网安全的法律法规，如《电子通信隐私法》《计算机保护法》《计算机安全法》《计算机网络保护法》等，这一系列的法律法规为美国的数据信息和互联网安全提供了强有力的保障。此外，针对如今正在走向广泛应用的云计算，美国政府规定对数据进行分级管理，低风险数据可以存储到海外的数据中心，但中高级别的风险数据必须存储到美国境内。

德国于 1977 年生效的《联邦数据信息保护法》在维护网络用户信息安全和权利的同时促进了德国信息经济的极大发展，并于 2001 年、2003 年和 2006 年进行修订。通过不断地扩大法律法规的适用范围，结合不断产生的信

息安全问题，该部信息保护法逐步走向完善，在现阶段为德国的信息安全提供了强大的法律保障。英国也早在 1984 年颁布了《数据保护法》，并于 2000 年进行修订。

亚洲各国中，日本一直是走在信息化建设的前列，相关立法和战略实施也较早起步。2001 年，日本启动 e-Japan 战略，以期实现超高速网络接入的建设和普及，同时制定相关的电子商务法律法规，开启电子政务的实施，培养相关的高素质人才等。该战略的实施极大地促进了日本信息技术的普及以及对电子商务行为的法律规制化进程。2004 年，日本又进一步出台了 u-Japan 战略，在公民权益的保护、电子商务设施的维护、内容违法问题的解决、知识产权交易、网络社会的立法和执法等领域进行了研究和改进。

由于西方国家和日本的信息化建设起步较早并且发展迅速，其相应的法律法规也更为完善，并且对智能城市的规划和建设也早于我国，所以在我国智能城市建设过程中，可以广泛借鉴（不仅仅在立法方面）其建设过程中适合我国国情的可取成果，推动我国智能城市更快、更稳定的建设和发展。

（3）提升我国智能城市法制建设的对策与建议

如前所述，我国智能城市建设正处在初级阶段，且各智能城市建设重点存在差异，因此建立广泛覆盖的高级别法律法规存在很大的困难。对于这一问题，已有学者提出可以从地方性立法开始。地方性法律法规作为一种法的渊源，既具有法的共同特征，也具有从属性、地方性、实验性和先行性的特征，可以在国家立法尚不成熟的情况下先开始地方性的立法，为国家立法积累经验，同时也能在很大程度上解决由于立法不足、法律法规不完善导致的诸多问题和争端。此外，通过地方立法可以消除阻碍智能城市建设的因素、确立建设路径、明确建设责任等。

增加关于信息和数据安全、互联网安全的立法数量，保证立法质量是我国当前面对信息化情境下法律建设的重要任务。和西方国家相比，我国在信息和数据安全、互联网安全相关的法律法规建设方面存在着很大的差距，立法还不完善，这为我国正在开展的智能城市建设带来一定的难度和挑战。立法缺位或者不健全会带来诸多潜在风险，比如公共利益与个人权利的冲突，信息自由流动与信息安全的冲突，信息利用与既有法律的冲突。因此，针对我国正在开展的智能城市带来的信息化情境下的法律建设至关重要。在现行立法的同时也要关注已有的法律对于当今情境的不适应性，通过不断地修改和完善既有法律、制定新的法律法规，为我国快速而稳定地建设智能城市提供最强大的法律保障。

加大学术界对智能城市法律治理的研究是提高我国智能城市建设法律水平的又一重要途径。童航和冯源指出智慧城市（智能城市）法律治理跨越法律、信息、人工智能等领域，其中法律治理是核心要素，而信息和人工智能等技术手段都应服务于法律治理的需要。此外，也指出未来关于法律治理的学术研究可以从法律治理的顶层设计、分层实证、信息利用、监督机制和救济机制五个方面展开（童航和冯源，2014）。

除了前述强调的互联网安全、信息和数据安全立法外，还要加强对计划调控法、信息产业标准制度和规范、产品质量检验制度、消费者信息安全保护法等诸多方面法律法规的探索、改进与完善。法律是调节和规范人们社会生活的重要手段，具有强大约束力的法律是社会正常运行、公民生命财产安全最强有力的保障。在社会发展和建设的不同阶段，面对不同的社会情境和发展方向，只有通过不断地修正和完善已有法律，探索和尝试建立新的法律规范才能够真正地发挥法律的效率与职责。

2. 促进智能城市发展的资金保障

（1）我国智能城市建设资金投入规模和规划

2013年1月29日，住房和城乡建设部公布首批国家智慧城市试点名单，城市试点共90个，其中地级市37个，区（县）50个，镇3个。国家开发银行表示，在"十二五"后三年，与住建部合作投资智慧城市的资金规模将达800亿元。而就在之后的同年4月，由住房和城乡建设部建筑节能与科技司组织的智慧城市创建任务书编制培训会上提供的信息显示：继国开行提供不低于800亿元的投融资额度后，又有两家商业银行做出承诺，表示将提供不低于国开行的授信额度，支持智慧城市建设。另有其他投资机构也在4月初签订了 2000 亿元的投资额度。粗略估计，相关投资或将超过.4400 亿元。

另外，相关人员表示住建部 2013 年公布的两批 193 个国家智慧城市试点共涉及重点项目近 2600 个，资金需求总额超过万亿元（丁有良，2014）。对此，国家信息中心信息化研究部首席工程师单志广透露，我国提出智慧城市建设的城市总数达到了 154 个，投资规模预计超过 1.1 万亿元。此外，在 2013 年 11 月 23 日，科学院院士、国务院参事牛文元在"智慧城市建设"高层论坛的座谈会上也明确表示：中国提出要建设智慧城市的城市数量已有 154 个，规划投入的建设资金将超过 1.5 万亿元人民币。由于我国 IT 基础相对落后，中国智能城市建设应首先大规模投资到基础设施上来。针对 IT 发展投资规划，赛迪信息预测，到 2014 年，预计可达到 1700 多亿元的规模。此外，针对全国城市建设中信息技术投资，截至 2012 年年底，已超过 1 万亿元，到 2015 年预计将超过 2 万亿元。

（2）我国智能城市发展资金保障的对策建议

从智能城市公益性服务的角度考虑，其运营适宜采用政府引导、企业运营、公众实践相结合的模式（徐静，2013）。具体可以通过加大政府资金投入、利用政策工具、提供政策优惠、鼓励企业和公众参与（即引入民间资本）等方式为我国智能城市的发展提供资金保障。我国对于智能城市建设的资金投入虽然很大，但是其实现效果并不明显。因此，在政府加大资金投入力度的基础上更应该关注于如何充分发挥市场机制、利用金融工具等形式扩大民间资本的投入。合理的引入、规划和使用民间资本一方面可以缓解政府资金投入的压力，另一方面为我国智能城市建设开拓出更广阔、更稳定的资金来源。

充分利用金融和财税两项政策工具，引导资本市场主体和金融机构参与到城市建设中来，通过合理有力的财税、投融资政策支持和金融市场的广泛参与，实现风险分担和利益共享。具体措施包括：建立长效稳定的财政投入机制，通过建立专项资金、无偿资助等形式加大项目投入；落实研发费用加计扣除、生产设备加速折旧等优惠政策，结合物联网等产业特点，完善税收支持政策；完善创业投资和股权投资的监管机制与政策体系；构建多层次的资本市场体系和信贷市场体系，健全与企业规模和资金需求相适应的多元化

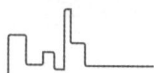

融资渠道（王敏，2013）。

为参与建设的企业提供资金保障的政策优惠，增大企业的信贷力度，提升对参与企业的金融服务水平；探索新的适用于当前智能城市建设的金融模式，推动各领域建设融资工作的展开，优先保障试点工程建设的资金，开发新的、具有特色的融资服务等；为国内外大型企业提供政策优惠和保障，吸引和鼓励有实力的企业加入到城市建设中来。

张永民指出，城市发展需要以资本为后盾，单靠政府财政投入远远不够，需要调动民间资本的力量，因此必须在加大资金扶持力度的同时，扩宽资金来源。具体措施包括：各地政府在推动城市建设的过程中加大资金扶持力度，重点对关键技术和产品研发、典型试点示范工程、产业基地建设、人才培养和引进等方面给予政策和资金支持；发挥政府资金引导作用；鼓励企业以多种方式进行融资；建立合适的运营模式等。此外，鼓励公众购买投资城市建设的股票、基金、地方国债等金融性资产，将集得的资本合理规划并投入到智能城市的建设和运营中，进一步加强我国智能城市建设的资金保障。

3. 促进智能城市发展的组织保障

科学合理的组织架构是保证智能城市迅速发展的必要条件。组织保障的内涵即为实现智能城市快速发展的任务而采取的组织措施。结合智能城市发展对组织体制的要求，通过分析智能城市发展过程中有可能遇到的重大问题，得知推动智能城市发展的组织必然是由传统的分权管理方法改为更适合智能城市发展的授权管理体制（赵大鹏，2013），从传统的部门之间条块分割现象变为统一的管理模式，形成一体化、科学化、规范化的智能城市组织机制。

促进智能城市发展的组织保障可从两方面展开，一方面从领导机构采取组织措施，其在智能城市整体发展过程中起引领、协调和指导的作用，是整体项目进展成功的核心组织保障；另一方面从建设发展机构进行组织协调，建设机构主要功能为协助领导机构完成具体任务，在智能城市建设过程中进行组织协调。

（1）领导机构

智能城市发展要求领导机构在发展过程中充分发挥其领导和宏观调控作用，强化对智能城市发展的整体规划、部门协调、信息管理和监督的智能。智能城市发展应该设立专门的领导小组。领导小组的负责人要由该城市主要领导担任，其他与信息化建设、城市管理、行政改革相关的组织的主要领导以及相关专家成为领导小组成员（包隽，2013）。该领导小组在智能城市的过程中起引领、协调和指导的作用，是智能城市建设的"灵魂"，是整个项目建设成功的核心组织保障。

领导小组能够建立一套科学、有效、快速的决策机制，打破我国政府现行行政管理体制中条块分割的现象，以智能城市项目为主体，整合各个相关部门、组织，从战略发展的角度，对整个智能城市发展进行监控与协调。设立统一领导小组的必要性主要有以下几点：

1）复杂性、整体性的要求。智能城市建设与发展是一项系统工程，其所涉及的内容涵盖了城市建设、城市管理及城市发展的所有领域，从项目建设的角度看，该项目的项目干系人数量众多，关系复杂，项目建设难度很大。如果无法认清该项目的复杂性与整体性，没有统一的领导机构，那么项目建设会长期处于多头管理、无人牵头、无人负责的状态，不利于项目建设，严重时甚至会导致项目失败。

2）高效性的要求。智能城市建设与发展是伴随着信息技术发展起来的创新型项目，它具有项目独一性的特点，这就导致了智能城市发展过程中是没有完整的经验体系可以借鉴，许多问题和风险的发生都是无法预料的，而问题和风险的解决往往是紧迫的（杨化峰，2013）。在智能城市发展过程中遇到问题时，统一的领导小组可以实时地就具体问题做出快速反应，寻找解决方案，有效地做出决策，从而保证智能城市建设的顺利进行。

3）资源整合的要求。智能城市的发展是跨部门、跨学科、跨领域的系统工程，除了相关的政府管理部门之外，各个产、学、研组织的作用也是十分重要的。只有由政府牵头，成立领导小组，才能够有效地管理、协调各个分散的组织，整合各个组织的必要资源，理顺项目发展流程，保证智能城市发展目标得以实现。

4）改革的要求。智能城市发展不仅仅是城市政府管理信息化的过程，同时，涉及城市管理理念、管理体制、组织机构、工作流程和行政环境等一系列深层次的行政管理体制改革问题，是城市管理体制的重大变革（姜春前等，2005）。强力的领导小组是改革的组织保障。

（2）建设与发展机构

智能城市建设与发展机构是一个由多个部门、多个组织而组成的，相互交叉、相互影响的机构。它应该完成方案设计与选择、任务分解与分配、工程实施与监控、成果验收以及各组织协调等具体任务。其结构构成与职能设计如下：

1）城市政府主管、相关部门建设。这些部门的职能是协助统一的领导机构对智能城市建设与发展进行全面规划，整合城市资源，提供决策支持，参与具体建设工作。它既是智能城市的设计者，又是智能城市的建设者、发展和使用者，还是智能城市建设的监督者。

2）相关行业及科研机构。智能城市建设与发展的需求来源于处于信息领域最前沿的信息行业与科研机构，智能城市建设与发展对信息化、智能化、综合化的需求使信息行业、科研机构成为智能城市建设最直接的利益相关者。建设与发展智能城市不仅仅为相关行业、科研机构提供他们急需的服务，同时也为其发展指明了方向（Bowerman et al.，2000）。

智能城市建设与发展应以行业、企业为主体，联合大专院校、科研院所等知识密集型组织，建立产学研一体化的技术创新体系，以满足智能城市建设与发展的创新需求。

3）咨询机构。在新公共管理领域中，政府决策已经转变为科学决策的模式，各种咨询机构、智囊团在政府决策过程中发挥着巨大的作用。智能城市建设与发展过程中应大量引入咨询机构，为项目确立、评审、建设、监督和验收提供有益的技术保障，其职能包括对方案的制订，技术的支持、评估，对关键决策的审查，对项目进度、质量的监督等等（黄天航等，2011）。

智能城市建设与发展机构之间应该协调配合，共享资源，统一协作，真正做到网络互联互通、功能整合、信息资源共享，减少重复建设，这样才能保证项目的合理规划和稳步实施，在领导小组的统一领导下，积极、高效地实现项目目标。

4. 促进智能城市发展的文化保障

智能城市的文化建设主要涵盖六个方面：一是培育具有现代素质的市民。市民要不断增强城市意识、开放意识、法制意识和现代生活环境意识，促进一个城市形成良好的社会风气和精神风貌（谭志云，2009）。二是建设具有个性的城市形象文化。城市形象文化主要包括城市现代化的基础设施和时尚的外观形象，要讲究城市的整体和谐和审美情趣，有文化个性和艺术感。三是挖掘城市的历史文化资源。历史文化是一个城市文化个性的生动体现。四是形成若干个著名的高等院校、科研机构或艺术团体。教育是文化的基础，科技是文化的精华，艺术团体是文化的结晶，这三者是衡量一个城市文化水平高低的关键性指标。五是推进城市的文化产业繁荣发展。文化产业既可以有力地促进经济发展，也可以极大地提高一个城市的文化品位。六是开展丰富多彩的群众文化活动。群众文化是城市文化的重要组成部分，也是建设智能城市必不可少的一个重要内容。

鉴于此，智能城市文化建设与发展是一项长期的、复杂的、艰巨的大工程，需要政府、企业和市民的共同努力，有计划有步骤地循序渐进，稳步推进。针对智能城市文化建设中存在的问题，建议以政府为主导不断完善智能城市文化保障体系，以企业为中心强化智能城市文化建设，以市民为主体进一步提升智能城市人员文化素养（张达，2013）。

（1）以政府为主导完善智能城市文化保障体系

政府作为主导部门，在智能城市发展过程中应积极探索制定智能城市发展的相关法规，并落实智能城市发展政策，把智能城市理念融入机关、社区文化建设中，创新智能城市宣传教育形式。

1）探索制定智能城市发展的相关法规

智能城市的发展离不开法律法规的保护，在法律的约束下，领导机构和

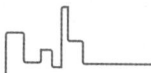

建设与发展等各部门才会更加积极主动地去实施，进而促进智能城市的快速发展。政府在探索相关法规的过程中应以某城市为试点，逐个实施、稳步推进，从而带动其他智能城市的建设与发展。

2）探索落实智能城市发展策略

文化是制度之母，但文化落地需要制度的保证以及政策工具的推动，各城市领导部门应非常重视智能城市发展策略的创新（郭立珍，2014）。智能城市建设与发展需要科学的发展规划作为指导。

3）将智能城市理念融入机关、社区文化建设

在智能城市文化氛围形成过程中，政府机关发挥了示范和导向作用，政府应带动市民共同参与智能城市建设与发展，通过开展宣传周、智能城市文化进社区等活动，探索将智能城市理念融于机关文化、社区文化等文化中的有效途径。

4）创新智能城市文化宣传教育形式

政府应带动各部门积极创新智能城市文化宣传教育形式，利用电视、报刊、广播、互联网等平台，普及、传播智能城市文化理念（蒋昌俊 等，2005）。同时也可以借助企业员工培训，将智能城市文化理念加入到培训内容之中，从而扩大宣传范围、加强宣传力度。

（2）以企业为中心强化智能城市文化建设

智能城市文化建设固然需要政府带动，但在具体实施过程中企业具有重要的作用，企业为将智能城市文化理念落实的主体，因此企业内部应多开展智能城市文化理念的知识培训，进而把智能城市文化理念融入企业生产、营销过程中。

1）企业开展智能城市文化理念知识培训

企业作为一个城市的主体，应将智能城市文化建设纳入到员工培训手册，并在企业内部尽量多地开展不同形式的宣传活动，使智能城市文化理念能够侵入人心，并成为固化知识融入企业文化中。

2）将智能城市文化理念融入企业生产和营销活动

将智能城市文化理念融入企业生产和营销过程中，使得企业在生产及营

销战略中加入信息化、科学化理念，推动高科技的引入，有利于经济发展和社会进步，进而推动智能城市文化建设的改善。

（3）以市民为主体提升智能城市人员文化素养

市民是城市的主体，培育具有现代素质的市民是智能城市的特色要求。市民要不断增强城市意识、开放意识、法制意识和现代生活环境意识，促进一个城市形成良好的社会风气和精神风貌，以文化建设保障智能城市有序快速的进行。

智能城市人才保障是提升城市整体文化素养的关键因素，培养智能型人才，从而带动市民文化素养的提高能够高效、快速地推进智能城市的发展，因此智能城市发展过程中应重视人才的引进与培养，可通过以下两种渠道进行人才保障。

第一，畅通人才引进绿色通道

完善智能城市建设人才、智力和项目相结合的柔性引进机制，充分发挥物质和荣誉的双重激励作用，创建培养人才、吸引人才、用好人才、留住人才的良好环境。大力培养、引进和高水平使用一批复合型高层次信息专业技术人才、高技能人才、物联网科技人才和网络设施与商业应用经营管理人才（Komninos, 2006）。

第二，促进校企联合建立各类智能人才教育培训基地

加强企业与大专院校适用人才的联合培养，提供教育、培训和执业资格考试等服务。进一步强化海外人才的引进工作，促进国际间的人才交流与合作，为智能城市建设提供坚实的智力支持和人才保障。

引进和培养人才的同时，也应对城市市民进行培训教育，通过进一步加强智能文化理念的基础教育、着力推动智能城市家庭教育发展及充分发挥社区智能文化的引领作用等途径推动智能城市文化建设。

（a）进一步加强智能文化理念的基础教育

虽然引进人才、培育智能型人才有助于智能文化建设，但对于市民而言，基础教育仍然是必要的，基础教育仍有很多地方需要健全和完善。由于短板效应，整体城市人员素质的提高取决于受教育水平低的一类人，因此加

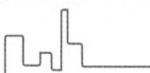

强市民智能文化理念的基础教育即是从根本做起，逐步带动老一代的市民，进而推动智能文化的建设。

（b）着力推动智能城市家庭教育发展

智能城市的文化建设离不开社会、家庭的配合，智能文化建设体系包括学校、家庭和社会教育三个部分，学校、家庭、社会三管齐下的有效配合，使智能城市文化理念深入市民的内心，因此从家庭等小范围推进文化发展是必要的。

（c）充分发挥社区智能文化的引领作用

社区是市民文化知识传承和创新的主要场所，也是智能文化发展的主要来源，要充分发挥社区在智能城市文化传播和知识创新中的引领作用，为智能城市建设和发展提供智力、先进文化、智能型人才供给等保障。

第3章

iCity 智能城市科技发展战略

一、引言

本章从"物理空间—赛博空间—人类社会空间"三元空间的视角来理解智能城市的科技发展战略。当前以新一代信息技术的发展和应用为重点的智能城市建设主要是集中于赛博空间的营造及赛博空间与物理空间联系的构建；而科技、教育、文化建设的基本着眼点在于提升人类社会空间。这构成智能城市建设的更为深层与长远的主题。因此，我们提出，智能城市的科技发展战略应着眼于三个方面：（1）通过科学技术的有效利用促进智能城市经济、社会、生态等方面直接建设内容的建设；（2）把城市科技创新能力的培养作为智能城市的长远战略目标加以规划；（3）在建设中，科技应和文化、教育相互配合，共同发展。这样，智能城市的科技发展应建立在加强对城市知识资源的有效管理与利用的基础上，并以城市创造力的培育为核心。应整合政府、大学与科研机构、企业及社会大众四方面力量，综合培养科学、技术、经济、文化、社会等方面的创造力；通过重点方向的科技发展、产业培育以及智能城市建设三方面的相互促进，把城市的经济与社会发展转入依靠科技发展与创新、节能环保与可持续发展的轨道。在科技的具体发展方向上，围绕智能城市的整体发展目标，应重视信息技术等方向的科技发展；还应结合具体城市的具体特色，有针对性地发展关键科技领域，并培育相应的科技产业。在科技发展中，特别是在科技成果的应用方面，还应关注科技的"双刃剑"效应，充分考虑一些具体科技领域的不恰当的片面发展对社会、经济、生态与环境等方面可能带来的负面影响或隐患。

二、智能城市与科技发展的关系分析

（一）新科技革命与智能城市建设

当前，世界范围内科技发展势头迅猛，正孕育着新的革命性的突破。这种初见端倪的新科技革命构成了今天发展智能城市的重要现实背景。正因如此，智能城市的建设应同科技发展紧密结合。

近年来，世界范围内在一些重要的科学问题上正呈现出孕育重大突破的态势，例如：对物质结构的研究有可能使人类在分子和原子尺度上实现对物质结构的调控；对暗物质、暗能量等的研究有可能极大地拓展人类对宇宙的认知；分子生物学的突破可能大大推进人类对生命奥秘的理解；脑科学领域有望取得的突破将深化对智能本质的认识，等等。与之相应，在技术上，众多技术领域也正酝酿着革命性的变化，例如量子通信技术、新型网络与信息处理技术、先进材料和制造技术、新能源技术等很多新兴技术领域都呈现蓬勃的发展态势。在科学技术领域正在日益显现的"新科技革命"，可能引起社会经济结构的巨大变革，甚至引发新的产业革命。国际上有学者提出"第三次工业革命"，强调新能源技术和下一代网络通信技术对工业形态将产生革命性的影响（里夫金，2012）。而德国将新的工业革命称为第四次工业革命（森德勒，2014)。

我国学界对新科技革命和产业革命也予以了极大重视。早在 20 世纪 80 年代，我国著名科学家钱学森就将迄今为止人类社会的产业革命划分为 5 次，其中第五次产业革命为当前正在发生的全世界发展的信息技术革命。钱学森还预测第六次产业革命将是以生物科学和生物技术为核心的革命。2012 年中国科学院组织了 200 多名院士、专家研究了未来可能发生重大突破的科技领域。中科院的这一项目把 16 世纪以来科技革命归为 5 次，并引发了 4 次产业革命。当前正处于第五次科技革命，在 21 世纪中期将爆发第六次科技革命并将引发第五次产业革命。还有其他一些学者对科技与产业革命提出了有益的见解。以上国内外学者关于科技革命和产业革命的界定和分期不尽相

同，但这些研究都表明当前很可能处于新的科技革命和产业革命的前夜，需要对此加以充分重视。

即将到来的新科技革命和伴随新科技革命而来的新产业革命将有望对社会生产力水平的提高起极大的促进作用，并对社会经济和社会生活的结构产生巨大的影响。正因如此，世界主要发达国家纷纷出台一系列创新战略和行动计划，在新能源、新材料、信息网络、生物医药、节能环保、低碳技术、绿色经济等重要领域增加科技投入，并力图通过这些重点科技领域的创新和创新成果的应用来保持科技和产业上的领先地位（白春礼，2013）。

科技和产业革命的前景以及世界各国的应对也同时给我国带来了极大的机遇和挑战。历史经验表明，能否抓住并引领科技革命和产业革命，并成功利用科技和产业革命提升国家竞争力，是国家能否实现跨越式发展，能否在国际竞争格局中脱颖而出的重要因素。当前我国正处于实现从跟踪模仿到自主创新转变的关键时期，创新驱动发展成为国家战略。抓住新科技革命和产业革命，对于中华民族的伟大复兴具有战略性的意义。

正在兴起的新科技革命和产业革命构成当前我国开展智能城市建设的一个重要的科技背景。因此，应着眼于新科技革命和产业革命的大背景来开展智能城市建设，特别是把科技发展作为智能城市建设的核心任务加以贯彻落实。

智能城市的建设同科技发展紧密相关。一方面，智能城市这一概念是在当代科学技术进步的推动下提出来的，智能城市是科技发展的产物；特别是以物联网、下一代互联网、云计算、大数据等为代表的新一代信息技术和智能技术是智能城市的关键技术支撑；智能城市的各项关键建设内容，如经济的发展壮大、城市运营与管理的提升、城市民生的改善，以及城市资源利用有效性的提高和生态及环境保护的加强，在根本上都有赖于科学技术的发展及对科技成果的有效利用。科学技术是智能城市的关键支撑与推动力量。另一方面，促进科学技术的更好更快发展和科学技术成果的及时有效转化又是智能城市建设的一项重要任务，是智能城市建设中更为深层和长远的建设主题之一。在智能城市建设中应重视发展科学技术，并通过对科学技术成果的有效利用，促进城市经济的发展壮大、城市品质的提升以及人民群众生活水平的提高。

与之相应，制定智能城市的科技发展战略需要综合考虑两个方面的目标。其一是通过智能城市的建设促进科技进步和城市科技能力的提升。其二是有效利用科学技术成果推进智能城市的其他方面的建设。

（二）智能城市科技与经济、管理、文化、教育、生态等方面的关系

智能城市是城市发展的重要方向，其建设涉及经济与产业、市政建设与管理、民生、公共服务与社会管理、生态与环境、教育、文化、科技等众多方面。在当前较为普遍的狭义理解下，智能城市的建设大多集中于城市的基础设施、市政管理、公共服务与社会管理，以及经济、生态与环境等方面，主要着眼于利用新一代信息技术来改造城市的这些系统来促进城市可持续发展和提高宜居度。在这一理解下，科技、文化、教育等方面的发展与"智能城市"建设的关系显得不是十分明确。正如前面所讨论的，智能城市应比单纯的"城市信息化"包含更宽的含义。在这一理解下，科技与文化、教育是智能城市的更为深层和长远的建设主题。其中，科技尤其是智能城市发展的关键推动力量。智能城市建设中基础设施、市政运行与管理、公共服务与社会管理、经济、生态与资源环境等方面的直接建设任务对城市的科技发展提出需求，而科技的发展为智能城市的整体发展提供根本推动力。进而，科技在更为深层的层面上为文化和教育事业的发展提出发展需求，科技、文化、教育这三方面综合起来推动智能城市的整体发展，实现智能城市发展的战略目标。

综合以上讨论，科技发展战略在智能城市总体战略中的定位可由图3.1示意。

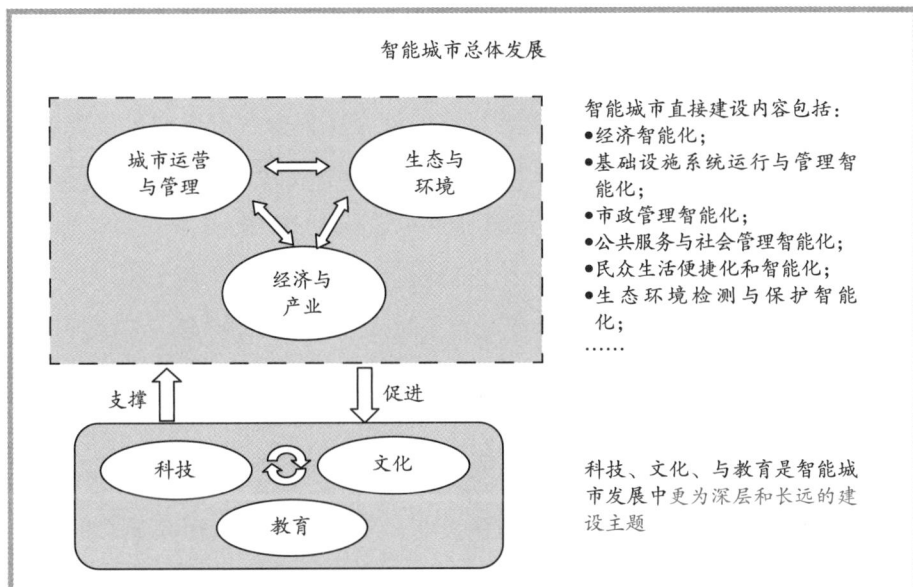

图 3.1　科技发展战略在智能城市总体发展中的定位

（三）智能城市科技发展与创新驱动发展战略的关系

智能城市的科技发展还应同创新驱动发展战略的实施紧密结合起来。

当前我国提出建设智能城市的大背景是国家正大力实施创新驱动的发展战略，改变过去几十年来过多依赖基本生产要素和投资的经济增长模式，把经济发展转到依赖于科技进步和科技成果转化的轨道上来，使科技创新成为提高社会生产力和综合国力的战略支撑。作为国家经济发展的核心承载单元，我国的城市建设和城市发展也应和国家创新驱动发展战略的实施紧密结合起来，在城市层面实施创新驱动发展。

因此，智能城市的建设和发展应和创新驱动战略的实施紧密联系起来，相互推动。而智能城市建设和创新驱动发展的结合需要依托于科学技术的发展和科技成果的转化利用。智能城市建设是创新驱动发展的重要抓手，通过城市智能化的建设和发展，带动一大批相关科学技术的创新和创新型产业的兴起。反过来，通过创新驱动发展战略的实施，培育科技创新能力，发展科学技术并加快科技成果的转化，发展智慧产业，并推动城市运转和城市管理等各方面的智能化进程，降低城市发展中资源损耗，改善城市生态环境，促进城市发展的可持续性。这样创新驱动发展又是城市智能化的重要推动力量。

智能城市建设和创新驱动发展战略的结合在根本上需要在科技发展战略上兼顾三个方面。第一，应加大对经济发展具有直接推动作用、有望产生直接经济效益且有较为良好的技术基础的科学技术领域的支持；第二，应注重科学技术成果的及时、有效转化，推动官产学研的协同创新；第三，基础性和前瞻性的科技研发是推动科技进步和创新驱动发展的源泉，需要加以扶持，以保障科技发展和创新驱动发展的可持续性。

（四）智能城市建设对科技发展的需求分析

根据前面的分析，智能城市的建设与科学技术的发展存在显著的相互推动、相互促进的关系。这就要求在制定智能城市的科技发展战略时要把智能城市建设与科学技术发展加以统一考虑：一方面，通过科学技术的发展与有效利用来促进智能城市的建设；另一方面，依托智能城市的建设，推进科学技术的发展。同时，智能城市的科技同文化与教育的发展具有很强的关联性，科技、文化与教育等方面应综合规划，相互促进。

作为现代科技发展中特别引人注目的方向，信息技术是支撑智能城市的重要技术基础，智能城市的建设也对信息技术的进一步发展提出了许多现实的需求。因此，信息技术的研究、开发及其在智能城市建设中的应用是智能城市科技发展规划的重要方面。但是，如把智能城市的科技发展规划局限于信息技术的研发与应用则有很大的片面性。正如前面所分析的，科学技术对于智能城市的根本意义在于它是智能城市的深层和长远的建设主题，是智能城市发展的根本推动力量。因此，从根本上应把智能城市与创新型城市的建设结合起来，把城市科学技术能力的建设作为智能城市建设的关键要素加以规划，营造促进科学技术的发展与有效应用的整体环境与氛围；同时，积极探索在智能城市环境下发展科学技术的新模式。此外，智能城市建设的根本目标在于实现城市在经济、社会及环境与生态上的可持续发展。立足于城市的环境与生态持续文明，还应特别关注新能源、节能环保等领域相关科学技

术的发展。

综合以上讨论，智能城市科技发展的着重点有以下三个方面。第一，发展智能城市建设所需的关键信息技术是智能城市建设的基础。第二，智能城市建设的核心环节是城市创造力和创新能力的培养；并在此基础上提高城市的科技创新以及科学技术转化的能力，相应地提高城市经济发展质量与城市品质。城市创造力培养的关键在于培育、管理各类知识资源，并建设把知识资源转化为价值的整体能力。第三，在信息技术开发与应用以及城市创造力建设的基础上，结合城市可持续发展以及转变发展方式的现实需求，根据具体城市的具体特色，发展关键的科学技术能力，特别是战略性新兴产业领域中的关键科学技术能力。本章以下部分将依次对这几方面的问题进行进一步的探讨。

（五）科技发展与新型城镇化建设

智能城市建设的问题还和新型城镇化建设的问题紧密相关。在现代化的进程中，需要把农村剩余劳动力转移到城市与城镇，同时还要实现城乡的统筹、协调发展。可以说城镇化是现代化的必由之路。我国当前正处于一个城镇化快速发展的历史时期，2011 年中国城镇人口首次超过农村人口。世界上多个国家的经验和教训表明，城镇化发展的这个阶段往往是城镇化进程成功与否的关键阶段，如在这个阶段只注意城市规模的扩张，而不能实现城市经济的稳步发展、进城人口的稳定就业、城市生活水准的逐步提升以及城乡发展的和谐统一，则很可能陷入"中等收入陷阱"，造成严重的"城市病"。因此，中国当前的城镇化应是新型城镇化，应是以人为核心、生态和谐、城乡统筹、经济效益提升的城镇化，应避免城镇化变成"房地产化"和"造城运动"。正如习近平总书记所指出的，"积极稳妥推进城镇化，合理调节各类城市人口规模，提高中小城市对人口的吸引能力，始终节约用地，保护生态环境"；"城镇化要发展，农业现代化和新农村建设也要发展，同步发展才能相得益彰，要推进城乡一体化发展"（习近平，2014）。

上述的城镇化强调城市与城镇内在品质的提升，对此应从体制、政策、经济、社会等诸方面配合推进，其中科技创新的作用尤为重要。新型城镇化应是科技创新引领的城镇化。同时，当前智能城市的建设也应为新型城镇化建设提供助力，把新型城镇化的建设过程同城市智能化过程结合起来同步推进。这要求在新型城镇化过程中应同时着力于知识资源的管理和发展，以及创新创造能力的提升。在整体上把科学技术发展、城市（城镇）科技创新能力和成果产业化能力提升，以及把城市智能化的发展同新型城镇化建设结合起来，协调发展。在城镇化建设中加强科学技术支撑能力的建设、健全城镇民生科技研发体系。具体到科技发展方向上，还应针对城镇的具体特点，重视对提升城镇化发展品质具有显著作用的科学技术领域，例如城市节能技术、生态与环保技术、资源综合利用技术以及智能农业相关科学技术，等等。

三、智能城市科技发展战略探讨

根据上一节对智能城市与科技发展的关系的分析，本节对智能城市的科技发展战略进行进一步的讨论。首先，信息技术与智能技术是科技支撑智能城市建设的最直接的环节，因而是规划智能城市科技发展战略的基础性环节。其次，城市创造力与创新能力的建设是智能城市科技发展战略的核心。而城市创造与创新能力建设的基础是对城市的知识资源进行培育与有效管理。最后，各城市应根据自身的特点与城市整体规划确定其重点科技发展领域，尤其应关注战略性新兴产业领域的科技发展。因此，本节从支撑智能城市的关键信息技术与智能技术的发展与应用、城市知识资源培育与管理、城市创造力建设，以及与智能城市建设相关的部分关键科学技术领域等几个方面探讨智能城市的科技发展战略问题。

（一）发展支撑智能城市建设的关键信息技术

1. 信息技术的部分关键发展方向

与智能城市相关的科学技术中，以计算机技术和通信技术为中心的现代信息技术的发展进步是智能城市建设的关键技术推动力量。首先，20 世纪 70

年代以来个人计算机的出现及性能价格比的迅速提高为计算机的大规模融入社会奠定了基础；而近年来微控制器、嵌入式系统及各类智能物品等的出现进一步扩大了信息技术融入社会的程度。第二，20 世纪 80 年代以来另一项重大技术进展是互联网的迅速发展及其传统通信网络的融合；移动通信网络和无线感知器网络技术的发展和成熟则进一步拓展了通信网络的覆盖范围。近年来，在以上各类技术的综合下，物联网开始引起广泛的关注，成为泛在计算的最主要实现环境。第三，近年来海量数据存储以及针对大数据的解析与挖掘技术也取得了长足进步。特别是近年来迅速发展的云计算技术为海量数据的规模化存储和安全统一的加工处理、消除信息孤岛提供了有力的技术解决方案；云计算技术平台有望为智能城市提供高速数据存储、传输和各类计算服务的基础性平台。针对超大规模数据的分析处理，面向大数据的数据解析与挖掘技术已成为近年来信息技术学界的焦点课题；信息可视化和虚拟现实等方面的技术为构筑城市的虚拟空间提供了良好的技术基础。在上述技术的基础上，计算机信息系统和现实物理系统的融合日益深入，信息物理融合系统（Cyber-Physical Systems,CPS）引起越来越多的关注（Rajkumar et al., 2010）。从应用层面看，分布式对象、Agent 计算、面向服务计算等一系列技术为大范围的应用集成奠定了良好的基础。万维网在过去 20 年来也已取得很大的技术进步，已成为数据、信息、服务、知识的综合信息技术平台，同时也是人类群体交流沟通、激发集体智能的重要工具。以上这些关键技术，连同其他的相关技术，共同构筑了智能城市的信息技术基础。

以上关键的信息技术是"数字城市"意义下的智能城市的基本支撑技术，同时也是提升城市创造与创新能力的重要因素。计算机信息技术正日益成为实现创造、创新活动所涉及的多方面资源的整合的关键。特别是网络通信平台与分布式知识管理工具使得大范围的科技合作成为可能。正是在信息技术的支持下，近年来"开放科学"（Open Science）与技术上的"开放式创新"（Open Innovation）成为科技工作的新趋势。信息技术也对产学研之间以及企业技术联盟与企业集群中的科技合作产生显著的影响。

因此，发展信息技术，特别是发展对数字城市建设与城市创造力培养具

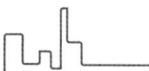

有直接的显著影响的前沿技术如互联网及物联网、云计算、大数据等方面的信息技术是智能城市科技发展的重要方面。在这些前沿技术上，当前国际上的相关研究也在近几年中刚刚开展，这给我国学界和企业界开展这方面的研究与开发提供了良好的契机。其中，物联网与云计算、大数据、社会计算、可信计算与信息安全等方面的理论、方法及应用研究尤为值得关注。

物联网是通过射频识别（RFID）等感知技术广泛应用，并与互联网相连接，形成建立于互联网之上的"泛在网络"。进而，物联网与云计算、（泛在的）服务计算等技术结合，形成对各类社会活动系统的强大信息感知与加工处理能力，有望对人们的生产与生活产生极大影响。尤其这些技术是当前智能城市建设的重要技术基础。因此，发展物联网、云计算、服务计算等相关的技术已成为智能城市科技发展的一个值得特别关注的方向。

与物联网与云计算密切关联一个关键信息技术问题是所谓"大数据"的问题。源自于感知设备的实时数据、企业的经营业务数据以及各类社交媒体的言论数据等数据的规模已经达到 PB（1015 字节）数量级，如何对这样超大规模的数据进行及时的和有效的分析处理，从而发现数据背后的规律，挖掘相关的知识，辅助相关部门和人员进行决策，已成为当前计算机信息技术领域的巨大挑战，近年来引起国际学界广泛关注。IBM、Intel 等业界巨头也对大数据的研究以及相应的产品与应用予以了极大的重视。海量的数据与机器学习技术的结合催生了"深度学习"，对计算机视觉、语音识别、自然语言理解等领域的发展显示了良好的技术前景，并可能产生有望得以产业化推广的应用成果。更一般意义上，有人提出大数据及其分析的出现引领了科学研究的"第四范式"，对于生命科学、环境科学、大气科学等很多学科的发展也产生显著的影响。因此，大力开展大数据相关问题的研究不仅对于智能城市建设有着重要意义，对于更一般的科技进步具有显著影响。

伴随着物联网、泛在服务等系列技术的兴起，近年来信息技术领域的一个重要发展方向是"信息物理融合系统"（CPS）（Rajkumar et al., 2010；王中杰等，2011）。信息物理融合系统是对早期的嵌入式系统概念的进一步扩展，是通过计算、通信与控制技术的有机与深度融合，实现计算资源与物理资源的紧密结合与协调的下一代智能系统。在微观上，CPS 通过在物理系统中嵌入计算与通信内核实现计算进程与物理进程的一体化；在宏观上，CPS 是由运行在不同时间和空间范围的分布式的、异步的、异构系统组成的动态混合系统，包括感知、决策和控制等各种不同类型的资源和可编程组件；各个子系统之间通过有线或无线通信技术，依托网络基础设施相互协调工作，实现对物理与工程系统的实时感知、远程协调、精确与动态控制和信息服务（朱晨曦，2014）。这类"信息物理融合系统"的涉及面很广，其本质是信息技术更加紧密地融入人类社会的生产、生活的各方各面。早在 2006 年，美国发布《美国竞争力计划》，曾经把信息物理融合系统列为重要的研究项目。2007 年7 月，美国总统科学技术顾问委员会 (PCAST) 在题为《挑战下的领先——竞争世界中的信息技术研发》的报告中列出了八大关键的信息技术，其中 CPS 位列首位。近年来，随着物联网等技术的进一步发展和普及，信息技术和现实物理系统的贯通与融合进一步加深，CPS 系统的发展显现了更加广阔的前景。对此，应结合物联网、智能技术等方面的研究进展大力加强对各类信息物理融合系统的研究、开发和应用。

此外，信息技术的广泛使用带来的一个关键问题是信息安全日益面临严峻挑战。对此，信息安全是另一个值得重点加以关注的技术方向。从更宏观的视角，需要深入研究建立可信的信息系统运行环境的一系列安全评测、监控、防护的技术。这一技术方向也是应用前景极为广泛、蕴含着巨大商机的方向。

2. 大力发展智能技术与系统

智能技术跟计算机信息技术密切相关，但不局限于信息技术本身。大力发展智能技术与系统是智能城市建设的客观要求。

当前实用层面的智能技术主要围绕"人工智能"科技领域发展起来，是计算机信息技术的重要组成部分。当前，计算机科学与技术界在神经网络、专家系统、Agent 系统、数据挖掘与机器学习、自主计算等众多领域取得了很大的研究和实际应用进展。这些智能技术的发展为现实中的智能城市建设提供了重要的技术保障。同时，随着大数据、深度学习、物联网等的兴起，

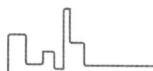

智能技术在世界范围内正酝酿新的突破，这为我国科技界在科学技术上赶超国际先进水平并培育新兴的智能技术产业提供了一个良好的机遇。

计算机信息技术与人工智能技术在过去几十年来正日益向社会生产与生活的方方面面渗透，形成智能制造、智能交通、智能医疗、智能教育、智能楼宇、智能家居等应用技术。这些技术本身是智能技术的重要发展和现实应用，同时也是当前建设智能城市的直接支撑技术，且具有良好的产业发展前景。应在智能城市建设中大力研发相关的智能应用技术、开发自有自主知识产权的智能应用系统，培育相关产业，使得智能技术的研发、智能产业的培育及现实智能城市的建设相得益彰，彼此促进，形成良性循环。

从更为根本的意义上说，发展智能技术还应超出单纯的信息技术与人工智能视角。智能在根本上是生物体特别是人的智能。近年来，随着"人类脑计划"等研究计划的提出和开展，信息科学与技术正日益同神经科学相结合，对人类智能本质的认识正日益加深。这意味着从长远看，智能系统建设应着眼于"人—机综合集成智能系统"，而非单纯的人工智能技术与系统。这要求当前应加强对这种"人—机综合集成智能系统"的深入研究。而在智能城市建设的实践中，应着力于推进计算机信息技术应用系统的"机器智能"同该系统所服务的人类组织中的"个人智能""集体智能"及"组织智能"更好地结合，提高城市的创新能力和城市中个人和组织机构解决复杂问题的能力。这方面问题的研究也应列入智能城市建设科技发展规划的一部分。在这一研究方向上，有必要把信息技术、复杂适应性系统与社会科学结合起来开展研究，规划以人为中心的未来信息与智能技术。

3. 通过三方面互动培育信息技术能力

在发展上述关键信息技术与智能技术能力的方略上，应围绕上述领域及其他相关的信息技术领域，把科学技术的发展与基础研发与自主创新能力的培养、本土科技创新型企业的培育和本土信息技术产业的壮大，以及智能城市的实际工程建设的开展（即城市信息化与智能化建设）三方面结合起来，互相促进。同时还应建设物联网与云计算技术条件下信息系统开发与集成的能力，促进具备信息系统集成能力的龙头企业的长成。城市信息化建设、信息技术研发能力培养，以及本土信息技术产业及关联产业的培育三方面的互动关系可由图 3.2 示意。

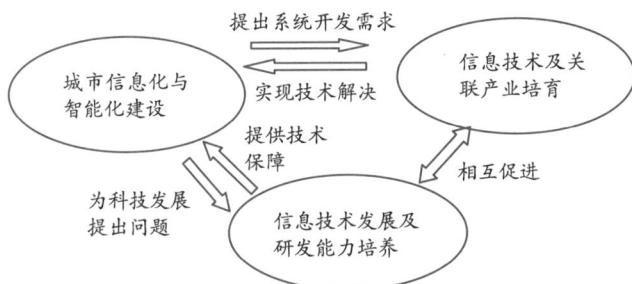

图 3.2　通过城市信息化建设、信息技术研发能力培养以及信息技术产业培育促进关键信息技术的发展

　　在上述技术、产业、城市建设三方面的互动中，信息技术的发展和信息技术研发能力的培育是根本保障；城市信息技术产业及其关联产业的培育是推动技术发展和城市信息化和智能化建设的关键纽带；而城市的信息化和智能化的实际建设则反过来为研发能力培养和信息技术产业培育提供支撑环境。这三方面应相辅相成，互相推进。同时，上述三个方面的互动通常涉及政府、企业、科研院所三类主体。对于其他的科学技术领域，通过这种多方参与和互动而促进科技研发、应用及产业三方面相互促进、协调发展的模式也是具有借鉴意义的。这实际上是城市科技创造力与创新能力培养的一种值得深入探讨的模式。在后文中将对城市科技创造力与创新能力培养问题展开进一步讨论。

　　在上述三方面中，无论是技术能力的培育还是城市信息化建设的推进都应同信息技术相关产业的发展结合起来。这里，信息技术相关产业不应狭义地理解为信息技术产业本身乃至于更窄的计算机与网络等产业部门，而应该广义地理解为和信息技术的发展紧密结合在一起或者由信息技术产业衍生的一系列产业。这方面产业的发展同智能经济的发展紧密相关联，在本书的经济发展战略部分有更详细的论述，在此不再赘述。

　　4. 深化信息技术和生产制造业的融合

　　前面谈到信息技术产业相关发展不应只局限于信息技术本身，应该从更广的视野看待信息技术相关产业。其中，生产制造行业是工业文明的基础性

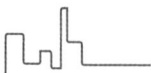

行业。过去的几十年，信息技术的发展对生产制造业产生了显著的影响，制造业在信息技术的带动下向着数字化、柔性化、智能化的方向发展。正如前面所指出的，当前信息技术正孕育着新的革命性的变化，这为生产制造业的进一步升级提供了技术条件。特别是前面谈到的信息物理融合系统的发展有望对生产制造业产生显著影响。对此，2013 年德国联邦教研部与联邦经济技术部提出"工业 4.0"的愿景（森德勒，2013），并把它作为德国高技术战略的核心。这里有必要对 CPS 引领下的工业 4.0 加以探讨。

工业 4.0 的核心是将前面提到的信息物理融合系统技术融入到制造业，利用新一代信息技术全面提升制造的智能化水平。对于制造业而言，CPS 的意义在于将物理设备联网，特别是连接到互联网上，使得物理设备具有计算、通信、精确控制、远程协调和自治等五大功能。CPS 在本质上属于具有控制属性的网络。应用于制造业的 CPS 是 20 世纪四五十年代以来发展起来的工业控制系统的进一步发展。但是，无论是在网络内部设备的远程协调能力、自治能力、控制对象的种类和数量上，还是在网络规模上，CPS 都远远超过现有的工控网络。在 CPS 的物理构成上，CPS 与传统的计算机控制系统和无线传感网络在物理构成上存在较大的不同。CPS 的网络环境是异构的，能同时涵盖不同属性的网络，并且信息通信范围不受限制。另一方面，CPS 传感网络中不单包含传感器节点，还包含了执行器 / 驱动器节点，以及一部分同时具有传感与执行能力的节点。可以认为 CPS 技术结合了计算机系统、嵌入式系统、工业控制系统、无线传感网络、物联网、网络控制系统和混杂系统等技术的特点，但又和这些系统有着本质不同。

这样，CPS 的发展为生产制造业中产品生命周期的全面系统化的管理和运作提供了良好的前景。通过 CPS，生产系统中的众多机器构成通过机器到机器的（M2M）通信渠道互联互通，构成自组织的群体；进而将产品生命周期中的物流、工作流、数据流等加以整合，并通过综合的大数据平台的协调和管理作用，形成高度智能化的复杂生产系统。在这种生产系统中，通过物理世界（实际生产系统）和虚拟信息世界（生产过程中相关数据的网络化传输和智能化处理）的贯通，实现对产品生命周期（Product Lifecycle）的全面的智能化管理，控制生产系统的复杂性。

上述工业 4.0 构成对未来智能工厂的一种构想，对未来的生产制造业的发展具有显著的意义。加强 CPS 的研发以及深化 CPS 与生产制造业的融合，对于我国制造业的提升具有积极意义，这也是我国目前发展方式转变进程中一条值得深入探究的路径。从根本上来讲，无论是工业 4.0 还是美国等国家近年来所提的"再工业化"及"第三次工业革命"，都反映了在新的技术条件下（尤其是新的信息技术条件下）对生产制造行业的关注的回升，是制造业在国民经济中的地位在新的技术高度上的回归。这一趋势是值得重视的。

但另一方面，工业 4.0 的提法也有不充分之处。从前面的阐述可以看到，工业 4.0 的实质是在生产领域物理空间和赛博空间的贯通与融合，并通过这一贯通推动产品生命周期管理和运作的智能化、系统化。但现实的生产系统除了上述两个空间的融合，还需要综合考虑生产系统中人的因素，特别是应融入人的知识、智能和创造力。本书前面谈到应立足于物理空间、赛博空间和人类社会空间三元空间的深化互动来推动城市智能化，生产系统的提升也应该建立在这三元空间的深度贯通上。因此，发展新一代信息技术引领的先进制造业之时，还应注重发挥人的智能和创造力。

（二）智能城市知识资源的培育与管理

在信息技术基础上的城市信息基础设施与应用平台建设是智能城市建设的重要方面。但智能城市建设的核心环节是城市创造力与创新能力的建设。反映到科技发展问题上，智能城市的科技发展的根本着眼点在于提升城市的科学研究与技术开发能力、科技成果转化能力，以及利用知识解决城市运营和城市经济发展中面临的各类问题的能力。对城市知识资源进行有效管理，并利用知识资源促进科技创新和成果转化应是智能城市科技发展的基础。知识资源的重要特点是这类资源往往不是自然存在的而是需要通过培育而形成、发展的。因此，管理知识资源同时意味着对知识资源的培育，促进城市知识积累和创造力提升。

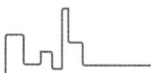

知识资源本身往往是不可见的、"软"的。但知识资源的培育与发展往往需要依托相关的"硬"资源。例如教育是培养人才资源的重要途径，但发展教育就需要相应的硬件设施。在智能城市建设中，城市的信息基础设施与应用平台的建设不仅对于智能城市建设整体起基础性支撑作用，对于知识资源的培育与管理也是重要的"硬资源"，需要重点加以建设并妥善加以管理。

基于上一小节讨论的关键信息技术，当前智能城市信息基础设施建设的关键是在宽带泛在网络架构的基础上构筑大数据采集、存储与分析处理的环境，并建设面向智能城市的关键应用。城市信息基础设施与应用平台对于城市知识资源培育与管理的主要作用体现在三个方面：（1）数据采集、存储和分析处理能力的建设有利于大规模数据中知识的挖掘；（2）信息基础设施对于科技文献等以符号化方式存留的知识资源的保存与传播起十分重要的作用；（3）现代计算机系统拓展了人际交流网络的范围，人们间的沟通与协作能更好地克服时空障碍，互动性的远程教育和社会化学习愈加方便，这些都有利于知识的创造、传播。

在"硬资源"建设与管理的基础上，应把重点放在"软"知识资源的培育与管理上。城市的"软"知识资源是城市知识资源的主体，主要包括：（1）人才资源；（2）文献资料、设计图纸、计算机软件等以符号化方式存储的知识资源；（3）品牌、文化等无形资源。这些资源对于智能城市的科技发展起十分重要的作用，应着重加以培育与管理。

人才资源是知识资源中最为重要同时也是最为活跃的组成部分。人才的培养、引进、利用对于智能城市建设和城市的科技发展具有十分关键的作用。从人才培养角度，普通教育与各类专业培训对于人才的培养有着基础性的作用。从长远来看，教育的发展是人才培养的关键，应加强对各级教育的关注；并在教育发展中注重对受教育者创新素养和创新能力的培养。专业培训是对普通教育的有益补充，在专业人才的培养和技能提高上起十分重要的作用。因此，应重视专业培训的发展，并在其发展中切实加以规范。此外，还应该重视开放式在线教育平台的建设，扩大优质教育资源的共享范围，促进城市人才资源的培养。在这一问题上，应把智能城市的科技发展和教育发

展结合起来。

创新型人才和人才团队涌现并在科技创新、产业创新、管理创新等活动中发挥积极作用，对于城市的科技发展和智能城市建设有着举足轻重的影响。对此，应同时注重人才的引进和本地人才的挖掘与培养，特别是在体制和工作氛围上建立人尽其才的环境。扩大城市的人才储备，促进优秀人才脱颖而出，并通过智库建设、专家咨询平台建设等途径，使优秀人才能以其知识与专长更好地服务于社会与经济发展。在创新型人才和团队的培育上，还应注重人才和队伍的多样性，既注重科技发明型的人才和团队，又注重经营管理型的人才和团队，此外还应注重对文化艺术领域的人才和团队的培育。提升科技、文化、经营等多方面的人才储备，有利于提高城市的综合创造与创新能力。

科技文献、产品设计、创意设计等可以以符号化方式保存和传播的知识资源也是城市知识资源的重要组成部分。这些知识资源，很多是以知识产权的形态存在。应切实保护知识产权，保障产权人的合法权益。另一方面，在知识产权保护和知识的合理流动与传播之间把握好平衡点。近年来西方科技界与科技出版界兴起了开放存取（Open Access）以及开放式创新（Open Innovation）的运动；强调科技成果与其他多种知识资源的公益性本质。在开放存取方面，开放式学术期刊与文献数据库、开放课件等对于知识的流通起了很好的作用；在开放式创新方面，Linux、Apache 等开源软件项目对于开放式环境下的大规模科技合作的潜力提供了很好的展示。可以看到，当前知识资源的合理流动与共享对于知识创新起了十分重要的作用。对此，在尊重知识产权人的权益的同时，还应切实鼓励知识的共享与互惠的合作。

更为"隐性"的资源还包括城市及驻在的企业，高等院校的品牌、声望，以及所在地的历史文化传统、自然风光、人文环境特色等方面的资源。这些资源不直接作用于城市的科技开发和科技成果转化活动，但对城市的吸引力和创造力的潜在影响十分巨大。这些资源是城市科技软实力的重要组成部分。因此，还应该着力于这些软实力的培育和开发。

总的说来，对城市知识资源的有效管理是城市科技创造力与创新能力培育的基础。在这一问题上，应把科技发展战略与教育发展战略、文化发展战略综合起来，实现城市知识资源的保有、有效管理及其增值。

（三）城市创造力培育

城市知识资源的培育与管理主要着眼于知识资源的保有和增长。对于城市"智能"和城市科技发展而言，还需要在此基础上进一步促进城市创造力的提升。对于城市创造力的培养，在宏观上应结合国际上社会发展的总体趋势以及中国在其中所处的阶段加以考虑。落实到具体城市，还要根据城市的具体市情实施规划。

总体上看，当今时代是一个由工业经济向知识经济转型，相应地社会形态上由工业时代向知识时代转型的转型时代。这一过程可称为"第二次现代化"；伴随着这一"第二次现代化"的进程，知识与创新日益成为经济社会发展的关键动力。中国当前正处于工业经济的成熟期和由工业经济时代向知识经济时代过渡的前期。中国要尽早赶上这一知识经济的潮流，培养自主创新能力，尤其是科学技术创造力。通过科技创造力的培养，提高制造业的科技含量与产品附加值，实现国家从制造业大国向制造业强国的转化；同时，通过创造力的培养发展知识密集型服务业。在整体上推进国家经济增长方式的转变，实施创新驱动的发展，减少经济发展对资源的消耗与对环境的破坏，促进可持续发展，实现绿色环保的生活方式。在这一进程中，城市是创造力培养的主要承担者。

城市创造力培养包含两层含义：（1）培养知识生产、特别是科学技术知识生产的能力；（2）把知识资源转化为现实经济与社会价值的能力。这样，创造力培养涉及科学创造力、技术创造力、经济创造力、文化创造力、社会创造力等五个方面的创造力的相互作用。当代社会中科学技术活动的一个显著特点是科学研究、技术开发、市场经营日益紧密地结合在一起；同时科技发展及其市场化又和文化创意紧密关联；社会化创新成为推动科技发展的新的动力。因此，上述各方面的创造力培养应结合起来开展。近年来人们关于自主创新的讨论的着眼点较多集中于企业内部的技术创新与管理创新等，从智能城市的视角看，更应该对全区域范围的知识生产、应用及市场化的整体创新能力加以规划、培育。这需要把政府、科研院所、高等院校、企业与企业联盟及企业集群、社会等多方面的力量综合起来，在整体上提升城市的创造力与创新能力。

1. 通过官产学研合作推进科技创新及成果的及时转化

在传统的知识生产研究模式中，科学研究相对独立于技术开发与现实的应用。Gibbons 等人称这种模式为"模式 1"。他们进一步提出当代社会的知识生产正涌现出新的模式，即"模式 2"——知识在更宽阔的、跨学科的社会与经济情境中得以创造，科学研究、技术开发与现实应用日益耦合为一体（Gibbons et al., 1994）。科技成果、特别是应用型的科技成果，只有在实际中得到应用，其价值才最终得以体现。现实的应用情境也反过来为科技发展提供了问题来源，科技与现实的结合也是科技发展的极大动力。

在整个社会的科技开发与应用过程中，需要多个部门的协作。其中，政府、大学与企业之间的协作对于知识生产与转化起关键作用。对此，20 世纪 90 年代埃茨科威茨（H. Etzkowitz）与雷德斯道夫（L. Leydesdorff）提出科技创新的"三螺旋模型"，强调通过三方面的相互作用引导科技知识的生产与成果转化（Etakowitz et al., 2000）。

基础性的研究工作的开展大多集中于大学与专门的科研院所；而企业是实际应用问题的提出者以及实用技术的开发者。企业与科研机构的切实合作对于双方往往是互惠互利的。对于企业而言，同相关的大学与科研院所的合作一方面有利于获取先进的理念与技术，另一方面有助于通过合作解决企业面临的科技问题。对于大学与科研院所，与企业的合作一方面是把自身的科技成果推向市场，取得应用的重要手段；另一方面，也可以通过与企业的合作来发掘研究课题。当前的科学研究与技术开发，即便是很多基础学科的研究，也越来越依赖现实生产与生活中提出的问题。然而，产学研之间的合作往往碰到许多现实的障碍。在很多情况下，需要政府机关以前述双方之间合作科技活动的协调者以及合作科技项目的组织者的身份来促进产学研之间的

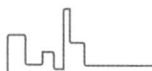

合作。

这样，根据埃茨科威茨与雷德斯道夫的提法，这三方合作与协调过程是一个动态的三螺旋过程。政府—大学与科研院所—企业的互动机制有多种可能的模式。应结合具体城市的实际情况，具体探索三方互动与协作的有效模式，实现大学与科研院所的创新资源、政府机关的政策资源以及企业的资本与社会资源的整合，一方面促进科学知识的生产与技术的创造发明，另一方面推动创新成果及时有效的转化。对此，城市应根据城市自身的具体特点和所要发展的科技领域的特点探索推动三方面协同创新的具体方案。

2. 发展技术创新联盟和企业集群

由于当前科学技术的高度复杂性、集成性以及越来越短的技术与产品升级换代的周期，同时由于市场竞争的日趋激烈，各类技术创新联盟对于企业的技术创新和产品升级的作用日益明显。技术创新联盟通常是由两个或两个以上的企业或其他如大学、科研院所、技术中介机构等机构以共同认可的科技合作目标为纽带而组成的松散的、复合型的科技创新网络组织。联盟的各参与单位通过在科技开发与市场调研等资源上的互补与联合来提高科技创新能力与市场开拓能力。从企业视角看，技术创新联盟已成为企业获取外部科技资源、减低研发成本与风险、促进科技成果转化、提高市场竞争力的重要手段。从更为宏观的视角看，技术创新联盟也已成为特定产业或产业集群领域内或特定地域范围内实施科技创新、推动技术成果转化的重要组织形式。

因此，技术创新联盟无论对于提升联盟参与单位（特别是企业）的竞争力还是对于提高区域范围内的科技创新能力都具有十分重要的作用。鼓励、引导并切实推进本地区技术创新联盟理应是城市创造力培养的重要方面。

技术创新联盟可以有多种模式。从企业的生产经营视角看，技术创新联盟有纵向联盟、横向联盟、网络化联盟等形式。从参与单位的类型看，有大型企业间联盟、大企业—中小企业联盟、校企联盟等。另外，还可以从产业（行业）联盟与区域联盟的角度考察技术创新联盟的组织模式。在技术创新联盟中，企业通常处于主导地位；但政府对于联盟的组建与发展在政策上与具体的关系协调上能起到十分重要的作用。首先，政府可以通过政策法规上鼓励、引导与促进战略科技联盟的组建与发展。其次，在组织建设上，政府引导联盟发展的一种可能模式是建立特定的政府机构对企业技术创新联盟履行指导与协调的职责。最后，在具体实施上，政府可通过资助性政策推进联盟的科技创新活动。此外，围绕本区域重点发展的产业领域与方向，政府还可以通过实施专项计划，对本区域的技术创新联盟的科技创新活动实施专项计划指导。

企业集群是科技创新的另一类值得关注的承载主体。美国管理专家迈克尔·波特在《国家竞争优势》中指出：产业集群就是在特定领域中，在地理上临近、有交互关联性的企业群体和相关法人机构在地理上的集中，并且这些企业机构以彼此的共通性和互补性相联结（波特，2002）。典型的企业集群如美国硅谷企业集群、印度的班加罗尔软件外包行业集群、中国温州皮鞋生产企业集群等。

企业集群是一种具有独特优势的区域创新系统。例如美国硅谷以微电子与计算机及软件产业为中心聚集了一万家以上的企业。硅谷以斯坦福大学、加州大学伯克利分校等世界知名大学为依托，以高技术的中小公司群为基础，并拥有思科、英特尔、惠普、苹果等大公司，融科学、技术、生产为一体。自 20 世纪 60 年代创生以来，硅谷迅速成长为美国高科技发展与产业化的中心；并成为美国经济发展最迅速的地区之一，以全美不到 1% 的人口创造约 5% 的 GDP。

20 世纪 90 年代以来，我国先后建立了 50 多个国家级高新技术开发区，以及众多的省级开发区和市县级科技园区、大学园区和工业园。与此同时，中小企业集群也得到了较快的发展，尤其是在浙江、广东、内蒙古、江苏南部等地已形成了一些各具特色的中小企业集群。这些中小企业集群在各自所属的省份均创造了良好的业绩和很高的利润额，成为当地不可或缺的一种企业创新模式。然而，我国中小企业集群在科技创新方面的实效彰显还不充分。总的说来，我国中小企业集群在科技创新方面还存在以下一些问题（赵华伟，2008；张聪群，2011）：

第一，中小企业集群的产业层次较低，产品技术含量不足，企业和企

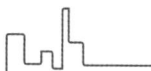

业集群的创新能力不足。中小企业集群通常从劳动密集型的行业发展起来，产品知识含量不足，附加值较低；加之企业科技基础较为薄弱，创新能力不足。

第二，企业的创新文化较为缺乏。在中国，中小企业集群却很少与当地的社会历史文化相结合，难以形成整个集群内部的创新文化。

第三，集群内企业的合作不够，相关产业的关联度低。由于企业和合作不够，难以产生大规模生产的规模经济效益，难以形成协同创新网络环境，使得中小企业集群的整体效率得不到提高。

第四，地方政府对于企业集群培育创新环境和创新能力的重视程度不够。地方政府在中小企业集群的扶植问题上，更重视招商引资的行政绩效，而对集群中企业创新平台与市场环境的重视不足。

因此，如何提升企业集群，特别是提升其中的中小企业的自主科技创新能力是我国转变经济增长方式的重要课题。对此，应针对上述各方面的问题加强发展企业集群的自主科技创新能力，提升企业的技术水平。应引导企业集群形成以价值链为基础的分工协作网络，通过产业链向研发与市场服务两端的延伸，改变当前大量中小企业处于制造业产业链条中段的不利局面。例如，形成以少数具有较强科技开发能力的大企业为主导、大量中小企业配套协作、产业链专业分工为基础的分工组织网络，在整体上提升企业集群的科技研发与产品生产能力，增强产业竞争力。同时，通过引导高新技术和创意产业企业集群的发展壮大，提升城市技术创新能力。

3. 发展知识密集型的生产性服务

我国当前是制造业大国，但总体上制造业企业的自主创新能力的不足对于我国制造业品质的提升是一个极大的制约因素。我国进一步发展经济不能脱离当前制造业的实际基础而凭空发展服务业；而是应提升制造业的品质，提高制造业企业的自主创新能力。

在科技发展和科技成果的转化中，现代生产性服务（Producer Services）起十分重要的作用。特别是各类知识密集型的生产性服务对于城市的经济发展和科技进步正起到越来越重要的作用。生产性服务能够把大量的人力资本和知识资本引入到商品和服务的生产过程当中，是现代产业发展中竞争力的基本源泉。由于现代生产性服务对于制造业的有力促进，发展生产性服务业对于提升我国制造业也具有重要商务意义。因此，扶持知识密集型生产性服务业是推进针对智能城市的科技发展的重要途径。这里，需重视并切实加以扶持和发展的知识密集型的生产性服务既包括商业服务，也包括公共服务。

知识密集型生产性服务的发展与前面论及的官产学研合作、企业技术创新联盟与企业集群发展等是相辅相成的。政府对促进官产学研合作、引导技术创新联盟与企业集群发展的一个基本手段是提供相关的公共服务，为相关企业与组织机构的科技开发与市场经营活动提供必要的支撑。特别是各地政府主导的科技企业孵化器是促进科技创新与创新成果转化的一种有效的服务形式。科技企业孵化器通过提供物理空间和基础设施，提供一系列服务支持，降低创业者的创业风险和创业成本，提高创业成功率，促进科技成果转化，帮助和支持科技型中小企业成长与发展。对科技企业孵化器建设的成功经验和失败教训是值得加以归纳总结的，以求通过建设科技企业孵化器培育更多、更好的科技创新型企业，促进科技创新与创新成果的及时转化。

提升城市科技创新能力的一个重要环节是相关组织机构的有效协调，以及相关知识的有效流动。知识密集型的生产性服务对此能起到良好作用。在前面讨论的官产学研的"三螺旋"中，一种值得关注的合作协调机制是建立协调三方面关系的"接口组织"。"接口组织"可以是政府主导的公共服务性质的组织，也可以是市场化运行的商业服务机构。培育这类接口组织，推进有效的官产学研合作创新也是发展生产性服务，培养城市创造力的重要手段。同时，科技创新与创新成果的市场化过程都是知识密集的过程，相关知识的有效获取是一个关键环节。对此，各类以提供专业知识为核心服务内容的服务类型是值得关注的，尤其是专业咨询服务（科技咨询、法律咨询、金融咨询等）、科技中介服务以及技术培训服务等。这些知识服务的发展对于城市的科技发展以及成果转化具有重要意义。推进这些知识服务的发展壮大亦应是智能城市科技发展规划的重要方面。

从企业的视角，尤其是制造型企业的视角看，把制造与服务结合、实施

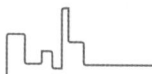

服务型制造和制造服务化有利于整合创新资源，提高企业的整体创新能力，是"中国制造"升级的重要方向。

从国际上看，人类社会经过工业社会发展到后工业社会，相应地，经济活动也由以制造为中心转向以服务为中心。正如杨书群与冯勇进所指出的，生产性服务业与制造业日益呈现出互动发展的趋势：一方面，制造业的投入中服务投入所占的比例越来越大；另一方面，制造业服务化的趋势日益明显，传统意义上的服务业与制造业之间的边界越来越模糊，两者将会呈现互动融合发展趋势（杨书群等，2010）。

面对这一趋势，我国制造企业发展的一个战略性选择亦是推进制造服务化。一方面，利用生产性服务获取研发、制造、市场营销等环节所需的资源；另一方面，通过产品和培训、维护等方面附加服务的同步提供，提高产品的附加值。对此，结合前面论及的企业技术联盟与企业集群的培育，通过各类生产性服务企业与机构的发展，实现生产供应链、技术联盟与企业集群内部相关企业与机构的协调，提高城市区域的整体创造力。

4. 促进创造力产业的发展

前面讨论的主要是从城市的科学创造力、技术创造力与经济创造力等三个方面探讨城市创造力的培育问题。城市创造力的培育还应该包含文化创造力与社会创造力的培育及这两个方面创造力与前述三个方面创造力的结合。在此首先讨论文化创造力。

自查尔斯兰德利提出"创新型城市"（Creative City）（Landry，1995）（亦有人翻译为创意城市或创造力城市）以来，引发了人们对"创意产业"持续的关注。创意产业最初主要脱胎于文化和艺术产业；与文化相关的产业部门成为早期创意产业的主要内容。这一创意产业的概念有一定的局限性和片面性。有必要使用"创造力产业"这个概念，以涵盖传统的以文化为核心的创意产业以及更为关注科技创新的、更具有功能效用的新兴产业。

在广义的理解下，创造力产业是一个与个人创造力、与知识产权相关的概念，它已经超越了一般文化产业、创意产业的含义，不仅注重文化的经济化，更注重产业的文化化，更多地强调文化产业与第一、二、三产业的融合

与渗透。其内涵可以总结为：（1）创造力产业是以人的创造力为生产要素，以创造、创作和创新为基本手段，以文化内容和创造成果为核心价值，融合高新技术和文化要素的产业集群；（2）创造力产业生产的产品具有象征、体验等特征的文化内涵；（3）创造力产业具有创新性、渗透性、高增值力、强辐射力、高科技含量和高风险性等特征；（4）创造力产业具有城市选择性，特定类型的创造力产业总是和特殊的地理位置联系在一起；（5）创造力产业的最终目的是最大程度地满足人们的物质与精神文化需求，实现经济效益和社会效益的统一。这种广义的创造力产业也有人称为知识产业、智业等。在这里我们认为人的创造力的发挥是这类产业的最为本质的特征，因此我们称其为创造力产业。

在这一含义下，创造力产业包括研发设计、电信软件、咨询策划、文化创意、科研教育等门类。总体上创造力产业强调科技和文化的结合，强调文化创意与第一、二、三产业的融合与渗透。创造力产业的发展对于城市创造力的提升具有重要作用。尤其是当前文化创意与科技创新正日益紧密地结合在一起；从根本和长远看，城市的文化对于城市的创造力具有决定性的作用。对此，应把创造力产业的培育作为城市创造力培养的重要方面加以关注。特别是把传统意义上的创意产业如文化、艺术类产业、数字内容类产业同研发设计类的科技创新型产业综合起来加以培育和发展，提升城市的创造力和魅力。

5. 在信息技术的支撑下推进社会化开放式创新与创业

之前关于城市创造力培养的讨论主要着眼于组织结构，尤其是企业的创造力。在现实中，城市创造力培养的另一个同样值得关注的方面是"社会创造力"的培育。这里所谓"社会创造力"指的是以社会大众作为创造与创新的主体，利用大众的"集体智能"提升城市创造力。

在 2014 年夏季达沃斯论坛开幕式上，国务院总理李克强指出"只要大力破除对个体和企业创新的种种束缚，形成'人人创新''万众创新'的新局面，中国发展就能再上新水平"。为促进"人人创新""万众创新"局面的形成，应大力推进社会化的开放式创新。李克强还指出，创新不单是技术创

新，还包括体制机制创新、管理创新、模式创新。社会化的"万众创新"这种方式本身就是一种模式的创新，值得加以重视。应通过管理创新和商业模式的创新，推动民众参与创新，形成"万众创新"的局面。

在技术上看，近年来随着现代信息技术，尤其是网络技术的发展，基于网络平台的大范围大规模开放式合作日益兴起，这为促进"万众创新"局面的形成起到了良好的支撑作用。基于网络的开放式创新平台的兴起对于人类社会的科技创新活动产生了显著的影响。越来越多的学者开始关注网络平台基础上的"集体智能"，例如 Tapscott 探讨"维基经济学"（Wikinomics）、Howe 提出"众包"（Crowdsourcing）、Chesbrough 倡导"开放式创新"（Open Innovation），等等。正如前面在城市知识资源培育与管理部分所初步提及的，这种"集体智能"与"开放式创新"正对科学研究、技术开发等诸方面产生越来越显著的影响。如何有效利用社会大众的集体智能提升创造力对于企业和政府部门都是一个值得深入探讨的课题。

这种社会化的万众创新在现实中有望和企业的创新得以良好结合。例如，IBM 公司是开放式创新的积极践行者之一。该企业主导并参与了Apache、Linux 等多项著名的开源软件开发项目；在为这些项目做出巨大贡献的同时，实际上也从项目的外部贡献者获得改进其商业产品的技术与创意。2005 年 IBM 还向外无限制开放 500 项软件专利。对于 IBM 而言，企业与外部贡献者的共同创造活动形成良性互动，这种良性互动对于该企业的科技创新起到了很好的作用。企业利用开放式创新实施自身的科技创新可以有多种模式。一种模式是前面 IBM 公司的例子中显示的模式。公司组织或参与开放式的科技攻关与设计开发活动，从而在这类活动中与外部贡献者取得互利。第二种基本模式是"众包"的模式，企业通过自有的或外部的开放式创造平台，将科技攻关任务开放式地发包给社会大众，从而利用外部的智力资源实施自身的科技创新或产品与服务开发。当前，国际上 Innocentive.com、nineSigma.com、Yet2.com 等为这一科技、创意任务众包模式提供了良好的信息交流与创新交易平台。国内的各类"威客"网站对于实施这种众包式开放式创新也起了很好的支持作用。生产工厂位于芝加哥的 T 恤衫生产企业

Threadless 通过对 T 恤衫设计的众包获得持续的设计创意也是这一模式的典型例子。第三种基本模式是企业与客户的共同创新模式。其核心理念是"产消者"（Prosumer），即消费者自身成为设计者。实施这一理念的一个例子是苹果公司的 iPhone 手机。iPhone 手机的生命力在于其包含的巨大数量的各类应用，而这些应用绝大部分不是苹果公司开发的，而是用户（及专门的手机应用开放商）开发的。苹果公司与用户的这种共同创造活动反过来为公司带来了巨大的收益。

从以上简述可以看到，利用"大众智能"实施社会化的开放式创新对于我国很多企业而言也是一条利用社会化智力资源提升创造与创新能力的值得探索之路。一方面，对于地方政府，有必要引导驻在企业实施这类开放式创新，提升企业的创新能力；另一方面，对于城市创造力培养与城市科技发展而言，开放式创新模式还是利用本城市地域以外的智力资源，服务城市科技进步与经济发展的手段。对此，建设计算机信息技术支持下的城市开放式创新支持平台、推动开放式创新也是智能城市的科技发展规划研究的重要方面。

社会化创新还应和大众创业结合起来共同推动全社会创造力的发展。创新和创业的结合一方面能有力地推进创新产品和服务的市场化，从而增强市场的活力；另一方面，创业反过来也能有效地推动创新。在这方面，美国硅谷等创新创业园区的成功提供了有借鉴意义的案例。有必要深入研究如何在中国当前的国情下有力推动万众创新和"大众创业"的形态。其中，应特别重视建设互联网平台汇集社会科技创新资源，着力于"众包"与"众创"平台的构建和"创客"空间的培育，集合企业、高校、科研院所、社会团体和个人等多方面力量，实现社会化的合作创新。进而，注重众包与众创平台及创客空间同"互联网＋"模式的进一步结合，实现创新价值链中创意和创新环节同生产制造、以及市场销售环节的无缝对接。

以上从五个方面对城市创造力培育进行了一定阐述。总的说来，城市创造力的培养是科技能力建设的关键。对此，应把政府、企业、大学与科研院所以及社会民众等四方面主体综合起来培育城市的科学、技术、经济、文化与社会创造力，在整体上提升把知识资源转化为经济与社会价值的能力，同时反过来进一步提升城市的知识资源。这一创造力培养思路的核心点在于：创造力的培养不局限于某些专门的技术领域的技术创新能力的培养，而是着眼于把各方面的力量综合起来提升知识创造以及知识成果转化的能力。

值得指出的是，围绕城市知识资源的管理与城市创造力的培养，应把城市的科技发展同文化和教育事业的发展综合起来加以规划。

（四）智能城市科技发展的部分关键方向

前面主要是从城市创造力培养的角度探讨推进智能城市科技发展的部分问题。反过来，智能城市的科技发展还应着眼于智能城市整体建设目标的达成。智能城市本质上是"数字城市""可持续城市"以及"创新型城市"三个方面的综合。其中，"数字城市"的建设要求发展信息技术，并利用信息技术的发展成果建设城市信息基础设施与应用平台。"可持续城市"与"创新型城市"二者是相辅相成的，其根本建设目标在于：（1）在经济上，转变城市经济的发展模式，提高创新在经济发展中的作用，同时减轻经济发展对资源和环境的负担，改善经济发展质量，实现可持续发展；（2）在社会发展上，提高城市的宜居度和城市生活的舒适度，缓解伴随着城市发展在住房、交通、医疗、就业、生活环境等方面出现的"城市病"。对此，应根据具体城市的实际基础与条件，发展特定的产业类型的相关科学技术与相应产业；利用科学技术的发展与科技成果的运用辅助达成智能城市的经济与社会建设目标。

另一方面，国务院 2010 年发布的《关于加快培育和发展战略性新兴产业的决定》中立足我国国情和科技、产业基础，提出现阶段重点培育和发展节能环保、新一代信息技术、生物、高端装备制造、新能源、新材料、新能源汽车等七类产业。这七类产业的发展与智能城市的经济与社会建设目标是相适应的，也为智能城市建设中科学技术发展的重点方向提供了参考。在有基础和条件的城市，这些方向应成为城市科技发展同产业培育与发展中特别值得加以关注的方向。

其中，新一代信息技术的发展与相应的产业培育是建设数字城市的主要技术基础，同时也是培养城市创造力的基本技术条件。这一科技发展方向已

在前文中加以阐述。在此对其他的一些关键方向与智能城市建设的关系做一定探讨。

1. 发展能源环保相关产业的科学技术

绿色环保与可持续发展是智能城市建设的一个重要视角。绿色可持续发展对智能城市的科技发展也提出了现实的需求。在《国务院关于加快培育和发展战略性新兴产业的决定》中提出重点发展的七项战略性新兴产业中，节能环保产业、新能源产业与新能源汽车产业这三项产业的发展与绿色可持续发展的方向具有最为直接的相关性。因此，这三项产业领域中科技发展与科技成果应用同智能城市建设目标的达成息息相关。

随着中国经济发展对资源与能源需求的日益扩大，以及对环境保护压力的日益增长，发展节能环保技术与产业对于实现国家可持续发展的意义日趋重大。这一产业主要涉及节能、资源循环利用与环境保护等方面，包含装备、产品、服务等多个环节。该产业几乎渗透于经济与社会活动的所有领域，它以有效缓解我国经济社会发展所面临的资源、环境瓶颈制约为目标，力促产业结构升级和经济发展方式转变。预计到 2020 年，节能环保产业将成为我国国民经济的支柱产业，并发挥出引领经济社会发展变革的重要作用。

智能城市的建设对于发展节能环保科学技术与产业提出了很大的现实需求乃至挑战。降低能源消耗，回收与循环利用各种可再生资源，处理工业与生活垃圾，控制空气、水、土壤等方面的污染，这些问题都是现代城市发展所面临的关键课题，也是现代"城市病"的症结所在。这种需求与挑战从另一角度看又是节能环保领域从基础性科学研究到技术与产品开发再到相关成果的转化与应用的发展契机。对此，一方面，应结合智能城市的发展需求，开展相关科学技术的研究，并通过可能的研究成果的应用试点及推广，同时推进该领域的科技进步、产业发展以及现实城市绿色可持续发展能力的提高。另一方面，在有相关科技与产业基础的城市，应大力发展相关的科技与产业，在促进该领域发展的同时推进城市经济的发展与科技能力的提升。

同样，新能源与新能源汽车行业的科技进步与产业发展也与智能城市的建设相互促进。对新能源技术的需求根本上源于以城市为中心的能源消耗的扩大。太阳能、核能等的开发对以石油、煤炭为主体的传统能源供应起到了很好的补充作用。但是，这些新能源的开发、利用对于当前的科学技术也提出了巨大的挑战，引发了大量相应的基础性和应用性的科技问题。同时，新能源技术是当代高科技的重要组成部分，围绕着新能源的开发利用催生的新能源产业对于国民经济的发展也将起十分重要的作用。

新能源汽车产业是新能源产业与汽车产业融合形成的新型产业。对于新能源汽车的需求源于城市汽车保有量激增引发的能源与环保问题。开发在能源环保的指标与经济成本之间取得较好平衡的新能源汽车近年来业已成为世界主要国家技术与产业发展的焦点课题。这同样给相关科技发展与科技成果的产业化带来了巨大的契机。

总之，以上节能环保、新能源与新能源汽车等三个产业领域的科技发展对于智能城市建设具有战略意义。应重视上述三个产业中创新技术、产品与服务在智能城市建设中的应用，推进这些战略性新兴产业的发展。另一方面，城市还同时应成为这些产业领域科技发展与产业化的主要基地。应根据具体的城市的实际科技与产业基础，在有条件的城市提升这些产业领域中科技创新的能力，并积极推进科技成果在实际中的有效应用。这又与城市创造力的培育相互促进，并对于城市经济发展转型有着重要意义。

2. 发展其他战略性新兴产业的科学技术

在国务院决定中拟定的七项战略性新兴产业中，另三项产业分别是新材料产业、高端装备制造业以及生物产业。其中，围绕航空、航天、海洋工程、交通等领域的高端装备制造业的发展是发展国家制造能力、提高制造产业的附加值、提升产业链整体竞争力从而实现我国制造产业转型和工业能力提升的关键。

新材料产业与生物产业，连同之前讨论的信息产业，是当前显现的最具发展前景的高科技产业方向。新材料产业是近年来在纳米材料、超导材料、稀土材料、新型钢铁与有色合金材料等很多方面取得的科技进步的基础上发展起来的，并对国民经济的很多领域产生显著影响。一方面，围绕着新材料的生产加工形成了很大的产业领域；另一方面，新材料日益广泛地应用于各

行各业，对其他产业产生深远的影响。与传统材料相比，新材料产业具有技术高度密集，研究与开发投入高，产品的附加值高，以及应用范围广，发展前景好等特点，其研发水平及产业化规模业已成为衡量一个国家经济、社会发展，科技进步和国防实力的重要标志。

生物产业是以生命科学理论和生物技术为基础，通过对生物体及其细胞、亚细胞和分子的组分、结构、功能与作用机理开展研究并制造产品，或改造动物、植物、微生物等并使其具有所期望的品质特性，为社会提供商品和服务的行业的统称。生物科学与生物技术是现今科学技术中发展最快的前沿学科方向之一，相应的生物产业也展现出巨大的发展潜力。当前，发展生物科技并促进科技成果的产业化是促进经济发展与社会进步的重要方面；同时生物科技水平对于国家安全也具有十分重大的意义。

以上讨论的战略性新兴产业的共同特点在于：产业呈现出广阔的科技创新的前景，创新产生的技术、产品与服务的附加价值高，对国民经济与国家核心技术能力发展的影响大；同时这些产业的发展有望形成辐射效应，带动更多相关产业的发展。这些产业，连同前面讨论的其他战略性新兴产业，呈现科学技术进步与产业发展的显著的相互依赖与相互促进的关系，并对国家的经济与社会发展与国家实力的提升有着战略性的重要意义。这些产业也都是技术密集型的产业，产业发展与科学技术进步存在紧密的相互依赖；培育与发展这些产业需要与这些产业领域的科技发展结合起来、相互促进。

作为国家创新体系的主要承载体，我国城市应在这些战略性新兴产业领域的科技进步与相应产业发展中起关键作用。同时，这些领域的科技进步及科技成果的产业化对于城市的创新能力建设以及城市经济的发展与转型也起积极的推进作用。总的说来，大力发展战略性新兴产业领域的科学技术对于智能城市建设的根本意义在于：把城市的经济发展转入依靠科技发展与创新、节能环保与可持续发展的轨道。战略性新兴产业领域的科学技术发展与产业化对于智能城市建设目标的达成具有重要作用。反过来，智能城市的建设，尤其是前文论及的城市创造力的培养，对于这些新型产业领域的科技进步也是迫切需要的。

（五）结合城市具体特色，有选择地推动智能城市的科技发展

以上从一般意义上对我国智能城市建设中的科技发展战略的共性问题开展了一定的探讨。针对具体的城市，还应根据城市自身科技水平、文化与教育水平、产业特点等方面采取针对性的具体发展战略。在自身科技、文化、教育水平较高，城市综合实力居于前沿的城市，应充分利用自身的科技资源，全面提升科学技术水平和科技成果产业化转化效率。对于科技资源相对较不丰富的城市，则应根据自身的产业基础与城市发展战略规划，针对性地发展特色科技，提升城市的核心竞争力。在人才与技术方面，一方面应依托自身优势与特色，加大人才的引进与培养，并鼓励科技人才的创新与创业；另一方面还应利用各种开放式创新平台和外部科技与人才资源，促进城市科技能力的提升和创新驱动的发展。在这方面，近年来珠三角地区新兴创新机构的崛起对于城市引进外部智力资源促进自身科技能力和产业能力的建设具有很好的启发意义。

在科技发展重点领域的选择上，国家倡导的战略性新兴产业为我国智能城市建设中的科学技术发展提供了有益的参考。由于这些战略性新兴产业的科技密集型特点及其对经济社会发展的显著推动作用，在有基础和条件的城市优先发展这些产业领域的科学技术并培育与发展相关的高科技企业是智能城市建设的重要方面，特别是智能城市科技发展与创造力培养的关键。同时，各城市还应根据自身的科技与产业基础，以及城市的地域特点等方面因素，规划科技发展的重点方向。武汉重点发展光纤技术及产业，无锡发展物联网技术与产业，宁波重点关注港口与物流业等，这些都是城市依据自身特色选择重点科技发展领域的案例。

（六）在科技发展战略制定中注意科技的"双刃剑"效应

科技是智能城市的根本推动力量，在智能城市的发展中应把科技发展放在重要位置。然而，考虑智能城市的科技发展战略时还应同时注意在很多情况下科技对社会发展往往是一柄双刃剑。对此，在发展科技，尤其是实施

科技成果的产业化时，还应充分考虑科技对于社会可能带来的风险和负面影响；从而在推进科技发展和科技成果的应用时采取妥善稳妥的措施。

科学技术活动在根本上是人类探索未知，并利用探索得到的阶段性成果改造客观世界的活动，这使得科技探索和科技成果的应用都具有一定的事先不能完全把握的风险，一些科技成果在应用时还可能带来预期之外的负面影响。对于其非预期效应具有较大不确定性的科技成果，对其应用尤其是大规模商业化推广应采取极为慎重的态度。这方面的典型例子是当前具有很大争议的转基因育种技术。对于有可能带来严重灾难性后果的科技项目，例如核电站项目，需要对其安全性进行充分的论证并制定严格的安全保护措施以及危机处置预案。对于在生态、环境、社会、健康、伦理等方面具有相应的潜在问题的科技成果和应用项目，则应对相关的问题进行充分的探讨，在技术成果付诸应用实施的同时，解决可能带来的问题或把负面的影响控制在最小的范围。例如，感知网络的建设和针对民众活动的大规模数据挖掘技术的应用通常是智能城市建设的重要方面，这些技术相应地带来了暴露民众的隐私等方面的问题。如何有效地保护民众的隐私等权益是在应用这些技术的同时需要着重加以解决的问题。

因此，在推进科学技术进步、应用科技成果造福人类的同时，应慎重审视相关科技是否研发、是否应用，何时应用，以及如何应用以控制其可能的风险和负面影响。这是一个容易被忽略而应加以重视的问题。

四、从科技与创新视角看智能城市的未来

（一）从智能城市到创新型城市

以上以智能城市创造力培育为中心对智能城市的科学技术发展问题进行了一些探讨。从宏观看，智能城市中的科学技术发展问题不仅仅是科技发展本身的问题，更反映了城市发展的未来方向——即城市的未来发展将越来越依赖科学技术进步与城市创造力的发展。因此，从根本上看，当前以城市信息化为主要建设内容的智能城市还是智能城市发展的初期形态；智能城市的

进一步发展还应更加重视创新型城市的发展。

创新型城市的含义有广义与狭义两种理解。广义上的创新型城市是把创新作为城市发展的主要途径，通过创新将知识转化为经济发展的主导因素，激发经济发展的活力，创新意识成为市民思维的不可分割的一部分，因而能够整合各种资源，提高城市的产业竞争力，实现可持续发展的目标。这样任何城市都可以成为创新型城市，只是发展有先后，水平有高低。狭义上的创新型城市则是指利用科技创新、产业创新、制度创新等来提升自主创新能力，进行产业的升级和结构的调整。其中科技创新与产业创新依赖于城市的科技能力的提高。在科技创新方面，要通过原始创新争取在科学知识上有所发现，在科学技术上有所发明，实现城市科技跨越式发展。这首先要在某些经济发展水平较高、科技研发能力较强、政府治理效率较高的城市率先建成。

从长远来看，应该把广义的创新型城市的建设作为战略目标；而从具体实施上来考虑，应该首先建成一批自主创新型城市。依据国家发改委的建设思路，创新型城市的构建应着眼于以下四个方面的工作（国家发展改革委员会，2010）。

创新型城市的构建首先要制订创新型城市建设规划，以自主创新统筹经济、科技、教育发展，实施创新型城市建设重大工程，增强城市创新发展能力，实现发展模式转型，促进经济社会又好又快发展。

其次要健全区域创新体系，突出企业主体地位。增加教育和科技投入，建设和引进高水平教育与研究机构，增强区域创新人才和技术有效供给能力。鼓励和扶持创新公共平台和中介机构发展，增强创新服务能力。探索财政、税收和政府采购政策支持产学研合作创新的新模式，支持企业创新基础能力建设，加速创新要素向企业集聚，强化企业技术创新主体地位，培育有国际影响力的行业龙头企业。

再次是围绕城市主导产业发展需要，实施产业自主创新工程，加大创新能力建设投入力度，推进创新型城市主导产业升级。培育战略性新兴产业，发展现代服务业，促进产业创新集群发展，加快高新技术改造传统产业进程，优化产业结构。

　　还需要建设创新友好环境，促进创新创业发展。制订和实施创新型城市相关配套政策与措施，建立创新政策落实效果监测与反馈机制，不断优化区域创新环境，形成创新友好型政策法律制度环境。围绕创新型城市建设总目标，弘扬科学思想，尊重首创精神，激发创造热情，营造鼓励创新、宽容失败的创新文化氛围，促进创新创业发展。

　　这类城市应该建立四个战略支点，作为它的功能标志：

　　□ 科技研发中心：创新型城市应该是研究开发资源的聚集区和区域性的科技研发中心。研究开发业和一般产业活动一样，也有集群和极化倾向。

　　□ 战略性新兴产业中心：创新型城市是产业链的高端节点集聚地和区域战略性新兴产业中心，它的形成是自主创新推动产业结构调整和增长方式转变的必然结果。

　　□ 品牌营销中心：创新型城市应该是品牌资源密集区和大批创新型企业的营销窗口和营销创新的舞台，因为具有自主知识产权的自有名牌是自主创新能力的结晶与核心竞争力的标志。

　　□ 企业营运中心：创新型城市应该是公司总部的聚集地和区域性企业营运中心。

　　智能城市的核心在于知识的开发和运用，而知识的创造、传播、运用的能力是靠提高下面几方面的能力获得的：

　　□ 提高从有形资产向无形资产转化的能力，无形资产的不易复制性和难以传播的特性使其更具有竞争力。

　　□ 既要提高获取知识的能力，更要提高创造新知识和有效运用知识的能力，因为知识的自主开发和运用能力才是综合能力提高的体现，"授人以鱼不如授人以渔"。

　　□ 实现从模仿创新到自主创新的突破，因为自主创新是城市发展从资源驱动、资本驱动到技术、知识驱动的必然选择，而对一些发展中的国家来说，这是一条有效的途径。

　　□ 从技术创新到知识生产的基础能力创新的转变。

（二）智能城市科技发展与三元空间的贯通

以上对智能城市科技发展的认识的核心是把以创造力培育为核心的智能城市科技发展作为智能城市长期发展的关键工作，提出智能城市的进一步发展应注重创新型城市的建设。从前面论及的智能城市三元空间的视角看，这本质上是着眼于智能城市的人类社会空间的提升及三元空间贯通来规划智能城市的科技发展。

正如本书前面的论述中所指出的，从城市演进的历史视角看，城市发展在历史上是以城市的物理空间、城市的人类社会空间及城市的赛博空间而逐次发展的。而从智能城市的建设视角看，当前人们探讨的智能城市建设则主要着眼于赛博空间的发展，以及赛博空间和物理空间的贯通。智能城市建设的下一步焦点则应进而把人类社会空间的发展纳入智能城市的建设中心，着眼于赛博空间、物理空间和人类社会空间等三元空间的贯通和协同发展，特别是在人类社会空间的发展中应着力于其以社会智能、社会意识和社会规范等为内核的社会心智空间（可理解为人类社会空间的子空间）。在本章前面所讨论的城市科技发展则是城市的社会心智空间发展的重要方面，其根本目标是从源头上增强城市的智能性以及这种城市智能可持续性。

科技发展首先是城市心智空间发展的重要环节。科技能力的提升一方面涉及具体的科技研发，同时还应立足于知识资源的管理和城市创造力的培育。后者是前者的保障和支撑。进而，城市的知识资源管理和创造力培育，需要把城市的科技发展同教育、文化的发展结合起来共同推动。这样，科技、文化、教育等方面的发展是智能城市社会心智空间提升的主要形式。与之相应，城市各类显性和隐性知识资源的积累以及城市创造力的培育是科技、文化、教育发展的集中体现，是城市的社会心智空间提升的核心。

从长远看，以城市创造力培育为核心的社会心智空间提升对智能城市的物理空间起根本的推动作用。特别是，科技进步和科技成果的及时转化是推动经济发展方式向创新驱动转变的关键动力，这在根本上依赖于城市创造力的提升和城市的社会心智空间的发展。最近，中央提出"经济发展新常态"，大力推动经济增长方式的调整，这也要求创新能力和创新成果的产品和市场

转化能力的提升。社会心智空间的提升也有望对城市日常运转和管理、民众生活方式以及生态环境维护等诸方面产生长远影响，推动城市向绿色、和谐、宜居、可持续的方向发展。正因如此，我们认为，社会心智空间的发展和提升是智能城市建设的长期主题，而提升社会心智空间的核心在于城市创造力的培育。

反过来，城市社会心智空间的提升也依赖于现实物理空间的发展与提升。通过打造城市便捷、舒适、安全、宜居的生活空间以及充满经济活力和创业就业机会的经济空间，对于城市创造力的培育也起很大的推动作用。这样，社会心智空间和现实物理空间的发展在实际智能城市建设中应融会贯通，彼此促进。

另一方面，城市的社会心智空间的提升还应同城市赛博空间的发展综合起来。除了支持物理空间的更好运转，赛博空间还应为社会心智空间的提升提供支持。这需要把人的智能和计算机系统的机器智能更好地加以融合，彼此促进。例如，通过开放式在线教育（MOOC）、开放式科研和开放式技术开发等平台，赛博空间为智力资源在虚拟世界中的汇聚提供了有力支持。通过赛博空间和社会心智空间的更为紧密的贯通，一方面促进社会心智空间的更大提升，另一方面共同推动现实物理空间中城市系统的持续改进。

在上述通过三元空间的深入贯通来整体推动城市智能化发展的问题上，有必要对其中的经济发展问题进行进一步的说明。前面谈到，新一代信息技术带动下的广义的智能产业的发展对于城市经济的智能化发展具有重要意义。而智能化的制造业是其中尤为值得关注的产业门类之一。在工业 4.0 的理念下，当前制造业发展的一个重要趋势是通过建设面向生产制造的信息物理融合系统，实现智能化的、系统化的产品生命周期。这种发展无疑是重要的，但同样不可忽视的是，在制造业的这一发展中还应融入第三空间即社会心智空间的功用。三元空间的全面贯通对于制造业的提升具有深远的意义。如果说引入工业 4.0 对于中国制造业的意义在于变"中国制造"为"中国智造"的话，进一步重视社会心智空间的作用则是进一步加强"中国创造"并推进其与"中国智造"的融合。

第4章

iCity 智能城市文化发展战略

一、引言

文化的发展与繁荣是提升城市软实力、建设智能城市的基础，对增强城市自主创新能力、促进产业升级、转变经济发展方式、提高人民道德素质和建设和谐社会起着重要的作用。从城市文化的作用来看，它不但能够提升城市公共社会生活和公民素质，而且体现了城市的特色和内涵，能够形成城市居民的归属感，造就区域文化优势。文化是城市的本质和灵魂所在，城市的智能化更需要文化场域的支撑。中国城市在经济建设取得巨大成就的同时，文化需求的增长和文化对于城市发展的重要意义都使得文化在智能城市建设中的核心地位日益突出。

目前，城市发展的潮流和方向凸显了城市文化经营的时代已经到来。城市文化经营的意识已经觉醒，国内一些重要城市已经把推动文化繁荣、发展文化创意产业作为城市的一项重要任务来推进。从全国各城市"十二五"国民经济与社会发展规划纲要可以看出，"文化彰显城市魅力"和以文化引发创意的智能城市建设成为新的城市经营方向与目标，经营文化、发展文化创意产业成为城市转型升级的重要驱动力。中国共产党第十七届中央委员第六次全体会议通过了《中共中央关于深化文化体制改革　推动社会主义文化大发展大繁荣若干重大问题的决定》，给全国的城市文化发展提出了指导思想和发展方向。

但是，由于我国长期对城市的内涵与本质缺乏认识，对文化在城市发展过程和城市规划中的作用认识不足，导致中国城市在不同程度上面临着文化特色与文化记忆的消失，城市居民缺乏精神慰藉和文化憧憬。由于传统城市文化丧失的问题和现代文化建设的不足，导致城市的人情冷漠、人们之间的心理隔阂与戒备、诚信的普遍缺失。旧街市的拆除和社区邻里的消失，

不仅隔断了城市历史，摧毁了城市的人文记忆，同时迫使人们放弃熟悉的城市邻里生活，逐渐演变形成封闭的、孤独的个性和社会特征。追求经济增长与城市规模化发展的利益导向和理性狂妄，导致了千城一面的风潮，建构出千篇一律的"现代化"生活和干瘪的城市风格，打破了城市生态的平衡和社会和谐的氛围。另一方面，城市管理的官僚化和大型国有企业的垄断优势使中国青年学生的职业选择趋于保守，追求公务员等行业的稳定工作的倾向在社会蔓延，使创新与创意文化难以形成。

城市文化与城市发展之间关系的研究由来已久。彼特霍尔在《城市文明》一书中提出 (Hall, 1998)，城市的文化繁荣总是和经济昌盛联系在一起，文化不再只是一个海市蜃楼般的虚幻的概念，文化已经融入城市生活、城市景观和城市经济，文化战略已经成为城市发展战略的主要内容，文化规划在运用城市文化资源促进城市整体发展方面起到了积极的作用。城市文化的研究经典当数刘易斯芒福德的《城市文化》(Mumford, 1940) 与沙朗·佐京的《城市文化》(Zukin, 1995)。前者关注城市文化与城市历史的演变形成过程，以及城市文化与民生、技术发展和城市经济等方面的关系；后者分析了城市中伴随着全球化进程所产生的文化冲突与文化经济一体化发展的趋势，她认为当代的城市文化与社会价值认同和经济生产纠缠在一起，文化不仅蕴含社会价值，它的经济价值也逐渐显现。法国社会学大师布尔迪厄将资本分为经济资本、社会资本和文化资本 (Bourdieu, 2011)，他认为，社会资本和文化资本虽不如经济资本那样具体可操作，但它可以通过社会关系和权力配置的再生产转化为经济资本。费瑟斯通也提出城市经济发展必须调动起文化的作用，使文化成为"引诱资本之物"(Featherstone, 2007)。

从 20 世纪的 80 年代开始，西方学者面对城市的衰退和环境、交通的日益严重的危机，开始思考城市的未来出路和发展方向。以创意产业为支撑的创意城市成为城市创新发展的新目标，文化要素作为创意的核心在其中扮演着重要角色。澳大利亚率先提出了建设"创意国家"的理念，并制定了相关的文化政策，而率先正式提出"创意产业"的是 1988 年英国政府发布的《创意产业专题报告》。此后，世界众多城市都纷纷通过制定文化发展战略和文

化创意产业发展规划来促进创意城市和创新型城市的实现。在英国伦敦市市长亲自主持的伦敦发展规划中，提出了文化发展战略，并确立了通过文化发展促进城市全面复兴的思想；新加坡信息、交流与文化部门于 2000 年提出"复兴城市"计划，使文化艺术发展与经济发展并肩同行 (Change, 2000)，纽约等市政府都关注文化艺术以及创意产业对于城市发展的积极作用，出台了一系列针对文化领域的研究报告和发展战略（杨荣斌,2004）。

二、智能城市文化发展的战略框架

智能城市是以信息与智能技术为基础的，以创新与创意开发作为推动力的绿色生态的、以人的全面发展为目标的新型城市概念。这意味着智能城市需要一种全新的文化作为支撑，即生态文明、创新文化、以人为本的理念。这种新型文化与信息网络技术导致的新科技革命的融合为城市经济社会发展与转型提供了巨大的潜力。

（一）城市的文化框架

在我国智能城市的发展战略中，文化战略的地位不可小觑，智能城市的文化规划以信息网络技术为纽带，将城市的价值观、经济产业、市民生活方式等方方面面编织起来，促进智能城市的成功运行。首先，我们从城市的六个方面的文化成分出发，探讨智能城市的文化框架。

1. 文化资源

多样化的文化资源是智能城市文化的基础，文化资源通过创意形成各种文化产品与服务，实现其社会价值和经济价值，用以满足城市居民多样化的文化消费需求。智能城市的文化资源主要源于其历史进程的丰富性、多样性和差异性。从城市历史积淀来看，文化资源包括拥有的一切物质文化遗产和非物质文化遗产。从现实状态来看，文化资源还包括城市当前所拥有的一切教育资源、科技资源与文化艺术资源。这种文化资源由硬件设施和软件设施构成，如研究院、文化设施、各种社会网络以及人群之间的邻里环境与互动系统。

2. 文化景观

文化景观是利用自然界的材料，在自然景观的基础上创造的附加了某种文化内涵的文化产品。文化景观包含多个层次，城市建筑景观属于表层，是易于感受的、最直接的景观要素，而深层次的是展现城市社会图景与风俗习惯的城市居民形象与气质。

3. 文化场所

文化场所是城市文化展现的重要平台，通过促进城市居民日常生活中的思想与情感交流，构建成为社会公共空间，从而有利于城市认同感、归属感与心理安全感的建立。它可以是通过文化场馆激发居民参与其中的实体环境与物质空间，也可以是通过网络平台建立一种利于交流和呈现个体精神状态的虚拟空间，这种虚拟的网络空间使智能城市能够形成比传统文化场所更大的文化社区，进一步地促进城市的文化交流和创意的聚合。

4. 文化创意产业

文化创意产业是指以创造、创新为手段，以文化内容和创意成果为核心价值，为社会公众提供文化体验的行业。文化产品的经济价值源于它们的文化价值，并由此可以带来良好的经济收益。当前，美学经济的兴起，是文化与经济融合共同发展的体现，也是城市经济转型升级的潜力和方向所在，更是城市公民提升消费体验、参与创意创新的重要杠杆。因此，文化创意产业不仅是当前城市经济的增长引擎，也是城市居民参与城市创新、提升文化素质的重要媒介。

5. 文化制度与文化服务体系

文化制度与政策是文化发展的保障。城市文化制度必须明确城市文化发展的核心内涵、基本的价值观和指导思想，必须抑制不利于城市可持续发展的文化糟粕，它是国家宪法与政治经济制度的具体反映，也是智能城市文化

建设开展的基础。文化政策包括人力资源政策和文化活动政策，人力资源政策包括对创意人才吸引的政策和对城市居民的素质提升与教育的政策。文化活动政策是指对各类文化活动的组织、支持与开展方式的政策与规划，并通过形成完整的城市文化服务体系有效地实施。

6．文化价值观

城市文化价值观是一个城市居民基本精神追求的价值所在，以及由此形成的内化的社会共识。文化价值观决定了城市居民内在的愿景、价值追求、行为模式和社会关系，并体现在城市制度、文化氛围、创新创业意识、社区邻里关系、风俗习惯之中。

（二）智能城市发展的文化战略

虽然城市文化主要是属于认知空间，但也体现在物质空间中，并通过信息空间实现交流、传播和扩展。从以上城市文化的内容来看，可将它们划分在三元空间中。其中，城市文化在认知空间中主要体现为社会主义核心价值观、生态文明观、创新型文化和非物质文化资源；而在物质空间中主要体现为城市文化景观、文化场所、文化创意产业和大多数物质文化资源，这些都是文化的物质载体。文化在信息空间中整合了认知空间和物质空间的文化内容。一方面，信息空间将文化的物质载体信息化、数字化和虚拟化，使文化景观和文化资源能够更广泛、更充分地被社会大众利用和共享；另一方面，信息空间可以部分替代物质载体，用数字化的虚拟载体体现城市文化，使认知空间的文化价值观、生态文明观和创新文化能够通过信息空间实现充分地文明对话、交流和传播。

中国城市的文化困境主要体现为文化物质空间的混乱，一方面，各个城市景观千城一面，毫无特色；另一方面，每个城市没有统一一致的景观和文化内涵，形成了中国传统的建筑、欧式建筑、现代建筑各种风格的大杂烩。文化物质空间困境的根本原因在于中国城市文化认知空间的缺位和模糊。因此，智能城市文化发展和规划的根本目标是确定明确的文化认知空间、建立充分体现文化认知的文化物质空间，以及将文化认知空间和物质空间进行信息化和数字化的信息空间。

文化作为一种软实力，在日趋激烈的国际和城市竞争中处于举足轻重的地位。我国要谋求国家与城市强盛、文明复兴、人民幸福、社会持续进步，要建设智能城市，就必须形成正确的文化理念和价值观，用文化去引导社会与经济的发展，把文化的大发展大繁荣上升为国家与城市的战略任务。现代智能城市文化是一个大文化的概念，包括价值观、文学艺术、电影戏剧、传统文化遗产、体育、旅游休闲、卫生等方面。因此，智能城市的文化战略应该充分整合各种文化资源，促进人的全面发展。基于此，我们提出智能城市发展的三大文化战略。

（1）基于核心价值观的文化化人战略：通过中国优秀传统文化的传承、传播和中西文化的融合，以社会主义核心价值观为核心，促进人的文明程度与文化素质的全面发展；

（2）新型城镇化的生态文明战略：通过智能城市的生态文明建设形成新型城镇化的核心文化；

（3）基于文化与新科技革命融合的创新文化构建战略：形成人与社会互动的创新文化氛围，通过文化与科技的融合促进经济转型升级。

（三）促进传统文化的传承、传播与中西文化融合，形成社会主义核心价值观，实现人的全面发展

城市的文化发展必须立足于中国的优秀文化传统，立足于中国特色社会主义的历史背景，立足于创新与和谐的发展观。在"中国国家形象"的打造中，中国在世界各地开办"孔子学院"和进行各种传统文化与艺术的世界交流和展示，昭示着在形成国家的文化软实力过程中，传统文化，特别是儒家文化已经成为主要的文化战略资源。基于此，中国智能城市的城市文化形象塑造，可借助中国丰富的传统文化资源和庞大的文化消费市场，通过智能化推动传统文化的保护、展示和传承，并促使传统优秀文化与世界上不同文化与文明的交流、对话与融合，弘扬优秀传统文化，形成独具中国特色的城市

文化形象和核心价值观，提升城市的文化软实力。

城市的智能化在推动社会主义核心价值观为社会大众认同方面，起着重要的作用。智能化城市能够利用新媒体营造虚拟网络上的学习载体与平台，使广大群众通过思想互动与广泛参与讨论，形成遵守法律、诚信做人做事的道德理念，形成对社会主义核心价值的认同，使社会和谐发展与改善民生的科学发展观成为社会共识。同时，城市的智能化通过城市的科技应用和物质基础的建设，建立文化信息库整合全球文化资源，支持文化创作、文化广场建设、音乐、艺术场馆、博物馆、文化馆、体育馆等文娱体育设施建设和社区文化建设，形成基于新一代信息网络、广泛覆盖的公共文化服务体系，丰富群众文化生活，弘扬传统文化遗产，提升公民文化素质与文明水平，促进人的全面发展。

当代中国文化之"魂"，就是社会主义核心价值体系：即和谐、公正、仁爱、共享（蔡武，2012）。社会主义核心价值体系是以中华民族优秀传统文化和社会主义先进文化相互融合为基础，同时吸收了西方文明的优秀成果，并适应了当今追求社会和谐、多元文化交流和世界和平发展的时代要求，集中反映着当代中国人民的理想、信念和精神追求，成为中华民族繁荣富强、和平崛起、为人类社会进步与持续繁荣做出贡献的强大精神力量和价值源泉。

我国的经济发展逐渐接近中等发达国家水平，但在物质财富不断丰盈的同时，人民的幸福感并没有相应地提高。究其原因，是我们丧失了自身的精神家园，缺乏明确共享的精神支柱。我们现在面临三个价值体系，第一个是中国传统文化以儒家为核心的价值体系，第二个是从西方传来的核心价值体系，第三个是我们所倡导的社会主义核心价值体系。中国传统文化的核心价值体系主要是儒家的理念，如孔子和孟子提出的四端和五德：即"仁、义、礼、智、信"。中国文化是内省的文化，也是一种修身的文化，它强调人的价值自觉和君子人格的修养。优秀的传统文化成了中华民族每个成员最基本的精神内核，一直延续到今天。比如，"己所不欲，勿施于人"作为伦理的黄金律，和基督教所提倡的伦理原则，和佛教的"修行成佛"，成为最基本的人类共同准则。西方文化中对自由、民主等核心价值的追求，也已成为现代

人类的基本价值元素。社会主义核心价值体系继承和融合了中西、古今优秀的价值元素，为中国社会发展的未来展示了美好的和谐社会图景，成为中国人民继续奋斗的精神动力。

在当代中国，文化产品只有生动地体现出社会主义核心价值体系这个"魂"，才有主心骨，才有精气神，也才能够通过丰富多样的艺术形式为社会大众所认同与接受，成为促进社会和谐发展的精神力量。城市文化有着鲜明的民族性、时代性，随着时代的发展有着不同的表现形式。当代中国文化的主要形式，包括教育体系、公共文化服务体系、文化产业体系以及各种形式的文化产品如文学、影视、音乐艺术、戏曲、动漫等，作为文化的物质基础和传播形态，在承担娱乐人民、满足人民文化享受这一功能的同时，也应该是承载、传播文化精神价值的载体和形式，也都承担着弘扬社会主义核心价值观这个"魂"的重要功能。

三、城市智能化与新型城镇化的生态文明建设

20 世纪 90 年代以来，可持续发展成为国际社会发展的价值导向，并体现在世界城市改造与重建过程中。以人类与自然协调共生为宗旨的绿色、低碳、可持续发展与环境保护的多种要求，使城市成为社会—经济—自然复合的生态系统。因此，新型城镇化建设必须打破传统城市发展的耗费巨大资源的盲目扩张道路，而以城市生态文明为导引，以智能化技术为基础，形成经济、社会和生态可持续的城镇化发展道路。

生态文明，是人类遵循人、自然、社会和谐发展这一客观规律的物质与精神文明形式，是人与自然、人与人、人与社会的和谐共生，由此促进以人与社会的全面发展和持续繁荣为基本宗旨的文化伦理形态。生态文明是人类文明发展的一个新的阶段，是工业文明之后的社会伦理化的文明形态（张国祺，2014）。三百年的工业文明以人类征服自然和人类相互争斗为主要特征，层出不穷和愈演愈烈的全球性生态危机说明地球再也无力支撑工业文明的继续发展，文明冲突和民族冲突也严重阻碍了人类社会和谐相处的实现，需要

开创一个新的文明形态来延续和发展人类社会，这就是绿色的、环境友好的和社会和谐的"生态文明"（张梓慧，2009）。

中国传统文化的天人合一的思想是生态文明的重要文化渊源。所谓天人合一，就是强调天与人的相互依赖与和谐共生，不是人对抗与征服自然，而是将人与自然的关系定位在一种积极的和谐关系上：强调人既不是大自然的主宰，也不是大自然的奴隶，而是大自然的朋友。儒家思想认为，天是包括四时运行、万物生长的自然界，自然界本身就是有机的生命整体。儒家倡导"畏天命"，要求人们敬畏自然，对自然界不能随心所欲，要克制自身欲望与贪婪的征服行为。儒家倡导"知天命"，要求人们从宇宙世界的整体性来认识人的局限性，由此理解人与自然的相互依存性，按照天地自然的运行规律规范自己的行为，从而达到"不逾矩"的境界（陈一新，2010）。道家认为，人要做到"知常""知和""知止""知足"。"知常"，就是认识了天地与社会运行的"规律"，才能明智；"知和"，就是理解和谐是自然的根本法则；"知止"，就是要认识人的局限性，以防止自己的过度行为；"知足"，就是要抑制欲望的泛滥。

生态文明作为世界发展的新潮流，在发达国家受到越来越强烈的关注，因为愈演愈烈的生态危机已经开始对人类的生存发展构成了严重的威胁，但人类社会从工业文明向生态文明的转换步履蹒跚。一方面的原因是，几百年西方工业文明形成的巨大的意识形态惯性一时难以转变，另一方面是资本主义追逐利润的本性难以抑制。因此，西方国家的生态文明发展非常缓慢，它们一方面期望通过技术途径解决环境污染和化解生态危机，另一方面又不断向不发达国家与地区转移生态成本（洪雨，2008）。因此，西方国家没有很好地利用发展生态文明的机会，这就为中华民族通过跨越式发展创造新型生态文明提供了机会。而这种能够孕育持续竞争优势的生态文化应该产生于中国"天人合一"的文化传统与现代西方文化的结合与碰撞之中，并通过与新兴技术与现代社会经济发展大势融合起来，逐步形成。当今世界正处于一个大变动、大转折的时期，信息技术、生命科学和纳米技术的快速进步，人们对人与自然的关系和环境保护的深刻反省，对世界主流的能源耗损型发展模式（以美国为代表）的质疑，都引发了世界各国对新发展模式的探询。显然，我国要想在新世纪中有所作为，就必须在基于生态文明的新发展模式的探索方面有所突破，并与世界各国一道走向新的发展道路。而且，我们这样的设想并非单纯的希望，而是基于这样一个事实，即中国几千年的传统文化的本质内涵恰恰与新发展模式的思路一致。中华文化对"天人合一"与社会和谐的强调、对自我精神与道德修养的追求、对精致的生活艺术和审美的热爱，都会成为我们探询新发展模式的文化根基，是我们赖以领先世界的强大力量（赵晓庆等，2009）。

最近20年，是西方主流的制度、文化观念与生活方式全面冲击和渗透我国社会最剧烈的时期，也是我国传统学科与文化全面退却和快速边缘化的时期，我们的文学艺术创作逐步退出社会关注的视野，大学中人文学科逐步让位于技术与商业类学科，全方位与国际接轨成为社会共识。也许这样一个西化的过程是必要的，也许在这样的猛烈冲击下，中国传统文化会逐渐找到自身突围之路。而能够从西方文化的重重包围中突围出来的中华文化，已不会是她原初的形式，她一定会吸取西方文化中优秀的元素，并适合时代发展的要求。因此，她一定具有强大的生命力，一定能成为我们创造新型生态文明、走向新的世界的强大精神动力（赵晓庆等，2009）。

中国的新型城镇化强调城乡统筹、产城互动、生态宜居、和谐发展的基本内涵和理念，强调大中小城市、乡镇、新型农村社区协调发展、互促共进的道路。国务院总理李克强指出：统筹"新四化"发展，需要平衡多方面关系。推进城镇化，核心是人的城镇化，关键是提高城镇化质量，目的是造福百姓和富裕农民。要走集约、节能、生态的新路子，着力提高内在承载力，不能人为"造城"，要实现产业发展和城镇建设融合，让农民工逐步融入城镇。

因此，城镇化应当围绕人的需求和人的发展来展开，树立人本思想，创造良好的人居环境，促进人的道德素质和能力的提升，尊重人的自由选择和自主发展，实现人的全面发展。新型城镇化的"新"就是要由过去片面追求城市物质空间扩张，改变为以提升城市的文化形象和人的精神内涵为中心，造就现代化的城市居民，通过形成大众创业与万众创新的气氛，使城镇成为高品质的宜居、乐居和发展之居所。

四、文化与新科技革命融合促进大众创新与创业

中国的经济、社会与文化的发展已经遇到了明显的瓶颈，过去几十年以投资驱动经济发展的模仿与追赶的模式已经难以持续，创新驱动成为中国进一步发展的必然选择。但几十年的引进与模仿的惯性已经使中国经济、社会与文化领域都失去了创新能力和创新的自信。因此，建设创新文化，促进文化、经济与科技的融合成为创新驱动经济与社会发展的关键。城市的智能化能够通过打造创新与创意网络平台，实现网络化的头脑风暴和社会化的创意实时互动，聚合社会创意，推动城市创新型文化的形成。同时，文化产业在促进经济增长、推进结构调整和转型升级方面都有巨大的发展机遇和空间。通过搭建城市智能化创意平台，协调与支持企业参与新兴文化产业形式的创造，使现代城市文化创意产业能够孕育、生成与发展。文化创意产业具有鲜明的区域和民族特色，它借助中国丰富的文化资源和庞大的文化消费市场，通过文化与科技的融合，弘扬优秀传统文化，推动我国文化和文化产业的自主发展，提升我国文化国际竞争力。

智能城市通过新知识的快速传播与共享、通过网络化平台的思想与创意生成机制，如创新的众包和众创平台（crowdsourcing platform）使创造、创业与创新成为一个社会的集体行为方式，让创造与创新融入城市工作与生活的每一个方面，融入城市文化的每一个元素，促进社会化的大众创业与创新的广泛进行。过去十年中，世界各地出现一种前所未有的社会创新行为：人们在网络上聚合在一起，共同完成创新的任务，这就是众包。众包的出现，始于开源软件的开发。Linux 操作系统的开发证明，一群分散的志趣相投的人能够创造出比微软公司这样的大公司所能够生产的更好的产品。众包基于平等主义的、自主的和分散的组织原则：每个人都拥有对别人有价值的知识或才华，而众包通过平等的组织将自主与分散的人员聚合到某一个创新任务中。

管理大师德鲁克所认为的"下一个社会",既是一个知识社会,也是一个分工与组织网络化的社会,因为只有通过分工与组织网络化的过程,知识才能够产生聚合效应。众包的实践,验证并发展了德鲁克多年前的预见。

美国《连线》杂志记者 Jeff Howe 在 2006 年首次提出了众包的概念,而 2005 年在中国就诞生了类似于众包的"威客"概念,它们的核心思想是:人类的知识和智能将会因为互联网而被无限放大和提升,并创造出令人惊讶的社会财富。众包与福特主义是对立的生产组织模式,后者是工业时代的大规模流水线生产模式,每个人都是这个生产线上的一个按指令行动的部件,这条生产线成为员工的主宰,人的创造性完全淹没在轰隆流过的机器之中。而众包使我们每个人都能够自主地选择,成为自由的创造者,使每个人都能够探索创造性表达的独特方式与途径。众包的这种潜力,使互联网上大规模的个性化创造,成为可能。众包也带来文化上和人性的巨大转变,使公司文化不再是约束员工和压制员工行为的工具,而是通过营造激励员工创造性的场域,使我们每一个人在情感上,不再是狭隘地属于某一个公司的"组织人",不再是一个听命于老板的员工,而成为一个具有创造性的、自主的社会人。在这样的环境中,人能够回归人的本性:即创造性成为人的本质属性。

近年来,新科技革命成为时代发展和智能城市建设的强大推动力。在《创客:新工业革命》一书中,克里斯·安德森深入考察了创业者如何使用开源设计和 3D 打印实现自主的智能制造。在这个"自己动手"设计产品,并通过定制制造实现大众创新的时代,数以千万计发明家和创业者的创造性潜力将喷涌而出,制造业将由此进入智能化的、用户参与的个性化定制制造的新时代。安德森预测,在接下来的十年里,"创客运动"使人们将网络的智能与现实世界的创新实践融合起来,全球将进入基于智能网络平台和智能制造技术的全民创造与创业的新一轮工业革命时代。

智能城市是城市发展的高级阶段,以信息通信网络与物联网技术为基础,通过全面的互联互通与共享、相互协作的关联应用,最终成为智能高效、演化创新、开放学习的有机生命体。因此,智能城市具有像生命体一样的行为特征，具有智能感知的认知能力、有目的的计划能力和调控能力，同时具有自动的信息搜寻、知识处理能力、自我学习能力、决策能力和一定的创新能力。这一智能化的城市有机体是以正在浮现的新科技革命为基础的，但大数据、物联网与智能制造等智能科技的有效使用，还需要相应的文化与认知能力作为支撑。如果没有形成生态环境友好的、创新的、共享协作的、审美的城市文化，这些新科技的应用最多也就是能够对现状稍许改进。只有新科技革命与新型文化的结合与相互促进，形成新一代高素质的城市人，才可能带来城市发展模式的根本改变，才可能在经济、社会与生态可持续发展的愿景引领下实现城市的智能化。因此，智能城市的发展意味着科技与文化能够相互促进、融合发展。

近年来，新科技革命对传统文化产业产生了巨大的冲击，这种飞速发展的电子数字通信、信息技术给当代文化产业结构带来了革命性的影响。首先，科技的力量能够推动文化的发展 (雷鸣，2010)。科技能够极大地改进文化的传播方式、展示方式和创造方式。智能城市建设，为培育新兴的文化产业样式，拓展了巨大的发展空间。新一代的云计算、物联网、互联网等信息技术，使我们能够构建覆盖广泛、快速共享、实时更新的文化传播体系，使人们更方便更快捷地接受文化服务，并参与到文化产品与文化服务的创造过程中。这唯有在智能城市的基础上才能实现。同时，科技能够极大地丰富文化的表现形式，使我们能够不断开发基于先进技术的具有不同传播、接收、显示特点的新型文化产品，不断丰富表现形式，增强感染力，使文化产品的展示更加丰富多彩。随着以移动多媒体、网络游戏、动漫、微电影、移动阅读等为代表的新兴文化产业的出现，传统文化产业面临前所未有的挑战。只有利用新型科学技术对传统文化产业进行改造提升，通过传统文化产业与科技的融合，由此创造出新的内容显示方式、生产方式、消费形式和服务方式，才能使传统文化产业焕发出新的活力并转变为新型现代文化产业，才能满足当代人的文化需求。传统文化产业下的动漫产业、图书出版产业、文学创作、影视音乐产业、旅游业等都开始利用互联网、移动互联网等平台，建立数字化的新兴文化产业形式。

其次，可持续发展的实现需要用文化引导科技的发展方向。一方面，我们应该以文化引领科技发展的价值导向。科技是一把"双刃剑"，既可以促进社会经济的发展，给人们的生活带来便利，也有可能对社会发展与人民生活带来破坏甚至毁灭。因此，我们需要用文化来引领与规范，充分发挥科技"双刃剑"的有利一面，阻止科技破坏性的发生，让科技为人们的美好生活服务。另一方面，文化能够为科技增添人文因素，能够在冷冰冰的科技产品中植入人类的情感追求、道德追求和审美追求。能够通过人文的形象思维与科学的逻辑思维的交融形成创造性的思维品质，通过提高科技人员的人文修养，创造出更多富有人文因素与审美价值的科技成果。

随着"文化＋科技"转型发展模式的不断扩展，越来越多的企业走向文化与科技融合的发展之路，将传统的文化资源优势与文化科技的技术优势结合起来，企业竞争力得到显著提升。如腾讯这样的科技型企业，从以往单一的基于技术能力的发展模式，转变为利用先进技术提供具有文化内涵的服务，催生了社交平台、动漫、网络游戏、手机媒体、多媒体产品等一批极具发展潜力的新兴文化科技业态，进一步提高了用户黏度。

文化与科技的融合也促使旅游的智能化。智能旅游，就是利用云计算、移动互联网和物联网等新技术，使旅游资源、旅游服务、旅游者等方面的信息及时发布和提供在线查询，让人们能够及时了解这些信息，并通过移动终端与网络平台及时安排、预定旅游服务和制定旅游计划，从而达到对各类旅游信息的智能感知、方便服务和易于监控的效果。

智能旅游的"智能"体现在"旅游服务的智能""旅游管理的智能"和"旅游营销的智能"这三大领域。旅游服务的智能主要体现在游客能够随时随地地获取旅游信息、进行旅游产品的预订与支付。旅游管理的智能主要是政府管理部门能够及时准确地掌握游客的旅游活动信息、交通信息、安全信息和旅游企业行为信息，实现旅游监管从传统的被动处理、事后管理向主动管理和实时管理转变。旅游营销的智能体现在旅游企业和政府部门可以利用大数据分析技术，挖掘出不同游客的兴趣点，使旅游企业和地方政府部门能够开发相应的旅游资源，设计与策划满足不同用户需求的旅游产品，推动旅游行业的产品创新和商业模式创新。

科技创新改造文化传统产业的程度已不是单纯的叠加，而是文化产业的质的飞跃。以世界文化产业强国美国为例，百老汇音乐剧的科技含量之高，好莱坞影城和迪士尼乐园各种艺术和科技融会贯通的表演，成为塑造美国文化竞争优势的核心能力，使其他国家无法与之抗衡。

五、智能城市文化发展的典型案例

（一）价值观讨论在浙江：以文化化人

我们的精神家园里还缺了什么？ 2012 年，浙江全省宣传思想工作会议发起了一次影响深远的价值观大讨论。很快，浙江日报搭建起"我们的价值观"大讨论平台，"我们的价值观"大讨论在浙江全省上下如火如荼地开展起来，呈现出浙江人的价值认同。

浙江省宣传部门的领导充分认识到，在推进社会主义核心价值体系建设的过程中，不能沿袭过去那种板着面孔说教的方式，必须努力地丰富载体层次、创新载体形式，使用广大老百姓喜闻乐见的方式，使社会主义核心价值体系的宣传教育产生春风化雨、润物无声的效应。浙江省委与各大媒体努力建立多媒体传播平台（如社交网络等）与各种固定活动载体（如手机短信、微博等），通过创设生活情景、创作文艺作品、完善制度规范等，实现社会主义核心价值体系宣传教育的广覆盖，使人民群众由"知"到"信"、由"旁观者"转变为"积极参与者"，从而使社会主义核心价值体系融入人们的思想意识和行为方式中。在这样的氛围中，社会各界群众积极参与到了"我们的价值观"大讨论中，他们通过多种方式表达自己心中的价值认同和对优秀道德品质的期待，对社会不良行为的不满和厌恶。杭州全市各地通过开展演讲比赛、辩论赛、征文比赛、专题报告会等"我们的价值观"十大主题活动，在广泛讨论价值观的基础上提炼出核心价值观，并通过践行价值观使社会主义核心价值体系成为行动的指南。

在此过程中，互联网、手机与社交网络这样的新媒体起到了助推的作

用，引发了巨大的社会效应，社会各界群众通过信件、电子邮件、手机短信、网络投稿等多种方式表达自己心中的价值观。从 2012 年 5 月 8 日开始，杭州市相关网站上已征集了近千条价值观核心词，一些正反两面的人和事在互联网引起大众强烈关注和讨论：吴菊萍、小悦悦、彭宇案、郭美美……他们身上或闪耀着人性的温暖，感动了无数人，或成为道德沦丧的典型，引起社会反思。这些赞美、鞭笞与争论，都从对一个个具体的人与事的认识开始，逐渐引发了全民对于我们价值观的关注，对价值观重建的期望和信心。

（二）文化与新科技的融合推动文化创意产业的发展

近年来，现代传播媒介的高速发展，给中国文化产业结构带来了革命性的影响。传统文化产业下的动漫产业、图书出版产业、影视音乐产业、旅游业等都开始利用互联网、移动互联网、手机等平台，建立起数字化的新兴文化产业形式，包括云动漫、数字阅读、智能旅游、数字影音等。

1. 云动漫

云动漫是指将云计算应用于传统的动漫制作中，提高动漫制作的效率和效果。云渲染是通过大规模分布式的计算机集群去完成动漫制作过程中图形、色彩的处理，而云计算的应用能够高效地实现远程提交渲染任务，能够根据用户需求随时提供快速的渲染业务，满足了大量中小企业的计算和设计需要。

例如，北信酷卡公司启动的"天河酷卡"超级渲染云计算平台不仅提供一般的动漫影视渲染服务，还可用于将古建筑文化遗产进行可视化的大场景渲染和智能数字化环境中虚拟环境效果的实现等业务，对于传统文化遗产的保护利用提供了直观酷炫的方式。杭州阿里巴巴集团旗下阿里云计算与中南卡通公司联合打造的"动漫云"平台已经在中南卡通的动画制作中得到应用，将成为国内首个大规模商用的动漫云计算服务平台。同时，阿里云与浙江大学 CAD 国家重点实验室密切合作，为浙大相关专业的教学与科研提供渲染服务，培养出大批优秀创意技术人才。

2. 数字阅读与网络出版

随着数字网络技术的快速推广，手机阅读、网络出版等一批以新技术为核心动力和支撑的文化企业开始涌现。目前，数字阅读以其形象生动的特性开创了一个方便携带的、绿色环保的阅读媒介，逐渐成为青少年一代文化娱乐的主流方式，体现了信息需求的及时性、服务个性化和随时随地的便捷性，预示了数字阅读浪潮即将到来，给处于困境中的传统出版业带来了新的发展机遇。

中国移动在浙江的阅读基地搭建了一条完整的手机阅读产业链，其主体包括中国移动、卓望、华为、盛大以及中文在线等。中国移动通过手机阅读平台，对电子阅读器和内容提供商等企业进行了有效的整合，将产业链中内容提供和终端产品提供各方凝成合力，推动手机阅读产业的健康发展。中国移动还建立了若干支撑平台，包括计费系统、客服系统、经营分析系统等。中国移动通过这些系统记录的客户数据资源，对用户需求进行深度挖掘，探索新的内容提供模式和盈利模式，然后通过手机良好的互动性，促使读者反馈阅读体验和参与创作，催生出很多的新型业务形态。

盛大公司兼营盛大游戏、盛大在线、盛大文学等业务，通过文学和游戏内容的互相渗透，拓宽了发展空间；1993 年以印刷业起家的深圳雅昌集团，利用独特的"传统印刷＋现代 IT 技术＋文化艺术"的创新模式，将珍贵的传统艺术品图文资料进行数字化处理，形成中国艺术品数据库平台，然后基于数据库和互联网平台衍生出创意设计、摄影、印刷、出版、艺术创作、数字资产管理、艺术图片版权交易服务等服务和产品。这样的创意科技生产体系，使雅昌的业务从单纯的传统印制演变为以艺术品数字资产为核心的文化科技产业链。

3. 数字影音

传统影视产业链是一种资源密集和劳动力密集的商业模式，而数字影音能够充分利用数字技术，形成了新的影音制作和生产方式，整个影视产业链也实现了深刻变化。剧本的来源不再仅仅是专业编剧，也有许多剧本诞生或

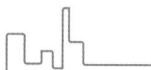

改编于网络文学和网络游戏，如著名游戏《愤怒的小鸟》被改编成动画片和大量衍生产品。数字技术同样被广泛应用在电影拍摄过程中，如《侏罗纪公园》中的恐龙和《魔戒》中的中土世界等实景的制作。与此同时，数字技术与网络平台使社会大众开始广泛地参与艺术创造与创新，自己制作的微电影和视频使音影创作形成了全民参与的局面，极大地提高了民众的审美水平和文化素养。

（三）伦敦文化创意产业发展战略与规划

英国是世界上最早提出"创意产业"概念的国家，以文化为主体的创意产业已经成为伦敦的主导产业，并成为引领英国与伦敦经济发展的振兴之路。伦敦已经成为"国际设计之都"，聚集了英国三分之一以上的设计机构，伦敦设计产业产值占到全英国设计产业总产值的一半以上。不仅如此，伦敦创意产业包括软件开发、出版、广告、电影、电视、广播、设计、视觉艺术、工艺制造、博物馆、音乐以及表演艺术等 13 项产业。伦敦已经从 19 世纪和 20 世纪的世界金融与贸易中心，逐渐转变成为引导世界创意潮流的创意中心。

2003 年，伦敦市政府公布了《伦敦：文化资本—市长文化战略草案》，提出了以创意城市为目标、将伦敦建设成为世界领先的创意与文化中心文化的发展战略 (Great London Authority,2003)。政府设立专门评估文化创意产业的委员会，聚集了来自创意产业的企业、政府和文化艺术机构的领导，共同探讨城市创意产业的发展潜力，并开始实施"创意伦敦评估项目"(Creative London Evaluation) 和搭建"伦敦创意产业投资平台"等公共服务平台，为创意产业的发展提供了完整的信息支持和金融支持，保证了政府产业政策的有效性、连贯性和一致性，这为伦敦创意产业的快速崛起营造了良好的氛围和基础。

（四）美国反主流文化运动与微型电脑产业的发展

微型计算机并没有技术上的重大突破，并没有完全新颖的技术引起社会与主流计算机厂家的关注。要理解青年们对它的狂热，必须跳出技术的框子，从文化革命的角度去把握青年的心理与时尚。在 20 世纪 60 年代的反主

流文化运动的高潮时期，个人计算机的先驱们大都在学校读书，它们一边参与文化革命运动，一边狂热地钻研电子与计算机技术。对科技的探索、反主流文化与生活方式的试验在他们身上巧妙和谐地结合在一起，这是 20 世纪 60 和 70 年代美国青年亚文化的典型特征，塑造并奠定了美国 70 和 80 年代产业革命与新经济模式的基础 (Markof, 2006)。苹果公司的创始人史蒂夫·乔布斯和沃兹尼亚克就是在这样的环境中开创了他们的事业。

几年的读书、交流、禅宗修炼和印度的精神之旅，基本上完成了对乔布斯精神世界和认知方式的塑造，使他认识到西方世界的疯狂和理性思维的局限。相比西方主流的抽象思维和逻辑分析，他认识到佛教的直觉与顿悟更为重要，禅宗的极简主义也成为影响他一生的美学追求。在禅修中，他看到了自己心灵的焦躁，并逐步感受到，禅修的关键是让自己平静下来，只有这样，才能聆听自己内心微妙的感受，直觉才开始发展，也才能体会事物内在的美，这是乔布斯创新思维的本质。在苹果电脑的设计中，他把德国包豪斯学派应用干净线条和形式来强调合理性与功能性的理念与禅宗的简约朴素结合起来，在简约中包含易用性和趣味性（Isaacson，2011）。他对简朴性、易用性与趣味性的毕生美学追求是他后来许多成功产品设计的核心。文化与科技的结合，在乔布斯身上得到了最好的体现。乔布斯的反主流文化的信仰和对计算机力量的迷恋，在很大程度上体现在他为苹果电脑所做的广告上。其中一个是麦金塔电脑的震撼的广告片"1984"，将以 IBM 为首的计算机产业视为传统专制体制的代表，苹果电脑的使命就是打破这一体制，还人民以自由；另一个是 1997 年为新一代苹果电脑打造的广告片"非同凡想"（think different），广告片用一系列曾经是乔布斯偶像的富有创造性、做出与众不同成就的历史人物，去表达苹果电脑的使命就是鼓励、帮助人们跳出固有模式进行思考，去实现"非同凡想"的自己，由此实现改变世界的理想。

（五）杭州市文化遗产的保护与展示

由于城市不断发展和重建，加上"文化大革命"时期的毁灭性破坏，杭州的古城结构尤其是古都风貌总体上已被毁去。改革开放 30 多年来，在

"拆老城、建新城"思维的影响下，在林立兴起的高楼大厦和道路建设中，文化遗产再次遭到大规模破坏，旧城格局基本被毁，江南水乡的城市文脉完全消失。

近年来，痛心于杭州古城风貌的基本毁坏，杭州政府强调挖掘、整理历史文化碎片，通过"串珠成链"的方式来尽量延续与展示城市文脉。杭州市政府比较系统地挖掘和提炼出西湖文化、良渚文化、西溪文化、运河等文化遗产，并通过保护性修缮、恢复、整理、数字化保存、网络传播和多媒体展示等手段，使文化遗产得以发扬光大，成为杭州历史古都的文化记忆和文化形象。

杭州的文化遗产资源大略可分为"两核三区一线一洞五镇四村多点"（周膺等，2011）。其中，"两核"即西湖风景名胜区、良渚遗址保护区；"三片"即西溪国家湿地公园、跨湖桥文化保护区、南宋皇城遗址保护区；"一线"即京杭大运河（杭州段）沿线；"多点"即各类考古遗址、历史文化街区、历史地段、历史建筑、工商业遗产保护区、校园遗产保护区等。杭州市政府规划将市区以一个城市文化生态公园来规划设计，进行了统一的形象设计，将文化遗产和文化景观进行整合，形成协调一致的地域文化系统。

同时，为一些重要的文化要素进行专题保护与展示，在细节上形成文化遗产的亮点。下面我们以中国伞博物馆为例，以点窥面地展现杭州文化遗产保护与开发的成果。

中国伞博物馆坐落于杭州的运河边，示展示中国传统的伞文化、伞历史、伞艺术以及制伞工艺技术的世界首创的伞主题博物馆。伞因雨而美，为了展示烟雨江南的杭州独特的伞文化，馆内有多媒体演绎的虚拟雨景、小水雾等作为渲染，整个场馆以江南民居的白墙灰瓦色调为主，伞的美与戴望舒笔下的那个悠长又寂寥的雨巷相互映衬，勾勒出江南独特的文化意境。杭州伞博物馆多媒体渲染效果如图 4.1 所示。

图 4.1　中国伞博物馆多媒体渲染效果（由作者摄影）

六、小结

本章首先从现代城市的文化内涵出发，提出了智能城市文化发展的三大战略：基于核心价值观的文化化人战略；新型城镇化的生态文明战略；基于文化与新科技革命融合的创新文化构建战略。然后以浙江价值观大讨论为例，阐述多媒体信息智能技术如何调动全社会的参与热情，形成全社会认同的社会主义核心价值观。同时，论述了智能城市与新型城镇化建设急需生态文明的形成，阐述了智能与信息技术如何弘扬传统文化并与现代生态文明融合；并且从文化与科技融合的角度，分析了科技推动文化产业发展和文化引导科技的方式与路径，形成全社会共同参与、汇聚智能的创新文化；最后通过中外城市文化发展的五个案例，阐述了智能城市文化发展的方向与路径。

第5章

iCity 智能城市教育发展战略

一、教育经济与我国的教育发展状况

知识是第一生产力，而教育是知识创造、传播和应用的基础。通过提高受教育者的素质与知识技能，在公民的个体价值得到提升的同时，也增强了社会价值。社会持续和谐和经济增长方式转变有赖于教育事业的发展。所以说，教育是民生之基、立国之本。

国内尚未有人针对教育经济进行定量研究，所以这里引用美国的一些数据。加利福尼亚大学伯克利分校的斯泰尔丝等教授在对美国加州的教育投资回报研究后指出 (Stiles et al., 2012)：从个人的角度看，获得学士学位的人与只有高中程度的人相比，一生总收入要多出 134 万美元；平均落魄时间少 4 年，接受社保资助的时间少 2 年；失业时间少 1.5 年，25～64 岁期间多赚 134 万美元，总收入多 151 万美元。从政府的角度看，政府在高等教育上每 1 美元的投资，能产生 4.5 美元的净回报，而且在学生达到 38 岁时，政府就回收了全部投资。加州大学和加州州立大学的毕业生每年对政府贡献 120 亿美元，已超过了加州政府对加州大学、加州州立大学、加州社区大学系统的投资总和。美国劳工部 2009 年的统计数据显示：从个人收益角度看，受教育者具有更高的收入和更低的失业率。而且随着受教育水平的提高，他的收入越高、失业率越低（见图 5.1）。汉密尔顿项目的研究结果显示：从投资回报角度看，高等教育的投资回报率要明显优于证券、企业债券、黄金、国债、住房等其他类别的投资（见图 5.2）。

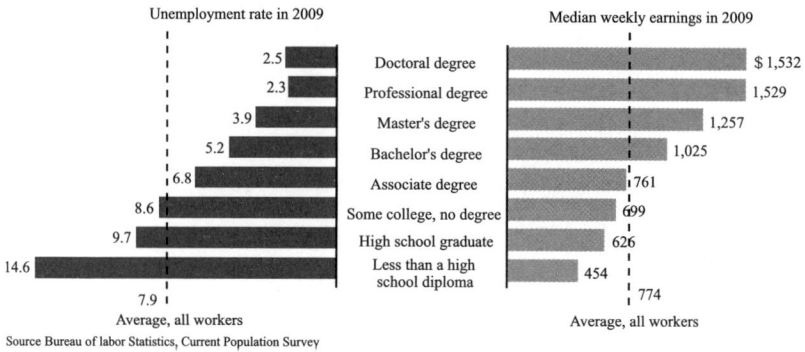

Unemployment rate in 2009

		Median weekly earnings in 2009

2.5 — Doctoral degree — $ 1,532
2.3 — Professional degree — 1,529
3.9 — Master's degree — 1,257
5.2 — Bachelor's degree — 1,025
6.8 — Associate degree — 761
8.6 — Some college, no degree — 699
9.7 — High school graduate — 626
14.6 — Less than a high school diploma — 454

7.9
Average, all workers — 774 Average, all workers

Source Bureau of labor Statistics, Current Population Survey

图 5.1 美国不同层次的受教育群体的薪资与失业率均值对照

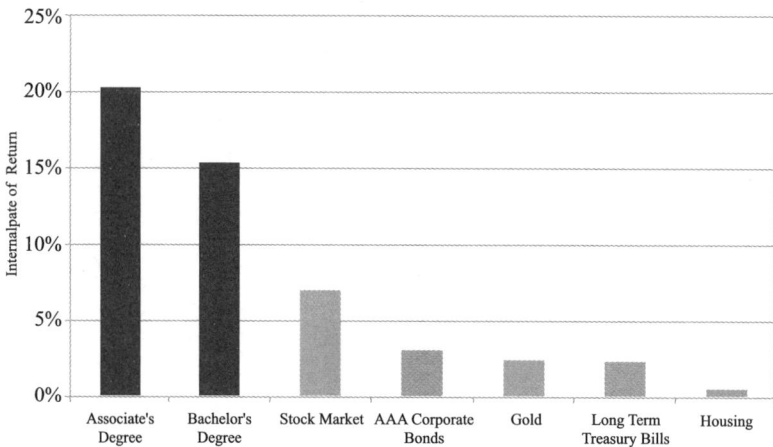

图 5.2 为 18 岁的孩子投资 10 万美元于大学教育产生的收益与其他投资项目的收益对比

我国的教育事业经过了几十年来的高速发展，先后取得了全民基础教育义务制、高等教育从精英化向大众化的转变等成就。同时职业教育也处于大力发展的阶段。尽管如此，从总体上看，我国的教育事业还面临着创新性国家建设的创新人才培养问题和与经济转型升级相结合的全民素质教育问题。从各教育层次看，主要表现为：基础教育的均等性——如何体现优质教育资源共享和边缘地区的教育便利性、高等教育规模扩展后的教育质量提升、职业教育的专业化和继续教育的便利性。一直以来，教育资源的稀缺性制约着

我国人民的发展，也间接导致了各层次学生基于对优质教育资源竞争而产生的各种弊端。如何利用新技术创新教育的发展路径，最大限度地向社会提供低成本、高质量的教育服务是我国教育体系的发展方向，也是智能城市教育的发展战略立足点。

二、智能城市教育的战略发展方向

印刷术的发明，为知识的储存与传播提供了有形载体。在此基础上，课堂教育体系为工业社会培养了更多的人力资源。信息技术的发展，为知识提供了新的载体：互联网带来的沟通范围的扩展，为知识的创造、传播与应用带来了巨大的发展空间。在此基础上的云计算技术，可通过规模化降低成本；仿真技术与流媒体技术，可提高知识信息的真实感。众多互联技术的发展与应用，以及开放软件、维基百科等新型组织形式的出现，为城市智能教育的战略指明了发展方向。智能城市教育的关键目标是通过探索创新、教育技术使用和新的教育设计间的协同，实现教育规模化和变革教育生态系统。

（一）智能城市教育的知识创造

互联技术带来的信息与沟通便利性，促进了跨越组织与地理边界的各种以知识共享为联结纽带的知识创造社团。人们在接触更多知识的同时，他们的创新潜力得到更大限度的激发。他们所创造的知识大都以公共知识的形式分散于互联世界。如何使这些分散的知识及时成为教育内容，成为智能教育的一大任务。开源软件与维基词典的集体智能协同实践为智能城市的教育内容创造策略提供了可行的实现路径。建立一个整合专业知识社团最新知识的创新教育内容平台，动态更新教育内容资源，有效整合分布于互联世界的分散性知识。新颖丰富的教育内容在促进个体更新知识的同时，总体上促进了社会的进步。

（二）智能城市教育的知识传播

互联技术带来的实时沟通技术为人们能随时随地接受教育提供了技术基础。同时，云技术的规模化服务潜能，使高品质教育低成本运作成为可能。利用网络技术的低成本传播模式实现知识的传播，将课堂建到网络上，可根据知识的不同特点，建立大型教育资源库和大众教育平台。

对于优质公共教育资源，建立开放教育资源库，让任何人都可以免费使用，有利于彻底实现教育的均等性，并为市民提供全时空的素质教育基础。对于特定的教育资源，建立一个像淘宝网那样的由供应商直接提供的教育中介平台，使市民可以通过此平台，直接在家享受低成本的实时互动教育。这样，在降低居民教育投资成本的同时，还能缓解城市交通问题、节约通勤时间，为教育资源优化提供强劲动力。对于国际上的优质开放教育资源，可建立适当的镜像站，让市民便利地接受国际教育，这样在降低了教育成本的同时提升了国民素质，从而提升当地人力资源的国际竞争力。

（三）智能城市教育的知识应用与保护

知识作为社会发展的动力，其价值应该得到合理体现。对于开放教育资源与特定教育资源，需要建立在知识的保护与合理使用间的平衡，建立合理的知识保护机制。可将我们熟知的知识产权法与"创用协议"（Creative Commons，简称 CC, 见表 5.1）并用，对知识采取多层次的保护诉求。鼓励使用创用协议，最大限度地创造公共知识（开放教育资源），使新知识在不同保护层面得以快速广泛的流通。

一方面，开放教育资源通过为机构与教育工作者提供低成本使用机会，为提高他们的教育资源生产能力和高质量专业的设计能力提供了潜力；高质量、相关学习材料可得性的增加能促使教育工作者和学生更有成效。另一方面，对知识创造者而言，知识的透明共享在保护其精神权利的同时也获得了建立个人声誉的机会；对提供资源的机构而言，提供的资源越多，其网络"能见度"就越大，越能由此建立声誉。从教学角度看，成功的教育机构的潜在教育价值应该是通过良好设计的教学路径有效指导学生的能力：向学生提供有效支持、对学生的学习效能提供智能性评估和鉴定性反馈。

表 5.1　CC 的知识保护层次

	许可条款
CC BY署名	允许他人对你的作品进行传播、重新组合、调整与改进。这是最宽松的一个许可类别，鼓励对许可材料进行最大限度的传播与使用。
CC BY-SA署名-相同方式共享	允许他人对作品进行重新组合、调整和改进。只要他人尊重你的声誉，并使新作品遵循相同的创用许可，也允许用于商业用途。维基百科就使用这一条款。
CC BY-ND署名-禁止演绎	只要保持作品的完整性并尊重作者的声誉，你就可以传播该作品，无论是商业性还是非商业性的。
CC BY-NC 署名-非商业性使用	允许他人对作品进行非商业性的重新组合和调整。尽管新作品也必须尊重你的声誉，而且是非商业目的的，但新作品不需要遵循相同的创用许可。
CC BY-NC-SA 署名-非商业性使用-相同方式共享	允许他人对作品进行非商业性的重新组合和调整，但新作品必须遵循相同的创用许可。
CC BY-NC-ND 署名-非商业性使用-禁止演绎	限制性最大的一个许可类别。允许他人下载你的作品并进行共享，但不能做任何形式的改变或用于商业目的。

资料来源：http://creativecommons.org/licenses/

（四）智能城市创新创业教育发展

在"互联网＋"以及工业 4.0 的发展背景下，"大众创业，万众创新"成为新时期智能城市创新创业教育发展的重要指引。创新教育主要是指以培养创新意识、创新精神、创新能力、创新思维为目标的创新人才培养活动，是一种新型的教育模式。创业教育是培养具有开创个性的人才，使其富有创业精神、创业意识等合格企业家的能力。在智能城市教育战略发展当中，创新教育和创业教育两者相辅相成，缺一不可。创新创业教育目前依旧处于摸索阶段，尤其是在智能城市发展过程当中，创新创业教育对于智能城市发展具有非常大的促进作用，智能城市创新创业教育需要落实到高校人才培养过程当中，紧密结合城市发展战略以及人才培养战略制定创新创业培养体系。创新创业教育发展需要形成一个多层次的推进合力，包括制度层面、载体层面以及服务层面。

第一，完善体制机制，构建创新创业教育体系。学校要进一步强化创新创业教育培养理念，积极贯彻"产学研结合人才培养模式"，构建分类培养、个性化发展的创新创业教育体系。第二，高校需要深入探索拔尖型创新人才培养机制，通过"双师制""弹性学分制""书院制"等创新方式健全创新创业教育课程体系，建设一批适合智能城市发展的人才培养体系，从而培养一批具有较强实践性、专业能力过硬、有效衔接智能城市发展的人才。第三，注重能力培养，强化创新创业教育质量。一方面，高校需要通过教学方式的改革，通过翻转课堂等形式实现创新创业教育和专业教育的有机融合；另一方面，需要在社会宏观环境内营造良好的创新创业人才培养氛围，并且需要政府层面、社会层面、高校层面提供良好的服务支撑人才培养的有序进行。

（五）智能城市成功教育案例

互联技术支持下的智能城市教育，已在多个国家得到实践。实践主要体现在建设公共网络教育基础设施、建立网络教育资源平台和提供便利的在线教育等方面。公共网络教育设施和丰富的在线教育资源使学生在任何地点、任何时间均可接受教育，极大地提高了学习的便利性和增加了民众的教育机会。同时，网络教育的高质量、低成本特征使整个社会受益。我们从中精选出成功的代表性案例，为我国智能城市教育的实施提供参考。

1. 高等教育开放课件

麻省理工学院于 2003 年开始对外开放课件 (Savage, 2012)，将课程教学大纲、讲义、课程计划、问题与答案、试卷、参考书目甚至部分的教学视频放到互联网上供人们免费使用。到 2007 年 11 月，该校所有课程的课件都放到

了网上。现在该校共有 1900 门课程的开放课件。世界上有 200 多个该校开放课程内容的镜像点提供课程内容备份,以提高用户的下载速度,降低互联服务费用。尽管麻省理工学院这一项目最初的期望用户是教师和学生,但超过50% 的实际用户是其他的非正式学习者。这些内容也迅速被翻译成多国语言,如我国台湾的开放课程计划(OOPS),就是与麻省理工学院签署了官方许可翻译协议的第三个组织,将其翻译成中文。到 2009 年,麻省理工学院的对外开放课件的访问人数就已超过 200 万,远超麻省理工学院在校学生数。

美国很多知名大学相继开放了他们的课件,如塔夫兹大学、斯坦福大学、犹他州立大学、约翰霍普金斯大学、圣母玛利亚大学、卡耐基梅隆大学、耶鲁大学等[①]。这些开放课程资源的最大特点在于它们几乎代表了各个高校的专长:如塔夫兹大学提供的生命科学、跨领域方法、国际观点以及对地区性、全国性与国际性社群服务的基础伦理课件;约翰霍普金斯大学提供公共卫生学院课件;斯坦福大学工程学院不但提供它们的教课视频、参考书目与其他资料、考试卷,还鼓励其他大学的教育工作者使用它们的课程材料;犹他州立大学提供人类学、生物与灌溉工程、土木与环境工程、经济学、电机工程与资讯科学、英语、家庭消费者和人力发展、历史学、教学技术、语言哲学与口语传播、戏剧、山林野生生物科学等学科的课件资源。

2. 精英大学的开放性在线教育

2011 年秋学期斯坦福大学将由计算机科学的塞巴斯蒂安·斯隆教授(S. Thrun)和谷歌研究部彼得·诺维戈主任(P. Norvig)任教的《人工智能导言》课程的实时课堂视频放到网上,成为第一个精英大学免费在线课程。在线学生与斯坦福大学在校学生听同样的讲座、做同样的作业和试卷。在线学生的成绩得不到该校的公认,也没有学分,但他们会得到作业与考试成绩。完成学业的学生能得到由教授签发的学业证书。在线课程同时也向所有的在校学生开放。在教育机制方面,采用漏斗形问答机制。较低层次的问题通过在线

[①] 资料来源:http://www.theatlantic.com/business/archive/2012/05/the_big_idea_that_can_revolutionize-higher-education-mooc/256926/

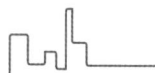

学生社区由走在较前的学习者回答，最高层次的问题由助教与教授答复。学生的作业嵌入在课程中，由机器自动评阅。国际学生的语言障碍，则通过众包给在线学生解决。一学期下来的结果是：到教室上课的在校生从 200 人下降到 30 人，其他人转向了更加便利的在线教学；而校外注册人数则成爆炸式增长，总计超过 16 万（Bornstein, 2012）。

受此影响，麻省理工学院于 2012 年春学期开始试行 MITx 项目，不但开设免费在线课程，完成学业的学生还可申请该校的学历证书。目前提供精英大学在线教育的平台还有哈佛大学与麻省理工学院结盟成立的 edX、引入风险资本的 Coursera 和 Minerva 项目。edX 首批 7000 名在线学生拿到了由 MIT 和哈佛颁发的学业证书，这一数字是 MIT 授予的年度学位数的两倍（Stiles et al., 2012）。而 Coursera 项目今年春学习的注册学生数为 10.4 万，其中约 50% 是在职专业人士，约 32% 为其他大学的在校学生。首批通过考试获得证书的学生数为 1.3 万 [①]。这是对传统大学的极大挑战。斯坦福大学校长将其评价为"高等教育界飓风的到来"。澳洲的 Deankin 大学副校长则认为："能继续获得成功的大学将是那些将网络机会嵌入到文化与增强学生经验的方法上。"

3. 美国高速发展的虚拟中学

美国的虚拟高中通过网络向中学生提供公立学校无法提供的课程，补充公立教育的不足。经过十多年的快速发展，现在已开始提供中学核心课程。华盛顿特区教育智库 2007 年《公共教育中的创新与虚拟高中》报告认为，虚拟学校在像苹果公司产品转化了人们收集音乐和听音乐的方式那样驱动公共教育的转化，虚拟学校使学生的学习个性化，是对传统学校教育的扩展。在众多虚拟中学中，虚拟高中的特殊组织形式，成为它作为典型案例的理由。

虚拟高中从 1996 年开始提供在线课程教学。到 2003 年，共有 120 位教师对 175 所学校的 3200 名学生讲授 120 门课程。学校以会员形式运营，会员学校每年支付会费。联盟中的大多数成员向其他成员提供课程。虚拟学

---

① 数据来源：http://creativecommons.org/licenses/

校在乡村和城市边缘的中学取得了成功：约 80% 的会员学校总学生数少于 1500，约 27% 少于 600。这一形式的虚拟中学，在补充了单一中学师资力量的同时，极大地促进了各会员学校教学质量的提升。

4. 在线职业教育平台

爱尔兰的一个免费在线教育网站 ALISON(邦克，2011)，提供免费网上互动教育来帮助人们学习基本的工作技能。该网站尤其吸引了那些来自世界各地工作前景受到技能水平限制，以及那些缺少资源无法通过传统培训提高自己的人。网站目前已经有了 100 万注册用户，且以每月 5 万的人数递增，大多数是美国、英国、印度、马来西亚、菲律宾、尼日利亚以及中东的用户。今年，这一"主流教育的穷表兄"受到联合国教科文组织嘉奖。他们努力找出特定行业所需要的课程。如，他们提供一个 5 ～ 6 小时的欧盟公共采购文凭，这听起来有点乏味，但如果你申请的岗位需要希望获得欧盟的合同，这将对你的应聘起极大的作用。网站目前提供 400 门职业教育课程（包括证书课程与文凭课程），计划在下一年再增加 600 门。证书课程所需时间大约 1 ～ 2 小时，文凭课程时间约 9 ～ 11 小时。如广受欢迎的信息技术基础课程，需要 15 ～ 20 小时的培训时间，课程类似于广泛认同的"国际电脑使用执照"课程（ALISON 的证书是免费的，而 ICDL 的证书需要 500 美元）。其他受欢迎的课程包括：项目管理、财务、客服、人力资源、Excel 软件使用、健康研究、基本学习技能、运作管理与心理学。截止去年，有 5 万用户获得了证书或文凭，表明他们完成了网络课程，并且在线考试成绩在 80 分以上。

作为营利性社会企业，他们与教育出版商共享利润，利润来源于广告、证书的销售及代币销售。在美国，该平台与佛罗里达就业网和弗吉尼亚劳动力市场官方网站有着直接链接。找工作的人可在得到这两个网站的指导人员对工作技能的评估后，到该网站接受职业培训。同时，ALISON 还为美国的公立学校提供在线识字培训。

5. 开放教育创造社团的优质教育共享

Curriki.Org 是一个自发的非营利性在线教育网站，以比传统教学更有效的教学资源和教学流程吸引了大量学习者。太阳公司董事会主席麦克尼利为教三年级儿子的科学，利用维基百科模式创建了一个网上资源收藏站 Curriki.Org，教学材料由教学工作者提供并与所有注册会员免费共享。这些比课本更生动、更通用的基于多媒体的教学资源，可缩小孩子们在课堂学习和做事方法间的鸿沟。网站 2006 年开始运行，现约有 27.5 万名会员和 4.6 万项学习资源。麦克尼利说，一个科威特的少年通过这个网站，用 18 天完成了物理学和微积分的导论课程。

三、中国智能城市教育发展战略

（一）中国智能城市教育发展愿景与目标

我国应规划智能教育的路线，在赛博空间构建支撑智能城市发展的"教育云"，建设一个泛在的、智能化的教育平台，通过系统、资源、文化的全球整合产生专业化教学服务，有效发挥在线教学的规模化定制优势，使每一公民都能获得个性化的学习路径，通过学习社团学到能够适应未来社会、经济、文化发展的知识技能，低成本、高品质地提升我国各个教育层次的教育质量，以更好的教学效能、更灵活的劳动力创造一个创新因素驱动的智能协同、内生发展智能城市，实现"三全、两结合、一提升"。即在赛博空间构建全民教育、全时空教育、全要素教育的教育体系，统筹协调教育发展与社会主义核心价值体系相结合、与经济转型升级相结合，根本目标是建立健康可持续的城市社会心智空间，在提高技能教育的同时，提升国民素质、社会责任和爱国主义情怀，最终实现全社会物质面貌与精神风貌的全面改观，以整体实力的提升实现经济与社会的持续发展，走出中等收入陷阱。

（二）中国智能城市教育发展的重要举措

建设公共教育云：一方面快速消除我国利用国外开放性资源的障碍，

将国际上免费教育资源为我所用。通过让学习者获得新的学习资源，迅速扩大我国接受国际化高等教育的人口规模，降低市民的教育成本，进而提升国民素质和我国的国际竞争力。另一方面，建设开放性教育资源平台和专业性在线教育资源平台，充分利用我国广大专业人员的集体智能，由此创造出结合更紧密的合作者和资源网络，促进不同层次的学校的专业特色化发展，使高等教育更适应社会的发展，加速我国从人口大国向人力资本大国转化的进程。

利用教育云，建设实时互动的教育平台，将现有的分散的教育资源整合到平台中，使市民足不出户就能通过此平台认识并获取各类高度个性化的学习和技能拓展路径。这样，既降低了市民的教育资源搜索成本，又提高了市民接受教育的便利性。

利用云技术的身份识别、动态社会网络和实时数据挖掘三个关键特性，推行开放性教育评价机制，使其在促进教育资源质量提高的同时，保障在线教学的质量与信誉。

（三）中国智能城市教育发展的关键路径

中国智能城市教育建设，主要体现在开放教育基础设施、开放教育资源建设和在线教育平台建设。这些教育资源可按教育层次分为基础教育、职业教育、高等教育。从社会发展角度看，未来经济越来越需要能运用批判性思考能力、信息技能与创造力来解决问题的人才。为市民提供便利的终身学习机会并发展终身技能是我国教育战略的终极目标。中国智能城市教育战略的关键路径围绕着培育社会发展需要的人力资源，市民通过动态学习，终身符合社会发展需要展开。

1. 普及优质基础教育

以促进教育公平、提升教育品质为突出重点。强化初等教育的政府公共服务职能，推进义务教育市域优质均衡和城乡一体化建设，促进初等教育高起点均衡发展；完善城乡青少年校外教育体系，提供多渠道在线文体教育资源，提升青少年综合素质，促进学生健康成长；通过提供优质在线教育资源

（包括教育视频，在线科技馆、图书馆、博物馆等），使用互动性、个性化和合作工具来开发新的教学方法，使学生进入现实生活的情境体验，接受其中传递的概念、提升学习的质量。

2. 加快提升高等教育

以增强知识创新和知识服务能力为重点，着力加强高等院校建设。通过教育云，建设优质公共开放在线图书馆、建设多个特色专业在线教育平台、整合全球范围的最新专业成果和分散于各地的优质教育资源，规模化利用有限的优质教育资源，在加速提升我国各高等院校的教育质量的同时，低成本扩展我国高等院校的教学能力，提升高校的社会服务功能；最大限度地利用互联技术带来的沟通便利性，鼓励创造性在线专业社团建设，充分发挥各级人员的创造力，进而促进我国高校的高层次特色专业建设、研究基地建设和精品课程建设。

3. 大力发展职业教育

在建立和完善现代职业教育体系的基础上，根据经济社会转型升级需求，建设丰富的在线职业教育平台，进而培养多层次技能型实用人才。围绕行业发展统筹职业教育办学资源，扩大、调整和优化学校布局以及专业结构，加强专业现代化和实训基地建设，推进"校企合作、工学结合、产教结合"等多方协同，学历教育与职业培训并举，推动多样化、差异化发展。创建国家级、省级示范性或重点职业院校。组建多形式的职业教育集团，加强对学生的职业能力培训，提高职业教育的便利化和专业化。

4. 发展多元化的智能教育

随着智能城市的发展，城市当中的教育形态也发生了一些变革，传统的教育模式不足以适应如今的发展需求，需要更加多元化的智能教育方式满足智能城市教育战略的发展和落实。

比如 MOOC 课程、社区分享等都是教育形态改变的重要缩影，在智能城市发展的过程中需要进一步强化这样的智能教育模式，进一步改变教育的互动性方式（从探索式学习到讨论式学习）。MOOC 课程即大规模在线开放式网络课程的简称，工具资源多样化、课程易于使用、受众面广泛、参与自主性强的多种特点使得 MOOC 课程更加适应如今的互联网时代智能教育的需求。这种在线教育提供了一种全新的知识传播模式和学习方法的变革，不仅仅是教育技术层面的革新，也会带来教育观念、体制、人才培养方式的变化。此外像社区分享模式的智能教育也是教育互动性的重要体现，这种讨论式学习的教育模式具有非常显著的优势，包括四个方面：第一，适应、满足社区成员终身学习的需求，智能城市当中社区作为人们群居的单元，可以给社区居民提供终身学习的重要基础；第二，培养、提升社区成员的生存发展素质。社区分享属于一种面向大众的教育服务，可以针对不同的群体设定不同的内容，有效提升社区成员整体素质；第三，整合、开发社区优质文化资源。社区教育是在一定区域范围内开展的，不同的地区具有不一样的文化底蕴，通过社区分享的形式可以进一步开发、传承社区的优秀文化；第四，服务、促进社区可持续发展。社区的进步和发展，离不开社区教育的先行和发展，教育发展可以进一步积累人才优势，促进社区整体的繁荣和进步。

5. 全面推进终身教育

建设多层次开放性教育平台，积极发展岗位培训、社区教育、成人教育和老年教育等继续教育，推进终身学习激励机制和公共教育平台建设，构建覆盖城乡的数字化学习体系，完善社区大学、社区学院、社区学校和村（居）民学校四级网络，全面提升社区教育功能与办学品质。根据学习者的能力、生活方式、需求和偏好而设计的教学科目和服务，提供个性化的学习课程，使全体公民均可得到高质量的学习机会，进而发挥每一公民的创造潜力，体现其社会价值，最大限度地促进社会进步。

四、我国的智能城市教育建设：以宁波为例

宁波是我国较早开展智能城市建设的城市之一。从 2010 年 9 月出台《关于建设智能城市的决定》，到 2012 年 4 月出台《加快创建智能城市行动纲要

(2011—2015)》，提出到 2015 年建成一批智能城市示范工程，智能城市应用商业模式创建和标准化建设走在全国前列，力争在优势领域形成对智能城市建设的引领能力。2012 年 9 月成功举办第二届中国（宁波）智能城市技术与应用产品博览会。宁波的智能教育，在"荟萃智能应用、建设智能城市"愿景和《行动纲要》这一"顶层设计"的引领下，沿着"走科学人才开发之路"这一人才政策方向，通过人才引进和智能教育并举，实现教育、人才、产业的多方协同。

（一）前瞻性的人才政策

鉴于经济全球化导致人才开发国际化和科技创新高端化，所以智能城市教育必须将拔尖创新人才作为其核心战略。根据弗里德曼的新著《昨日辉煌》的观点，未来经济只有两种人力：创造者和服务者。智能城市教育战略就必须以造就更多的有创意的创造者和有创意的服务者为目标，运用分布式的知识平台，使规范的创造者和规范的服务者更有效率。

宁波的人才政策主要着眼于高端引领与产品技术质量提升两方面。结合人才开发的五要素：人才（刚性人才与柔性智力）、项目（与项目结合）、资本（技术、项目与资本的结合，金融的投融资）、平台（使创新、创业、人才齐头并进）、服务（对人才的各方面服务的体系）展开布局。

结合国家、省"千人计划"项目，宁波先后出台了引进海外高层次人才"3315"计划、引进高端创新创业团队"3315"计划和海外工程师引进政策。海外高层次人才"3315"计划，意即引进属于国家、省层次千人计划的人才各 30 名，引进宁波市"千人计划"人才 1000 名，以及其他宁波急需人才 5000 名；高端团队"3315"计划，则邀请国家科技部评选专家对愿意落户宁波的创新团队进行评选后，宁波政府每年出资 1 亿元对这些团队进行财政扶持。而海外工程师引进计划，则是为鼓励当地企业引进更多海外高端工程师资源，政府对聘请年薪 50 万元以上工程师的企业进行财政补助。为保障引智项目的顺利实施，宁波开展多项活动，如每年发布一次人才紧缺指数，在世界人才集散地硅谷、加拿大等地建立合作单位，聘请当地华人意见领袖作为海外引才大师，开设人才资源服务产业园引入专业性人才中介机构等。

到目前为止，引进的 60 位院士创新团队，已协同攻关 450 多个项目、发明专利 500 余项，使多家企业起死回生，如海伦钢琴等。经宁波博士后工作站短期工作后留在宁波工作的 100 多位博士，已完成技术研发项目 300 多项。资助引进的 223 名海外工程师中，有 2 人成长为国家级外转。这些引进的海外工程师为当地企业新增新产品 3000 个，600 专利，攻克了 2000 多个技术与工艺难题。

此外，鉴于全球化背景下的知识分布与不同地域文化的对应关系，宁波正酝酿引进外裔人才"3315"计划，以扩展宁波的全球视野。

（二）宁波的智能城市高等教育

宁波的高等教育起步晚、机制活、发展快。第一所大学是成立于 1986 年的宁波大学，由包玉刚投资兴办。90 年代后宁波经济迅速发展，遭遇极大的人才支撑问题。此时，宁波提出了"科教兴市"，大力发展高等教育。灵活的办学机制和开放合作精神，促进了多所高校在宁波落户发展。在 1998 年，宁波还只有 3 所高校，到 2004 年就有了 10 多所高校。如浙大软件学院研究生院、宁波技术学院与中科院合作联合培养研究生、多方办学的诺丁汉大学、海洋大学、万里学院、医药高等专科、大红鹰学院等。目前宁波有 16 所高校，在校学生 14.6 万，研究生 2600 多人。总体上，宁波依托地方经济引进大院大所，进而引进高端知识；高校的发展贴近地方经济；建设产学研平台和人才基地建设，实现宁波高校与当地经济的协同发展。

建设百校千企项目：为实现高校、培训机构、企业对接，已建立 40 个人才培养合作基地和 11 个技能大师工作室，促进产业与高校的共同发展。

由强势学校牵头建设产学研合作的基地：目前宁波的 15 所高校已全加入到基地建设中。建设了物流信息服务、智能实践软件等 8 个产学研基地、10 个工程中心、10 个研究基地。这些基地为高校与企业介绍前沿技术与产品、培养研究生、为企业提供培训服务、为高校学生提供专业课程建设。

宁波教育局计划通过基地在物流信息服务、智能实践软件等 8 个重点领

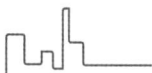

域开设 80 门核心课，由高校教师与企业专业人员合作讲授课程。在核心课程实施过程中，深化实践，弱化专业。这些校企合作课程，必须有 30% 左右的实践环节在企业完成。而且，要求参与的学生必须跨专业。在每一批课程结束后，对课程进行评估。宁波现已开设 4 批校企合作课程，并准备把优秀课程作为校际选修课进行推广。

（三）智能城市基础教育

宁波的基础教育坚持以均衡促提高，以创新求发展，着眼整体布局，机制保障、环境奠基、应用推进和项目创新几个方面架构起智能教育的基本思路，实现了全市教育事业的跨越式发展。在基础设施建设、教师能力建设、学生能力促进等方面，通过抓试点、抓评估、抓培训、抓活动，促进智能教育的深化发展。目前，全市 11 个县（市）区全部属于浙江省教育强县。

1. 数字化校园建设与经费保障机制

自启动智能教育工作以来，通过"造峰以引领、填谷以均衡"两种途径，市教育局推出系列工程加强智能教育基础设施建设。其中"农村远程教育工程"共投入经费 5500 多万元，为部分相对落后的边远农村中小学配备 2000 多套教室多媒体，并新增计算机 6000 多台。"科技校园工程"共投入近 4000 万元，基本实现所有小学配备科学探究性实验室；"新课改保障工程"共投入 5000 多万元，保障教学政策深入进行。目前，宁波的年生均教育信息化经费投入保持在 350 元左右，全市中小学"生机比"达 4.7∶1，均处全国领先水平。全市已经实现所有中小学普通教室配备多媒体，所有学校建有校园网，并架设了一条带宽千兆、贯通全大市教育系统的信息高速公路，为优质教育资源的高速流通和教育管理的智能化奠定了基础。与此同时，数字星球实验室、电子书包教室、数码互动实验室、无线校园、新一代互联网 IPV6 等一批高智能实验室和创新型教学设施进入课堂教学。同时，考虑到数字设备的维护更新，政府规定平均每年安排现有教育信息化设施设备总价值的 10%～15% 作为更新经费，安排现有设施设备总价值的 3% 作为保养维护经

费。

影响较大的智能校园项目如与华师大、INTEL 公司合作的镇海电子书包项目，通过数码互动实验室、数字星球系统等在促成学生自主学习、探究性学习方面发挥引领性作用；在学校之间开展远程教育，并且推出了"视像中国"等活动，与澳大利亚悉尼、新加坡等地通过专用光缆进行课堂教学与教研活动；与印度 TATA 集团合作建设智能教育框架；为学校教学楼提供无线网络覆盖，提供更快捷更广泛的移动语音和数据接入服务；在最偏远的小学和中心城区学校建立了网络教学联盟，推进了教育均衡；组织名师进行"网络公益家教"活动，高峰期有 6000 多人同时在线学习。

2. 教师能力推进机制

智能教育的最大阻力来自已习惯传统教学方式的中老年教师。为此，宁波市教育局设计了一系列活动，促进教师能力的提升。他们邀请 SMART 公司专职培训师进行技术指导、专家指引，快速有效地提升教师电子白板的应用能力；借助视像中国平台，与深圳、上海、重庆和武汉等地开展 60 余次学科研讨交流，有效推动电子白板与学科教学的科学整合。出版《交互式电子白板与教学革新》校本培训教材，从实践探索走向经验提炼与分享，为其他学校开展电子白板教学提供学习和借鉴样本。

在 2011 年 5 月，宁波市教育局为推动智能校园建设发文进行电子校园评估。组织专家对全市 190 多所学校中小学进行数字化校园评估，从硬件建设、软件环境、教学应用、资源共享等方面对学校提出综合考核要求，计划通过 3 次评估，在 2015 年实现全市所有中小学校达到数字化校园建设标准，大幅度、全方位提升宁波市中小学的智能化程度。通过形成示范学校、示范乡镇、星级数字化校园的评估激励机制，完善智能化教育设施的配备；通过现场会、观摩会、演示会等形象展示活动，在促进优质教育资源的高速流通，促进教育均衡的同时，极大地推进对智能教育设施的应用。另外，教育局要求每个中小学教师必须在 2015 年前全部通过信息技术培训考核，以促进教师的自我提升。

3．中小学科技校园工程

针对钱学森之问和目前我国中小学教育中普遍存在的重记忆轻创造力培养的弊端，宁波 540 所小学设置探究式实验室、对小学教师进行培训、开展相关活动，促进学生探索性科学意识。尽管这一项目对每个学校的投入只有 3 万～ 6 万元的费用，但正如一位学生家长所说，"学校改变一点点，将改变学生一生"。

根据特色高中建设需要和选修课程建设需要，引进一批智能化实验室，目前已经确定了特色校本课程实验室如气象实验室、校园文化资源库等先进智能化设施，提升课堂教学的智能化层次，促进学校的特色化发展。

（四）全空间终身教育策略

宁波的全民智能教育，主要体现在他们的图书馆。宁波市数字图书馆整合了宁波市大学园区图书馆，所有市民与大学生可免费使用。在图书馆整合开放后，注册人数急剧增加，特别是中级职称以上的人数、培训人数增加，免费下载量急剧增加。针对宁波的特色产业，图书馆还具有 16 个特色资源数据库，直接为产学研服务。如宁波市纺织服装特色资源中心，就包含企业名录资源库、服装款式资源库、文献数据库、红帮文化馆、面料数据库、样板库、成衣样板库、创意作品资料库。依赖专业学校运营的这些数据库，处于不断更新之中。宁波的有些中小服装企业甚至直接在数据库寻找市场灵感。除此以外，数字图书馆还将各种资源整合到自己的数据库中，如各种网络课程（包括各类通用课程、培训类课程、专业类课程）；推出文化百科大讲堂等项目。

宁波的全民教育，还体现在市民借阅图书的便利性上。目前，宁波街头已出现 3 台 24 小时城市街区自助图书馆，它们分别位于宁波最繁华的海曙天一广场、鄞州联盛广场以及高新区的联通大厦，还将有另外 7 台机器投放至宁波各主要地段。它能够自助办理借书证、自助借还书籍，未来还会具备自助销售书籍的功能。

第6章

i City　智能城市管理发展战略

一、中国智能城市对城市管理发展的需求分析

结合未来城市发展趋势和城市管理中的需求进行深入分析，智能城市管理战略要从"被动式适应"的城市发展路径转变为"主动式创造"。从智能城市建设对城市管理的需求来看，主要来源于三个方面的深刻变化为城市管理提出了新的需求：一是城市人口的迅速膨胀，加大了城市管理面临的各方面压力；二是市民对城市生活品质的要求提升，提高了城市管理的质量要求；三是物联网、云计算等新技术的发展，为创新型城市管理的手段提供了新的命题。

（一）城市人口膨胀对智能城市管理发展的需求

麦肯锡咨询公司 2008 年 3 月份报告，按照目前中国城市化的发展趋势，中国的城市人口 2025 年将达到 9.26 亿，2030 年将突破 10 亿；根据《2001—2002 中国城市发展报告》，未来 50 年中国的城市化率将提高到 75% 以上，全面超出世界中等发达国家的城市水平，人口总数达到 11 亿～ 12 亿的城市容量。可以预见，城市人口的急剧膨胀，将是未来 10 ～ 20 年我国经济社会发展面临的最重要的战略性问题之一。城市人口的大量导入，使得国内很多城市已经超越了城市资源承载的上限，给就业、教育、医疗、住房、交通等方面造成了巨大压力，甚至伴随产生一系列的社会问题，包括犯罪、自杀等。

（二）生活品质提升对智能城市管理发展的需求

一方面城市资源承载能力受到严峻挑战，另一方面市民对于城市生活品质的要求不断提高，这是中国智能城市建设过程中所碰到的最棘手问题，也是世界发达国家城市发展历程中所

没有碰到的特定问题。国外发达城市是从城市人口膨胀发展到城市生活品质提升阶段，然而中国城市面临两个发展阶段的交叠过程，这是城市化进程中矛盾最为集中、问题最为密集的阶段，是摆在城市管理者面前的巨大现实挑战。从最基本的环境生态保护、食品安全、能源安全、公共安全，到不断提升的医疗、教育、公共服务的质量要求，以及到城市的文化发展内涵和人文关怀的诉求，这都是城市管理者在"智能城市"建设进程中亟须解决的问题。

（三）科技创新加速对智能城市管理发展的需求

多年以来，我国各大城市一直注重信息化基础设施建设，而物联网的兴起更是将城市建设目标提上了新的台阶。随着信息化技术的发展，城市管理信息化建设也在不断发展，从最初的网络互连城市到依托地理空间信息公共平台、遥感技术和仿真模拟技术建设的数字城市，再到利用现代信息通信技术和科学的安全技术防范系统构建城市综合治安防控系统满足治安管理、灾难管理、城市管理、交通管理、应急指挥等需求的平安城市，再到通过各种传感器终端、智能感知设备和泛在网络接入进行城市运行体征监测、预警和管理的智能城市，再到未来可以基于政府管理、社会民生、经济发展各方面的海量信息资源体系和智能处理技术构建实现智能城市管理的智能化城市，不断发展形成面向未来构建的全新的城市形态，中国智能城市对城市管理发展的需求框架如图6.1所示。

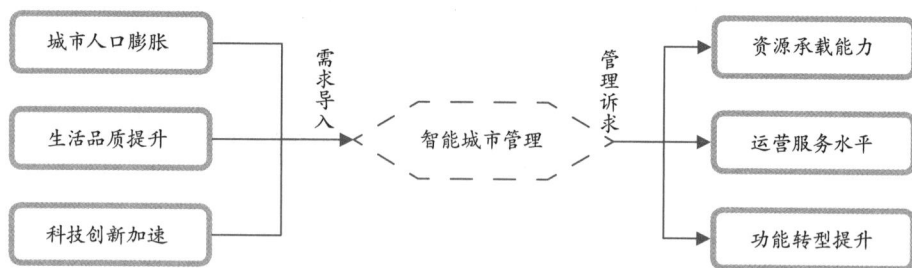

图6.1　中国智能城市对城市管理发展的需求框架

总的来讲，中国智能城市建设从城市的资源承载能力、运营服务水平、功能转型提升等三个方面提出了更高、更新的需求，要求城市管理者从以往的"重规划、轻设计""重基础设施投入、轻城市软实力建设"的发展困局转变到对城市管理系统进行顶层设计，突破城市管理的职责模糊边界和城市管理理念的束缚，直面城市化进程中带来的深刻社会管理问题，深入研究适应中国智能城市建设的城市管理战略。

（四）智能城市建设对政府角色和职能的需求

智能城市的继续发展使得我国城市的信息资源整合成了可能，信息从原来的"孤岛式"变成了"无边界式"，城市构建了智能服务平台，平台信息来源主要包括旧的城市信息，以及由新技术如 RFID 射频带来的新的信息。以此带来的个人与社会共享信息的方式发生了巨大改变。政府对城市的管理也由原来的"全能型"逐渐转变为以人为本的，以市场为导向的，以引导为主的管理模式的转变。

因此在智能城市中政府需要扮演好如下角色：（1）智能城市发展的战略制定者；（2）智能城市关键技术的提供者；（3）智能城市发展的参与者；（4）智能城市发展的推动者；（5）智能城市发展的监管者。

二、智能城市管理的愿景与目标

（一）愿景

智能城市管理的愿景是构建文明、民主、生态、高效的城市生态系统智能化运营管理体系。智能城市管理目标是通过三大体制创新，即行政管理体制、公共服务体制、基础设施运营体制；构建四大系统平台，即信息感知系统、基础数据系统、决策支持系统、云服务系统；提高城市的社会民生福祉、资源承载能力、运营服务水平。

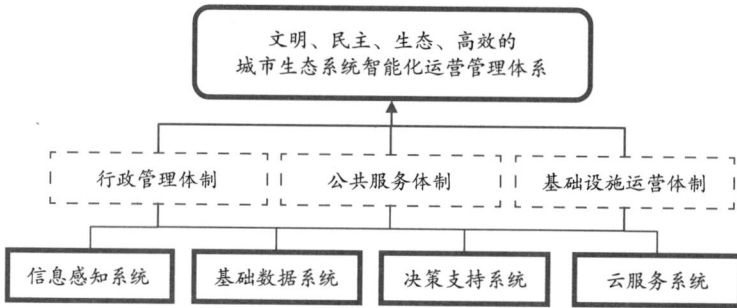

图 6.2　智能城市管理的愿景与目标

（二）我国智能城市管理的目标体系

1. 城市智能运行

如图 6.2 所示，智能化主体相互作用、相互联系推动了城市的运行。而建立智能城市首要目标是让城市有别于传统的城市状态，实现较过去更为精准的人口管理、畅通的交通环境、合理的能源配置以及更为安全的社会环境的城市运行管理体系。

2. 市民数字化生活

从数字城市、无线城市、移动城市到智能城市。科技和创新的转变，始终都传达着一个信息：科技进步须以人为本。建立智能城市的最终目的就是提高老百姓的生活质量和办事效率，是让市民依托信息化基础建设的完善，充分享受城市信息化带来的智能化城市生活 (Komakech, 2005)。

3. 企业网络化运营

通过提供给城市中企业以供其生产、产品和信息流通、市场交易等企业活动所使用的信息基础设施，可以降低企业的生产成本，推进企业高效地配置资源。通过城市企业服务的提供，能够扩大企业的规模，提高企业的信息化和智能化水平，使其快速响应市场需求，帮助企业快速成长。

4．政府整合服务

智能政府是电子政务的高级阶段，是电子政务效率最大化的体现。在新的社会形势下，通过信息技术手段，建设数字化、智能化政府能贯彻和落实国家信息化发展战略，提升政府执政能力。坚持以人为本的政府，坚持和谐发展的政府，是智能城市可持续发展的核心推动力。

三、智能城市中管理的宏观架构

（一）宏观架构全景图

智能城市管理的主体和普通城市类似，包括政府（包括各级政府、各城市管理相关部门）、企业（包括市场经济的各个主体）和市民（包括社区、民间组织、媒体和学术机构等）。物联网将政府、市民以及企业（营利或非营利）组成了一个环形关系如图 6.3 的目标体系，他们之间交互包括：政府—市民，市民—政府，政府—企业，企业—政府，政府—政府供职人员，政府—政府，企业—企业，市民—市民 (李立明 , 2008)。

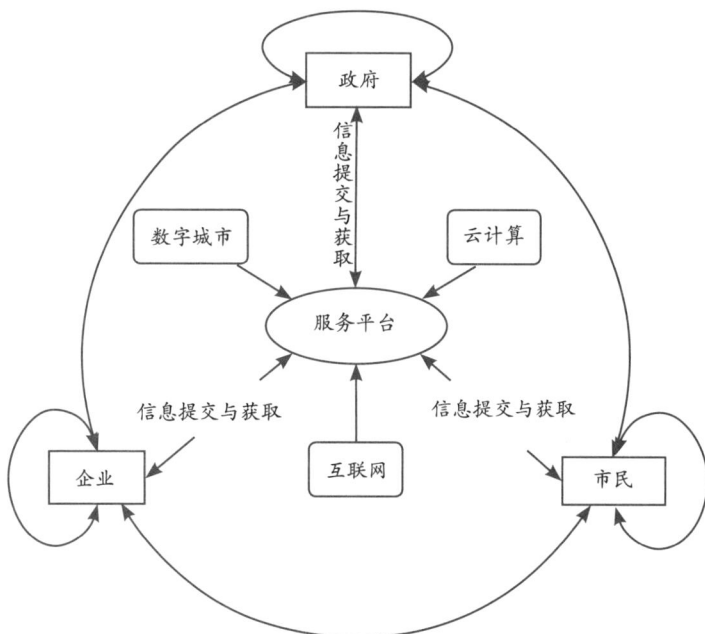

图 6.3　智能城市管理主体环形关系图

其中扮演着智能城市建设的战略制定者，关键技术的提供者、参与者、推动者和监督者的政府，其作用是非常关键的。政府不但要构建智能化的氛围，制定相关政策与法律法规，制定人才保障机制作为智能城市着实发展的基础；还要大力支持物联网基础设施的建设和公共服务设施的建设，以及通过物联网构建的智能化管理平台进行城市管理和决策制定。

综上所述，我们认为城市管理的职能架构图主要是以保障机制、支撑体系、目标体系三大体系组成，最后引领城市创新式发展的一个管理职能架构图（如图 6.4 所示）。

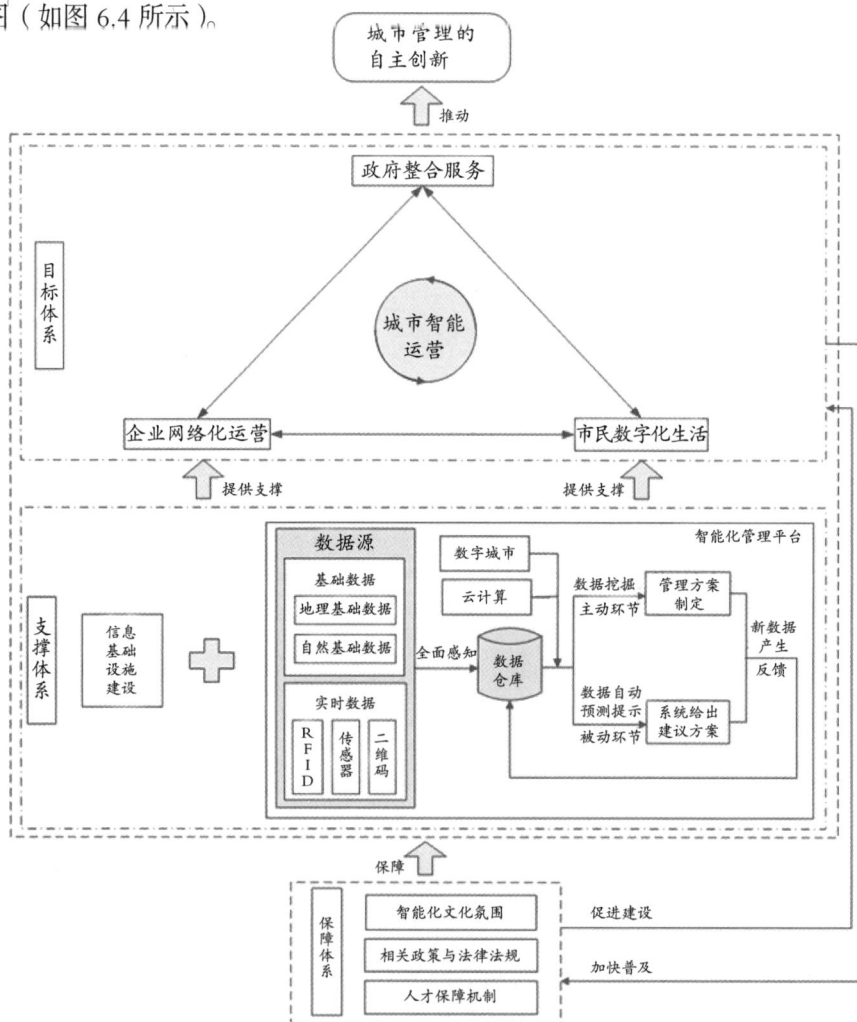

图 6.4 智能城市管理职能架构

（二）我国智能城市管理的支撑体系

要实现智能城市离不开强大的支撑体系，它是目标体系成功实现的保障。政府需要在实现智能城市各种目标之前，首先做好支撑体系的建设。

1. 信息基础设施建设

在建设智能城市的进程上，完善基础化信息设施被看作是基石。构建新一代信息网络基础设施，推进宽带向政府、公共服务机构和社区中心覆盖，加快推进光通信、无线互联网、三网融合。加大内容资源开发和业务创新，加强信息安全基础设施建设和管理。加快信息基础设施建设，完善高速度的信息网络，覆盖全市的感知基础设施，完善全覆盖的物联网，建设一流的数据中心服务体系，建设全覆盖的便民服务终端网络，提升信息安全基础设施，关注信息质量的基础建设。通过信息网络的普及可以把城市的信息鸿沟填平，使得人们在时间和空间上都可以没有障碍地获取信息。信息网络具有智能化的能力，可以使得城市的其他基础设施，比如水网、电网、汽网、路网等，都实现智能化。

此外云计算的推广也是非常重要的，云计算是智能城市建设所必要的信息基础设施，构建强大的云计算能力不仅能大大提高云计算服务提供商自身的创新能力和对社会的贡献能力，而且对使用云计算服务的企事业单位来说更是一种促进降本增效、优化资源配置、提升信息化应用水平的快速通道。

2. 智能应用平台建设

智能化应用平台指的是信息管理体系。信息管理贯穿于整个管理工作中，在智能城市的管理中，智能化的应用平台的信息来源是两个方面，其中一个是基础数据包括地理和自然数据以及实时数据：来自 RFID 和传感器收集。信息将以云存储的方式将数据进行汇总融合，通过数据挖掘和计算机智能分析，结果供决策者总结行政管理的成功经验和失败教训，也可以虚拟仿真城市未来的发展前景，同时可以对智能城市管理进行实时监控（陈平，2006），及时进行反馈，并做出响应。智能化应用平台在建设智能城市的任何一个方面都能发挥巨大的作用。它包括城市智能可视化服务平台，城市云计算服务平台，智能城市物联网平台，社会管理基础平台，公共服务基础平台，智能化的电子政务，电子商务服务平台，城市环境监控和治理基础平台。

（三）智能城市管理的运营架构

智能城市管理的运营架构实现了"三个转变"：从单一的政府主体转变为以政府为主导，全社会参与的开放式多元化主体架构；从"条块式网格化"管理转变为"节点式网络化"管理形态，从"粗放式低知识密度"的管理服务转变为"集成型高科技含量"的智能化管理服务。

从单一的政府主体转变为以政府为主导，全社会参与的开放式多元化主体架构。智能城市的建设发展，意味着城市管理服务的需求急剧膨胀，对城市管理服务的要求不断提升，单靠政府单一的主体管理模式，无法充分满足市民对于城市管理服务的综合诉求。通过构建企业参与城市基础设施的运营和公共服务产品开发的市场机制，创新公共服务的投入机制、管理机制，有利于丰富公共服务产品的内容，提高公共服务产品的质量和运营效率。另外，构建开放式城市管理平台，激发市民主动参与城市管理的积极性，一方面能提高市民自觉性、降低城市管理成本，另一方面能提高城市执法的透明度和效率。

从"条块式网格化"管理转变为"节点式网络化"管理形态（如图 6.5 所示），关键是政府职能的转型和城市信息化的综合应用。传统的条块式网格化管理严重束缚了政府部门工作的创造性和主动性，导致与城市管理相关信息资源无法互联、共享，是城市管理低效甚至无效的症结所在。节点式网

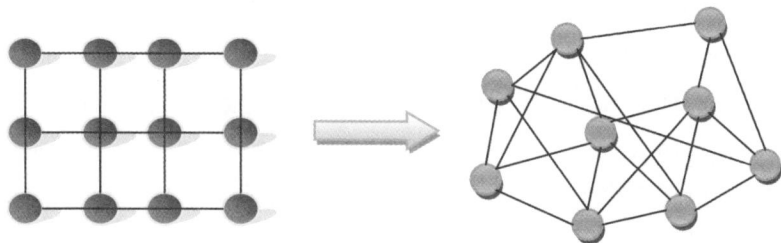

图 6.5　从"条块式网格化"管理转变为"节点式网络化"管理形态

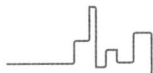

络化的城市管理形态，使得每个政府部门都成为城市信息资源互联、共享处理的 IAU（Intelligent Administration Unit，智能管理单位）。

从"粗放式低知识密度"的管理服务转变为"集成型高科技含量"的智能化管理服务。粗放式低知识密度的管理服务体现在三个方面：公共基础设施的粗放式规划和智能化程度不高，公共服务设施的单一化和资源耗费高，社会公共事务的程序复杂和低效。智能城市的管理要着眼于提高公共基础设施、公共服务设施的智能化水平，构建城市管理服务输出的智能终端平台。

四、智能城市管理的体制机制

（一）深化行政管理体制改革，建设服务型政府

建立职能有机统一的大部门体制，加快政府职能转变。加强市级统筹经济社会发展规划和整合公共资源等职能，继续深化行政审批制度改革，继续推动行政机关内部行政许可职能整合与集中改革。

完善科学民主决策机制。扩大政务公开范围，完善重大事项集体决策、专家咨询和听证等制度。全面推进电子政务建设，深入推进"数字监察"系统建设，实现对各类行政审批事项运行过程实时监督的全覆盖。

推进政府投资体制改革。完善政府投资项目咨询评估制度，提高政府投资决策的科学性。完善政府投资项目代建制，在更大范围内抓紧推行。不断健全政府投资监管稽查制度。

健全公共财政体系。建立政府向社会组织购买服务的制度，出台相关配套政策，明确购买服务的范围、标准，引入竞争机制，强化评估监管。推行财政信息公开，实行财政预算执行情况、绩效评价结果和财政性投资工程审价结果公开制度。

（二）完善公共服务体制，加强基本公共服务能力建设

完善基本公共服务体系。以基本公共服务均等化、共享性为目标，统筹城乡、区域基本公共服务供给，以人民群众需求最迫切的基础教育、公共卫

生、公共文化、养老服务、公共体育等服务为重点，建立资源共享的智能化公共服务平台，加快构建城乡一体化的公共服务网络。

增强政府公共服务能力。建立满足基本公共服务需求的财政优先保障机制，加大对公共品供给的财政支持力度，形成基本公共服务支出随财政收入增长而逐年增长的机制。增强政府公共服务能力，要进一步借助科技手段在优化资源配置方面的功能作用，建立智能教育、智能医疗、智能社保、智能交通、智能城管等体系，并辐射增强区、县（市）公共服务供给能力。

创新公共服务管理体制。创新基本公共服务供给模式，明确以公益性社会事业尤其是基础公益社会事业为政府投资重点。深化事业单位体制改革，提高公共服务供给效率和质量。放宽基本公共服务领域投资准入限制，鼓励采用政府购买、特许经营等方式，探索社会力量参与基本公共服务投资和运营。探索公共服务项目经营权转让机制，采取BOT、公私合营等方式向社会资本转让全部或部分经营权，形成政府主导、市场引导和社会参与的基本公共服务供给机制。

（三）创新基础设施运营体制，建设高速信息网络体系

完善综合运输体系建设。构建以高速铁路和高速公路为主体的综合运输体系。加强综合运输枢纽建设。发挥"公、铁、水、空港"枢纽的综合优势，加强各种运输方式的高效衔接，形成综合运输网络，建设国家级综合交通枢纽。

推进"三网融合"发展。探索"三网融合"的管理模式和机制，积极推进广电、电信业务双向进入，全面提升"三网融合"基础设施建设，建成国内最先进的网络基础设施。推动智能网、软交换，新一代移动通信，下一代互联网等技术的研发和应用。

加快"数字城市"建设，以基础地理数据、遥感影像数据等为基础，建立城市自然资源和空间地理基础数据平台。完善城市基础信息平台，加快推进教育、科技、医疗卫生等社会事业信息化，全面推进社区管理和公共服务信息化，建设面向家庭的电子社区网络，全面实施村级综合信息服务站建设工程。

（四）智能城市管理保障体系

保障体系包括：健全城市人才保障机制，健全城市相关政策与法律法规，构建城市智能化氛围。一定的技术水平决定了一个国家的潜在产能，制度却决定了这种潜在量转变为现实量的程度（崔婷婷，2012）。因此大力发展智能城市建设的前提是有一个完善的保障机制的设立。

1. 健全城市人才保障机制

智能城市的发展离不开优秀的人才队伍。在智能城市的建设中，在大力实施"人才兴国，人才强国"和"创新型国家"战略前提下，认真贯彻人才强市战略，创造一个培养人才、吸引人才、使用人才，留住人才的良好环境。

2. 健全城市相关政策与法律法规

政府应该在智能城市的建设初期未雨绸缪，在现有的政策指导下，健全现有的城市建设法律法规体系。"地域化差异"是在制定相关法律法规时需要考虑的重要因素，要针对不同的城市推行不同的方针政策以适应其城市发展。

3. 构建城市智能化氛围

建设智能城市要从公民做起，要充分尊重人民群众的主体地位，发挥人民群众在社会管理中的主体作用，充分调动人民群众自我管理、自我教育、参与智能化管理的积极性，共同建设智能化城市。

最终，通过建设保障体系，支撑体系，目标体系推动高智能城市的管理的自主创新能力。

五、智能城市管理的平台举措

（一）城市管理的信息感知系统

在公安、城管、交通等部门牵头负责下，在城市管理空间范围内网格式

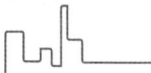

布设"感知亭",形成一张感知网（可称为"神经系统"），将神经触角"各种传感器"延伸到街道、社区、道路、楼宇、景区、企业。以无线传感网技术及产品，结合报警亭、视频监控、GPS、各种环境监测传感器、无线终端设备等实现联动响应，在现有网络传输设施基础上，迅速将城市的现场数据传输到"城市信息指挥中心"，由指挥中心对各部门实现信息资源的统筹协调。

（二）城市管理的基础数据系统

在统一部署与安排下，建立两大基础数据库：自然人基础数据库（或称为市民信息库），法人基础数据库。自然人基础数据库由公安、民政、劳保、卫生等部门在原有数据库基础上整合完善，包含市民的姓名、出生日期、身份证、职业、医保、健康情况、社保等等全方面的信息。法人数据库由工商、公安、执法、环保、税务等部门在原有数据库基础上整合完善，包含法人单位的全方位信息。

基础数据库是信息应用与信息资源开发的基础工程，对基础数据库的安全进行维护是关键工作，要有政府直接负责，相关部门配合。与此同时，应建立数据标准以及传输协议，对数据信息进行分级，便于不同部门之间的信息共享。主动与上级职能部门进行协商，开放数据接口，增强基础数据库的可扩展性。

（三）城市管理的决策支持系统

以城市管理的行业专家库、信息资源库、管理案例库构建城市管理的决策支撑系统，打造城市管理的"脑中枢"。城市管理决策支持系统是把城市作为管理对象，把城市大系统中的众多子系统及功能要素综合在一起，通过组织机构、法规、人及信息等手段，从整体的角度，不断提高城市的社会效益、经济效益和环境效益。智能城市管理决策支持系统要将各种城市数字信息加以整合并充分利用，为城市管理者提供动态监控数据分析报告和辅助决策服务。

（四）城市管理的云服务系统

智能城市的云服务系统由三大平台构成，实现智能、互联、协同的信息环境，能够将现有的信息平台资源充分整合，为城市运营提供便捷获取、及时响应的信息服务产品。智能城市的云服务系统要打造智能电子政务平台、智能市民信息服务平台、智能运营服务平台等三大平台。智能电子政务平台主要包括区长桌面系统、治安应急联动指挥系统、一站式审批系统、城市智能管理系统等几大部分；智能市民信息服务平台由居家系列服务、健康信息服务、市民档案库等几大系统组成，在市民卡的广泛应用开发基础上，实现医保、社保、物业、小额支付等市民生活全方位的信息泛在链接；智能运营服务平台由智能楼宇、智能交通、智能教育云服务、市民呼叫中心、电子地图等系统组成。

六、智能城市管理运作内部机理

在物联网技术的支持下，城市管理以更为整合化、系统化的方式运行，让城市的各个功能彼此协调运作，为城市中的企业提供优质服务和无限创新空间，为市民提供更高的生活品质。"智能城市"的构建是从更透彻的感知、更全面的互动、更深入的信息三方面入手的。

"更透彻的感知"是指通过城市中遍布各处的智能设备将感测数据收集，使所有涉及城市运行和城市生活的各个重要方面都能够被有效地感知和监测起来，这样加强了关系强度，使得那些原本处于潜在的关系逐渐加强为弱关系，将原来弱关系的加强为强关系。

"更全面的互动"是指通过网络及城市内各种先进的感知工具的连接，整合成一个大系统，使所收集的数据能够充分整合起来成为更加有意义的信息，使城市管理者和市民可以更好地进行互动。

"更深入的信息"则是在数据和信息获取的基础上，通过使用传感器、先进的移动终端、高速分析工具等，实时收集并分析城市中的所有信息，以便政府及相关机构及时做出决策并采取适当措施。

因此本项目组分析后决定采用能动至变和优化设计两种机制共同协调作用来促进智能城市的和谐发展，采用能动至变的演化的机制来对智能城市中的"人"进行管理，采用优化设计控制机制来对智能城市中的"物"进行管理。将以上两种机制结合应用于智能城市的建设中不仅鲜明地体现了管理活动中自主演化和人为设计的特性，而且也提供了这一复杂问题的有效解决之道，即若是能够事先安排、用科学方法解决，则用科学设计和优化来解决；若不能，则让人发挥其创造性，权宜应变。

第7章

i City 智能城市发展规划的
理念探索

一、对智能城市规划的理解

（一）中国城镇化现状：无序发展

我国的城镇化问题一直以来得到社会各界的关注，英国《金融时报》更是把我国城镇化进程形容成一场"世界上规模最大的城镇化实验"。我国城镇化进程中暴露的问题也比比皆是：农民工问题、住房问题、环境问题、交通拥堵问题。这一系列问题背后的根源是城市的无序发展。在城市中，强拆乱象无法遏制、住房短缺问题难以为继、交通拥堵问题无法改变、环境污染问题日渐严重。严峻的现实告诉我们必须为城市数量的增长进行合理的布局和规划，否则无序发展的城市无法实现智能城市所要求的经济、社会和生态持续发展。

（二）城市无序发展与智能增长：国外经验

二战以后，美国的很多城市也都经历了以"城市无序发展"（Urban Sprawl）为主要形式的空间扩张（Levy, 2009）。美国城市无序发展的主要特点是在城市服务于就业腹地（边缘）外，进行空间非连续式的低密度发展（Szold et al., 2002）。换言之，城市无序发展是一种无组织和无计划的盲目扩张行为。这种发展模式将居住区与教育、娱乐、工作区域相隔离，只能通过交通工具实现在城市空间中的流动。城市无序发展的主要的后果包括（Levy, 2009）：①交通拥堵，②对生态与人文环境的破坏，③公共服务设施利用率的降低，④社会阶层的进一步分化等。

针对上述问题，一些学者提出"智能增长"（Smart Growth）的概念，希望通过"智能增长"运动来促进城市的可持续发展。增长管理被定义为对开发数量、开发时机、开发区位和开发性质的调控 (Levy, 2009)。增长管理的含义是指增长不仅要对增长进行管理和指导，还要对增长进行控制，保证城市空间的有序发展。因此，城市的智能增长一般表现为如下几点特征 (诸大建等，2006) ：城市空间紧凑成长、有益城市环境资源保护与城市经济良好运行、城市宜居性和生活质量提高。

1. 城市空间紧凑成长

精明增长的目标是通过规划紧凑型社区，充分发挥已有基础设施的效力，提供更多样化的交通和住房选择来努力控制城市无序发展 (诸大建等，2006)。为了节约城市空间，减少交通拥挤，增长管理规划的制定者和实施者希望对城市空间进行合理规划，让其进行有序和科学的发展、按照紧凑型城市的理念进行科学扩展，以减少由于交通拥堵造成的能源浪费和环境污染。让城市空间紧凑成长的首要任务就是理性开发土地，保证城市的可持续发展。为此，美国规划界将其归纳为十大原则 (张娟等，2006): ①土地的混合使用，②设计紧凑的住宅，③能满足各种收入水平人的符合质量标准的住宅，④适合步行的社区，⑤具有自身特色的极具场所感和吸引力的社区，⑥保护开敞空间、农田和自然景观以及重要的环境区域，⑦强化已有社区，⑧多种选择的交通方式，⑨城市增长的可预知性、公平性和成本收益，⑩公众参与。

2. 有益城市环境资源保护与城市经济良好运行

智能增长涉及城市发展的社会与经济、空间与环境等各个环节，需要政府宏观调控和全民参与 (诸大建等，2006)。实施智能增长规划过程中，城市需要建立基于公共交通的网状交通系统，减少小汽车的数量，以改善城市环境。一些学者认为未加控制的经济增长是导致城市问题的根源 (Portney, 2003)，如近年来北京出现的雾霾天气就是由于过度追求 GDP 增长而忽视环境保护造成的严重后果。因此，为了更好地实现生态文明建设，在城市发展过程中对增长过程进行管理就显得极为必要。同时，采用合理的增长管理手段，也能让城市经济更加科学地增长和运行，真正实现经济和生态的双螺旋式可持续发展。

3. 提高城市宜居性和生活质量

一些学者的研究表明，城市居民不会再忍受简陋、破损的公共服务设

施以及上下班往返途中由小汽车带来的不便及危险 (诸大建等，2006)。也就是说，人们更加注重城市的宜居性和生活质量。近年来，逃离北上广的风潮正好是对这一观点的现实回应。因此，智能增长管理旨在通过合理的空间规划，保证经济的可持续运行和生态持续文明，提高城市环境的宜居性，提升百姓的幸福感。这样，很多人才也愿意定居在这样的城市进行生活，因此这也是吸引人才的重要软实力，进而形成一个良性循环，进一步促进城市经济、社会和生态持续发展。

（三）一些启示：从无序发展向智能规划转变

从无序发展向智能增长的转变过程，不仅需要正确战略的方向性指引，更需要可执行的规划指导战略落地。智能城市规划的目的同样是实现经济可持续繁荣、社会持续和谐、生态持续文明的全面繁荣愿景。

城市规划是城市管理的重要组成部分，确定城市的未来发展目标、城市的合理布局，并综合安排城市实现城市发展目标的综合部署，确定较长一个时期内城市发展的总体蓝图。因此，城市规划是连接城市发展战略和实际的城市建设的纽带，对城市的发展具有重要意义。在当前我国智能城市的建设中，也应在确定智能城市发展战略的基础上，结合具体城市的具体特点确定城市的发展规划，统筹智能城市建设。

传统的城市规划重点是立足于城市的物理空间的布局而进行的。在通常的理解下，城市规划的基础是对城市的空间布局、土地利用、基础设施建设等进行综合部署；在此基础上，在经济产业、公共事业、文化教育、生态环境等方面制定适宜城市整体发展的计划，协调部署城市各方面发展的阶段和过程。20 世纪 90 年代以来数字城市概念的提出使得城市的信息基础设施和赛博空间的建设成为城市规划的另一基础性环节。可以说，随着数字城市的发展，城市规划在立足于城市物理空间的布局而开展的同时还需依托城市赛博空间暨信息空间的建设；并在物理空间布局和信息空间建设的基础上规划城市各方面的建设任务。当前我们提出建设智能城市，其根本要旨在于在物理空间和信息空间的基础上进一步发展社会心智空间，并通过心智外化和前两个空间连接起来，构成智能城市的整体发展空间。这一智能城市概念的核心意涵在于：城市的建设与发展不仅仅是城市在物理空间的扩张，更应关注城市整体上协调、解决城市发展中面临的经济、社会和公共管理中各类问题的"智能"的提升。因此，智能城市的发展规划应把物理空间、赛博空间、社会心智空间等三元空间综合起来规划城市的发展，并以社会心智空间的发展规划为核心，着重于培育城市的"智能"。

在这一理解下，智能城市的规划是传统城市规划的进一步提升，除了依托于物理空间、赛博空间的建设与布局之外，还应该关注社会心智空间的规划与建设，并构建社会心智空间同物理空间和赛博空间的连接，在三元空间的布局与建设的基础上规划城市的经济、文化、公共事业的总体发展。即智能城市的规划应着眼于城市的"智能化"水平的提升而规划城市的建设与发展。如果把城市比喻为具有"智能"的生命体，那么围绕其物理空间的建设是构建这一生命体的物理躯干，围绕其赛博空间的建设重点是构建起神经传导网络，而围绕其社会心智空间的建设重点则是构筑这一生命体的中枢神经系统暨决策单元。城市在经济、社会、公共事业等各方面的功能需要通过这三个系统的协调而完成。这样，智能城市发展规划的指导思想应以三元空间的协调发展为内核；在城市的经济系统、社会系统、公共管理系统、生态环境系统等系统的具体规划中内在地体现三元空间的发展要求和彼此协调，从而实现城市的智能化发展。

可以以对道路和交通发展的规划为具体实例说明从三元空间协调的角度出发的对智能城市发展规划的理解。道路和交通基础设施的建设是城市建设的重要内容。在传统的理解下，道路和交通的规划是根据城市的空间布局和城市经济、社会发展的需求出发规划道路和交通设施本身的发展规划。在数字城市建设的背景下，道路和交通的规划中还应把道路和交通系统相对应的信息基础设施及计算机信息系统的建设加入规划之中；从而，这样的规划内在地体现了物理空间和信息空间的协调。在智能城市建设中，道路和交通的规划则进一步还需要把道路和交通管理的社会系统的发展纳入其中，形成物理—信息—社会系统的综合规划，并在这一综合规划的基础上建设以人为中心的智能交通系统。

从上述例子可以看到，智能城市的发展规划不同于传统城市规划之处在于其规划的出发点是城市"智能"的发展，而这种城市智能在根本上是人的智能。因此，智能城市的发展规划在根本上要求在城市规划的各项内容以三个世界的协同发展为核心，提升城市的"智能"，促进城市以人为中心的全面发展。对智能城市规划的上述理解可由图 7.1、图 7.2 示意。

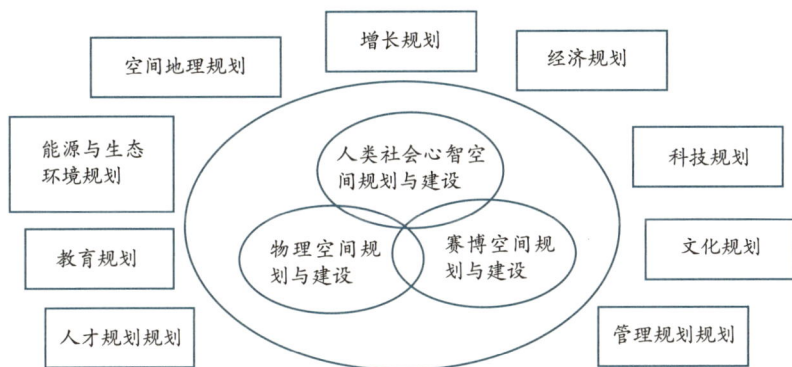

图 7.1　对智能城市规划的理解

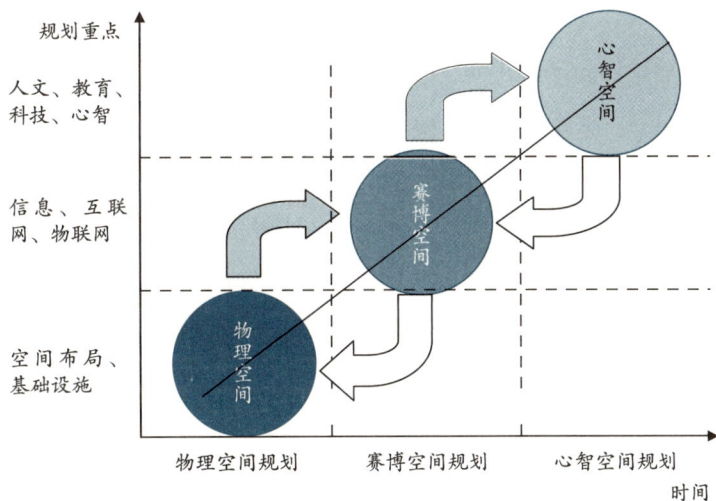

图 7.2　智能城市的三元空间规划

在这一理解下，城市的各项具体的规划建设内容都需要从三元空间的协调入手加以统筹考虑，并以社会心智空间的规划与建设为核心，以人的全面发展为根本目标。各项具体规划项目在三元空间中的侧重不尽相同，城市的空间地理规划、功能区域规划、交通运输规划、城市公共设施等方面的规划较侧重于物理空间；城市的网络基础设施、数据中心和数据分析平台的规划较多地侧重于赛博空间；而较多涉及人和社会方面的规划内容如公共管理、科技、教育、文化、经济发展等方面则应重点考虑社会心智空间的规划。但这三元空间应贯穿于每一项具体规划内容，而不应各自孤立。在规划中应强调这三元空间是彼此联系的，城市的"智能"是通过三元空间的共同作用而显现出来的城市解决经济、社会、生态等诸方面问题的能力。智能城市的建设应该同时着眼于三元空间的整体。在物理空间的物理环境建设与赛博空间的信息环境建设的基础上，尤应注重人类社会空间科技、教育、文化环境的建设，提升城市经济与社会发展的质量与可持续性。

（四）智能城市规划的全景图

基于三元空间，进行智能城市的规划，将构建起一个基于物理空间（物）、赛博空间（物的映射），以及心智空间（人对物的利用）统一发展的城市协同发展体系，三元空间是相互联系和互为支撑的系统。物联网等技术把物理空间和赛博空间连接起来，赛博空间的信息又作用于物理空间；赛博空间共同支撑人类社会空间。三者协同形成全景图。

智能城市的全景构建是建立在信息技术高度发展和网络全面覆盖的基础上，通过对城市信息的整合、共享与运行规则的应用，对大数据环境的监测和分析，实现城市要素方面的共同支撑的智能城市新局面，表现出以人为本、全面物联、协同运作、智能处理、"智""能"同行、可持续发展等基本要素特征，使智能贯穿城市工商业、交通、医疗，居民家具，政府管理、风险应急等各个方面。

智能城市的实现能让生活在城市中的人享受更多的便捷、舒适，使城市管理更加灵活。智能城市的蓝图需具备以人为本、全面物联、协同运作、智能处理、"智""能"同行、可持续发展等基本要素特征。主要总结为以下几个特征：

1. 以人为本

智能城市建设的初衷，就是为了让城市沿着更高更优的方向发展，让城

市中的人们生活更加美好。归根到底，就是以人的需求为智能城市建设的根本出发点，实现城市与个人互相促进、共同发展的互动局面。建设城市中能提高人们生活品质的设施，提升人民生活中的便利和舒适，使人们不再为堵车烦恼，不再因为环境苦恼，智能城市要以"以人为本"作为起点和终点，智能城市建设的最根本目标就是为人民服务。

2. 全面物联

智能城市通过射频设备、传感设备将城市设施连成一个互通网，能够实时了解城市动态信息，并且及时存储和分析。全面物联的智能城市要求多种网络形成有效连接，实现信息的全面共享，让人们能够在信息共享平台上互通访问，实现信息资源的有效整合，让城市中的任何事物都可在互联中被感知、被分析。

3. 协同运作

一个城市的正常运转是建立在一系列不同的系统协同运作的基础之上的。智能城市的实现，不仅需要政府的引导与鼓励，还需要整个城市各个方面协同运作。人（组织）、管理、商业、交通、通信与能源等系统共同构成完整的城市，只有当这六大要素共同作用、相互协同时，各个部分才能够进行信息交互，丰富智能城市的信息资源，充分利用智能系统已有能力，才能使智能城市犹如一台巨大的机械钟，在以人为本理念的激励中，使各个齿轮在推动下全速运行。

4. 智能处理

因为全面感知带来了大量的实时数据，这些数据组成了庞大的信息资源。要真正实现"智能"，城市必须具有对所有信息进行智能处理的能力，要求城市智能系统根据不断触发的各种状况对数据进行分析，形成城市运行规则，从而有利于城市在今后运转中进行判断和预警，从而实现智能决策。

5. "智""能"同行

智能城市建设，不仅要提升城市的"智"，更要实现城市的"能"。智能

城市的"智"指智能化、自动化，包括城市发展的优质理念和物联网技术层面的升级与全面覆盖；"能"指城市的人类文化、创造力，是城市既能维持日常运转，又能灵活应对风险和挑战的能力。"智"与"能"的统筹发展，指运用高新技术提高城市服务上的"智"，带动人文和教育的发展；提高城市实时获取、实时监控、实时预警等应急能力，提高城市服务上的"能"。

6. 可持续发展

可持续发展的能力是智能城市必须具备的能力之一。要达到城市的可持续发展除了需要智能城市的智能化管理更需要坚定不移地走绿色、生态的发展道路，降低能耗，减少破坏环境的生产和活动，保护动物特别是濒临灭绝的生物，实现人与自然的和谐共存。

（五）基于三元空间理论的智能城市规划

1. 物理空间规划（城市物质基础）

智能城市的物理空间规划是对城市的躯干基础，即物理空间的规划。主要内容包括空间布局、土地利用规划、功能区域布局、产业布局规划、房地产规划、交通运输规划、能源、环境、水资源、城市基础设施等。

在物理空间规划中，要特别注意土地利用规划和经济布局规划的协调性。土地利用规划主要指根据国家的要求和当地的地理、自然、经济等禀赋在一定地区内进行开发、治理和保护以及规划好时间。

协调城市经济与环境之间的矛盾关系，积极采用物联网带来的智能监控，实时关注城市生态环境，尽量让污染降到最低；提高城市绿化率，保护历史遗产、城市特色建筑和风景，保证在环境的基础上发展经济。

还要注重城市规划中人与环境的和谐。人是建设城市的主体，人的能动性决定了人能影响环境，所以应提升人与自然交流的活动空间，使市民充分感受清新空气、明媚阳光、绿色植物带来的感官上的体验，提高市民对大自然的爱护，建设富有人文关怀的智能城市。

在产业布局规划中，要注意运用智能城市的智能感知设施所积累的历

史数据，基于大数据分析的方法，进行基于数据的分析，而非以往的基于经验的分析方法，进行城市的产业布局规划。同时，第一，在产业布局规划中，要建立布局规划的系统观，统筹安排城市的产业布局、居住布局、交通布局等，注意利用智能城市的智能传感设施，建立起各个布局之间的有机联系。第二，要以智能城市的产业演进方向为导向，重点规划现代智能产业的发展，以及传统产业的智能化改造，建立起两类产业的有机联系，形成城市的产业链。第三，合理分工原则：城区逐步减少传统的工业，努力向新型的科技产业、现代服务业转变；注重建立产业集群和循环经济集群布局。第四，递次推进原则：积极聚集产业到功能产业区，引导产业区的产业汇聚到"线"，形成联系互通的产业链；而对于具体产业则向"点"汇聚，从过去"小而多"的布局方式转变为"大而少"的布局方式。第五，完善综合原则：使产业相关度高的产业布局尽量靠近，减少产品在运输上的花费，提高产业整体效能，形成产业群；扩展智能产业化的上游、配套、支撑的产业，延长产业链。第六，突出重点原则：根据地方特色选择产业方向和重点，确保产业发展适合当地情况，不盲目跟风，发展地区特色的产业化区块。

在智能城市的规划中，要注重智能交通规划。重点通过智能化的设备和技术进行城市现代化交通设计。首先在交通网络布局中，要建立起和物理交通网络相对应的数字化交通网络，形成现代交通网络的数字空间映射，为智能交通管理奠定物理基础。其次，在交通网络布局规划中，不仅仅要关注路网的规划，还要注重对交通运输工具的规划，大力推广车路协同系统，以及智能化交通管理指挥系统。最后，加强发展城市的公共交通系统，利用此系统搭建和市民之间的沟通桥梁，提升公交系统的利用率；利用实时传感技术，将道路交通信息及时上传到平台，并向市民开放，让市民主动、积极地去选择更合适、更便捷的出行路线和出行方式。

2. 赛博空间规划（城市数字神经网络）

智能城市的赛博空间的规划，是对物理城市空间的数字化映射的规划，以形成智能城市的信息感知网络基础设施，即智能城市的数字神经网络。主要包括智能城市的物联网、互联网基础设施，数据中心和数据分析平台（包括空间地理数据中心）。

在赛博空间的规划中，要做到和传统物理空间规划的同步性。即在规划物理空间基础设施的同时，将互联网、物联网、传感器、物理实施的自动化控制接口等，也作为城市规划和建设的一部分，纳入到统一的考虑之中去。赛博空间的规划，主要包括面向智能城市的智能交通系统、智能医疗系统、智能水电气等管网设施系统，以及智能化安防系统等所需要的传感器、网络基础设施和数据存储及利用的基础设施的规划。

3. 心智空间规划（城市人群与社会空间）

心智空间规划是对智能城市的数字化神经网络系统所获取的信息的智能化利用和科学决策的规划，以及促进城市人群心智水平提升的教育、科技、文化和公共服务的规划，从而最终促进物、人和自然的协同发展。心智空间的规划是智能城市规划的核心。

心智空间规划的内容主要包括两个方面：（1）对数字空间所获得的城市基础设施信息的利用规划。通过对只能利用传感设施获取的城市基础设施的运行状态数据的挖掘和利用，使得其能够在一定程度上主动响应市民的需求，实现城市基础设施对市民生活的前摄性响应。（2）对城市的教育、科技、文化发展的规划。借助于无处不在的城市智能化数字神经网络的支持，构建一个无处不在的泛在学习环境，使得市民能够随时获取所需要的信息，实现主动性学习，从而促进市民的心智水平的提升；同时，借助于物联网、互联网和社交网络工具，构建城市市民和城市管理者之间的高频互动机制，实现实时信息沟通，从而使得政府和社会管理机构，能够及时倾听和获取市民对城市发展的新需求，并给予及时的反馈和响应，从而促进政府和市民之间的互信程度的提升，促进管理者和被管理者之间的目标一致性的提升，促进城市和谐度的提升。

（六）智能城市运营管理

我国传统城乡发展不协调，城市与农村资源分配不均，导致城乡差距加大；传统城市城市规划和运营管理落后于现实需要和城市发展，城市规划缺乏科学制定和保障体系，城市运营中缺乏对基础设施建设的长远打算，重复建设严重，城市中医疗、教育、交通等设施建设跟不上居民需求，导致我国城镇化在人口、经济、社会、环境、资源等多个方面受到制约。传统城镇化的问题重重，中国城市亟须探索新型城镇化道路。

城市智能化建设给城市运营管理带来了契机，智能城市的运营管理其核心是实现人与社会、经济、环境的和谐共处，为建设新型城镇化提供了思路和途径。如图 7.3 所示，智能城市运营可以从三个层次着手管理，以合理的物理空间建设为基础，以赛博空间建设为承载，以中国工程、中国制造等创新驱动城市经济发展，逐步提升城市中主体的深入互联、互动，提高自主管理和协同管理能力，促进城市良性运营。

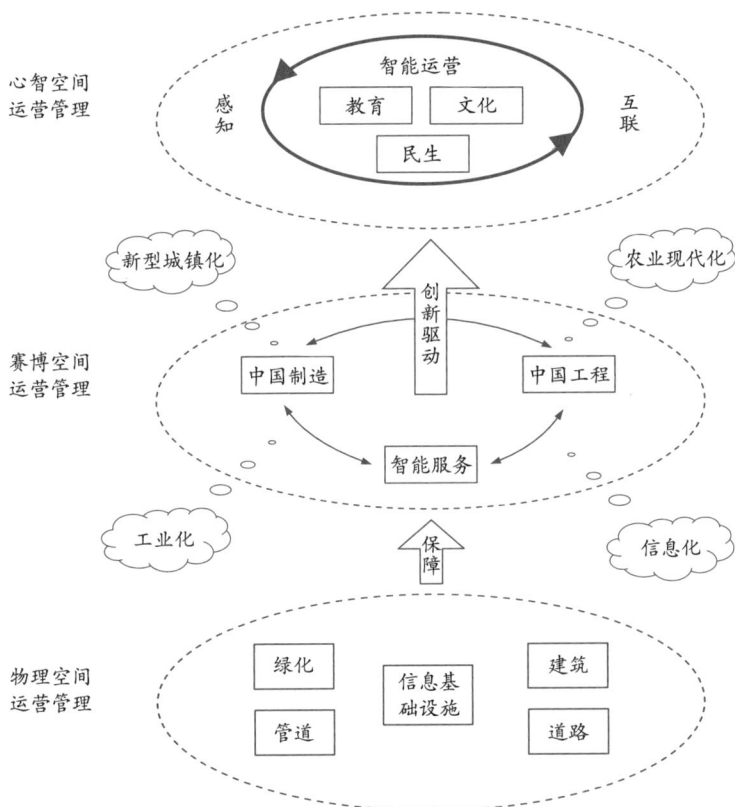

图 7.3　城市运营路线图

首先，需要根据人的发展、城市经济和社会的发展，做好城市的物理空间规划，将城市地下建设作为一个重点进行规划，将输电管道，下水管道，电缆管道作为城市规划的一部分，重视地下设施，防止基础设施建设额反复维修，重复建设。整体考虑城市中建筑、道路、管道、绿化、信息基础设施的布局，在空间上协调统一，重视城市内绿色植物种植，建设城市向绿色化、花园化方向发展。

其次，在物流空间规划基础上，基于赛博空间建设，通过信息采集设备、信息传输网络，将信息传输到城市信息化中心，智能感知城市中物的状态、人的状态，通过大数据技术和大容量存储设备对信息进行处理和预测，做到智能管理，促进对物的更好的管理和利用，物对人的支持和服务水平的提升。

最后，通过赛博空间的建设，将应用服务于与民生息息相关的教育、文化、医疗等行业中，提升民生服务质量，提高人的素质培养。通过人的素质的提升，带动市民与政府、市民与市民、市民与企业、社会组织之间的目标互动、关系强度，以及互动频度的提升，从而促进社会的自组织管理，带动城市和谐度的提升。

二、赛博物理空间融合情境下的智能城市规划

（一）城市设计规划

我国正处在城市化巨步发展的阶段，城市间的竞争加剧，合作也日益增强。随着经济社会的不断发展，城镇规模的不断扩张，智能系统的普及应用，探索新时期新背景下的城市设计，促进我国城市健康发展，显得尤为必要。

城市设计指的是对城市社会中人的各种活动的空间环境设计，目的是对城市发展形态的合理引导，为公众营造一个安全宜居、绿色健康、优美且富有文化内涵和艺术特色的城市空间，提高人们的生活品质（王建国，2012）。城市设计对城市的经济发展、文化复兴作用显著 (Levy, 2009)：它能提供经济发展的物理空间环境，从而间接地作用于经济发展；此外它还能够通过城市

文化环境的建构来形成城市居民的价值观和人文素养，改造智能城市人类社会空间的形态，塑造城市个性，推进城市差异化发展 (游宏滔等，2005)。因此，智能城市的设计应当尽量追求如下目标。

1. 以人为本

城市设计的宗旨是为了提升居民的生活质量，因此，城市设计应当体现以人为本的思想 (丁旭等，2010)，这种思想可以体现在以下几个方面：第一，突出以 "人" 为核心，为人提供良好、舒适的空间和场所，包括建筑、户外空间、广场铺设等。第二，城市设计应当反映人的需求，如生产、生活、交往、游憩、出行等，通过合理的空间布局，满足人们的需求和心里感受。第三，要强调人与环境之间的互动，通过空间场所的设计，将物质、社会、文化和时间有机整合。

2. 地方特色

城市发展是一个连续的过程，不同时期的人都影响着城市空间的发展，并且这种影响随着时间不断积累和交织，有时是更替。因此，城市的发展慢慢体现出城市的时代感、文化感和历史感 (Levy, 2009)。城市也因此逐渐演变成了一种有鲜明地方感的特质性系统 (余柏椿，2008)，包括有特色的公共空间，以及有特色的景观环境。

然而，当今全球化背景下，城市形象日益趋同，如何塑造城市的个性、打造城市的特色竞争力，是城市设计好坏的重要特征。在全球化时代，城市的设计者们既要吸纳优秀的外来文化，又要保护好本土文化，并且妥善处理好两者之间的关系 (余柏椿，2008)。也就是说，城市设计要坚决反对 "拿来主义"，避免盲目模仿导致的文化趋同。

3. 持续繁荣

城市的发展具有历史性。因此，城市设计的另一特征就是要可持续繁荣 (Crane et al., 2012)。可持续发展的城市设计旨在平衡人类短期利益与环境长期利益之间寻找一个平衡点。城市设计首要保证的是生态的可持续文明，以

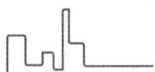

及通过空间布局进一步促进经济效率的提升，如通过合理的交通空间规划提振经济效率等。

（二）生产力布局规划

生产力布局规划是否能够得到优化直接关系到城市经济运行的效率与可持续性。如果没有区域生产力的高度发展和地域空间布局的合理化、优化，就没有区域空间布局的优化。城市生产力布局规划是一个综合的概念，是由多个微观主体共同介入经济活动的能力、效率和规模的综合反应，也是区域经济发展水平和参与市场竞争的能力的表现。生产力布局，又称生产力配置和生产力区位论，指生产力在地理位置上的分布和配置。生产力布局着眼于全局，对城市经济发展有先决性的影响。生产力布局的目标是要充分发挥城市的区域优势，优化生产要素的组合，实现区域经济消息的最大化。

1. 城市生产力特征分析

城市生产力是指生产力诸要素在某一区域内量的集聚规模和质的结构效应的综合，受到生产力总体规模和区域分工格局的影响和制约。城市生产力既是生产力各构成要素在特定经济区域量的组合，又是生产力要素组合制度、结构的区域化，是特定经济区域生产力质与量的统一。城市生产力是资源地域空间配置的系统化、一体化的物质实现，也是特定经济区域人类改造自然、创造物质财富的能力体现。因此，城市生产力是区域内人类经济活动整合能力的概括表述。

城市生产力特征体现在：（1）城市生产力是生产力系统的区域化，因而具有系统性。城市生产力的系统性体现在两个方面：一是构成城市生产力的各个要素相互依存、缺一不可，城市生产力各构成要素具有各自的功能，发挥着不同的影响，但是不能单独形成独立于区域之外的生产力，只能结合到一起，才能形成生产力整体。二是城市生产力是各构成因素有机组合的中观表现，它的中观经济效果并不是各个因素经济效果的简单加总，而是一个系统性合成的一体化过程。（2）城市生产力具有综合性。城市生产力的形成和发展是经济体系长期演化、发展与多种因素共同作用的结果，综合反映了城

市社会经济发展进程与水平。（3）城市生产力演进具有阶段性、相关性和继承性。经济发展时期不同，城市生产力会表现出不同的特征，但不可能脱离原有生产力基础，不可能不受其他相关因素的影响。

2. 城市生产力规划

基于城市生产力的系统性、综合性和阶段性等特征，城市设计者在规划生产力布局时，需考虑不同城市发展的基础和条件，选择合适的城市生产力布局模式。不同类型区域在进行开发布局时，需要综合考虑空间均衡性、生态均衡性和生产效率性，在发展经济的同时，不以社会可持续性和生态可持续性作为代价。

第一，空间均衡原则。空间均衡原则首先要求经济与人口在一定空间趋于均衡。不同城市，资源禀赋不同，因而需要采用不同生产力布局模式。在资源不太丰富的地区，可以采用增长极（产业增长极和空间增长极）布局模式，同时有意识关注城市化水平的进程以避免随着城市经济发展所带来的生产力布局模式与当前资源存储量不足之间的矛盾。而在那些拥有丰富的资源但未得到充分挖掘的地区，则应该促进现有生产力布局模式的升级以更好地适应经济发展。

第二，生态效益原则。在选择生产力布局模式时，兼顾资源节约、自然的承受能力与城市经济发展的需要。需要谨慎权衡经济持续繁荣与生态持续文明之间的关系。

第三，市场效率原则。生产力布局模式的选择应该符合市场经济发展的客观规律，充分考虑区域经济的整体效率，不可急功近利追求与城市经济发展现状不符的高级别模式。

（三）经济发展规划

1. 我国智能城市经济发展面临的主要挑战

智能城市的建设拥有美好的愿景，但作为一种以科技为核心推动力的城市发展战略，在经济发展过程中仍面临许多现实困难和挑战，有待在智能城

市经济建设中逐步解决。这些挑战主要包括：

（1）产业结构不合理

表现为高技术产业比重低，城市之间产业结构类似，低水平重复竞争突出，传统产业创新能力不足。产业结构水平低，许多城市高新技术产业没有得到充分发展，在国民经济中占的比重较小，许多城市在多个产业的技术装备和技术水平比较低（姚兰，2003）。在基础产业仍然薄弱的同时，由于重复建设、重复投资，区域城市间产业竞争激烈而缺乏互补，许多工业部门存在着严重的生产过剩与生产能力闲置的问题。传统产业绝大多数企业存在产品科技含量低的情况。以宁波为例，传统优势产业如服装、机械、电子等产业低水平重复竞争突出，而服务水平不高，受到国外同业的激烈竞争，抗风险能力较弱，附加值不高（钱斌华，2012）。目前我国进入物联网领域的企业基本上都是中小型企业，企业资金实力相对薄弱，用于技术研发的资金很受限制，影响企业的技术创新。

（2）经济发展环境问题

表现为污染问题，交通问题，物流问题，人力资本等问题，城市经济亟待转变增长方式。联合国人口基金会统计报告显示，到 2050 年世界人口将超过 90 亿，其中大约 70% 为城市居民，1000 万以上人口的特大城市将增加到 27 个，人口激增和城市化进程快速进行，使得水资源缺乏、土地沙漠化、生物多样性丧失等一系列环境问题愈加恶化，资源更加紧张（陈骞，2012）。而在经历了外延式发展的快速扩张阶段之后，中国城市化遇到了世界发达国家曾经和正在经历的发展困境和挑战，包括生态失衡、交通阻塞、能源危机、公共交通、城市安全、数字差距等，且中国所面临的同类问题规模更大、范围更广（高晓雨，2012）。

（3）物联网等核心技术缺乏国家标准

新一代信息技术产品被国外厂商垄断，新产业的发展内忧外患。以 RFID 技术为例，在高频领域我国主要沿用国际标准，但在关键的超高频领域，标准仍由国外组织控制，我国如果照搬这个标准，未来将要支付大量的专利费用，大大增加中国企业的成本（邓贤峰，2011）。智能城市的概念来源于 IBM "智能地球" 发展战略，符合 IBM 的竞争战略，也符合美国的国家利益。如果 IBM 等国外厂商大规模获得了智能城市相关项目资源，将会被其高附加值产品消耗掉大量资金资源，严重削弱我国信息产业特别是核心软硬件领域的发展，深刻影响我国经济社会发展。

（4）国家信息安全问题面临严重考验。

伴随信息网络全球化的是信息网络安全问题的全球化，新一代信息技术的应用为智能城市发展提供了技术支持，同时也为整个社会包括经济产业等各个系统数据泄密、网络攻击带来了空间。数据显示，2010 年我国互联网上新增病毒 750 万个，比上一年下降 56%；但新增钓鱼网站 175 万个，比上一年增长 1186%；其中，钓鱼网站的受害网民高达 4411 万人次，间接损失超过 200 亿元（隋立明，2011）。智能城市经济发展规划不得不面对的问题是要保证大型企业、政府机构与国外机构进行项目合作时涉及国家安全的信息不被泄漏，保证企业商业秘密、地方政府甚至国家机密不被泄漏。

2. 智能技术发展和应用引发的产业变化

（1）物联网引发产业变化

本节研究内容对产业概念的引用基于《国民经济行业分类》国家标准。该标准于 1984 年首次发布，分别于 1994 年和 2002 年进行修订，2011 年第三次修订。该标准（GB/T 4754-2011）由国家统计局起草，国家质量监督检验检疫总局、国家标准化管理委员会批准发布，并于 2011 年 11 月 1 日实施。包括：A 农、林、牧、渔业 B 采矿业 C 制造业 D 电力、热力、燃气及水生产和供应业 E 建筑业 F 批发和零售业 G 交通运输、仓储和邮政业 H 住宿和餐饮业 I 信息传输、软件和信息技术服务业 J 金融业 K 房地产业 L 租赁和商务服务业 M 科学研究和技术服务业 N 水利、环境和公共设施管理业 O 居民服务、修理和其他服务业 P 教育 Q 卫生和社会工作 R 文化、体育和娱乐业 S 公共管理、社会保障和社会组织 T 国际组织。智能城市的发展具有系统性，经济的进步与各行业紧密相关，按照行业与智能城市经济发展关系的亲密程度及其对智能城市经济发展推动作用模式，我们可以把现有的多种行业分为两大种类：直接推动产业、间接推动型产业。

由于物联网和数字城市建设是智能城市的重要基础，与之相关产业的发展成为智能城市经济发展的重要推动力。依据国民经济行业分类的标准，这些推动力来源行业包括了与数字城市和物联网直接相关的各种行业，例如信息传输、计算机服务和软件业、通信设备、计算机及其他电子设备制造业、专用设备制造业等。

还有一些产业，从产品生产或者提供的服务周期中，与数字城市和物联网并无直接关系，却受益于技术的进步和智能城市的建设，在传统的价值增值链条上，添加了新的内容或降低了成本，成为智能城市经济发展的间接受益者，同时也推动了智能城市经济快速发展。例如，传统物流行业借助物理网络技术的应用，提供更加准确细致的服务，增强了该行业的服务水平，加速了物流行业发展模式的升级。

物联网的发展对直接推动产业的影响突出变为新市场的开拓，新产品的推出，新产业的兴起和迅速发展；对于间接推动产业的影响表现为产业结构的调整和升级，从而从整体上转变经济发展模式，带动智能城市产业集群的进化。

智能城市经济发展规划下，科技创新的前景广阔，创新产生的技术、产品与服务的附加价值高，对国民经济与国家核心技术能力的发展的影响大。这在国务院决定中拟定的七项战略性新兴产业包括信息技术产业、节能环保产业、新能源产业、新能源汽车产业、新材料产业、高端装备制造业以及生物产业中均有体现。同时，这些战略性新兴产业的发展有望形成辐射效应，带动更多相关产业的发展。作为国家创新体系的主要承载体，我国城市理应在智能城市建设中强化知识资源与人才建设，在这些战略性新兴产业领域的科技进步与相应产业发展中起关键作用。

（2）城市智能交通

交通是社会生产、分配、交换与消费等各个环节有机联系的桥梁和纽带，是经济社会发展的重要命脉和先导工程，是实现我国社会主义和谐社会建设的基本保障和重要基石。城市交通作为城市的重要组成部分，在组织人

们的生产生活、提高客货流的有效运转及促进城市经济社会的健康快速发展等方面扮演着越来越重要的角色。然而，随着汽车普及率的提高和交通需求的增加，人、车、路和环境间的矛盾更加凸显，城市交通拥堵、交通事故、环境污染和能源浪费等问题日益严重，成为城市经济社会发展的瓶颈。各发达国家尝试了包括科学城市规划、交通基础设施建设及提高交通管理水平等多种途径，但由于受城市经济、地理和环境的约束，随着时间的推移，这些解决交通问题的传统措施的收效越来越不明显。尤其是道路规划问题日趋显著，美国学者 Levy 指出道路规划是交通规划的重要部分，是考虑交通规划与智能交通建设的前提条件（Levy, 2010）。

"十一五"期间，我国城市化进程加快、机动车辆爆炸性增长、流动人口大量涌入、城市交通政策相对乏力等现象使得我国城市面临的交通问题变得更加突出和错综复杂。城市规划对于我国大部分城市来说已为时已晚。交通基础设施建设从实际看效果比较明显，但是其受成本、空间等的约束十分突出：首先需要巨额的资金投入，尤其是难以依靠大量拆迁来增、扩建道路，地铁虽然不占用地面空间资源，但其高昂的成本只有部分一线城市能够承担；其次在有限的城市空间里若路网建设过于密集，产生的大量交叉路口以及出入口反而容易引起拥堵，降低整体的通行效率。因此，我国城市在交通基础设施建设到达一定水平之后，工作的核心应该是如何挖掘交通设施的潜力来提高道路整体的使用效率、提高交通的综合管理水平和其服务于经济社会发展的能力。

20 世纪 60 年代初期，随着电子、计算机、传感等信息技术的发展，各主要发达国家开始探索如何将这些新技术应用到交通管理领域。进入 80 年代后，计算机技术进一步成熟，无线通信技术和卫星导航技术迅速发展，各国开始有意识地将人、车、路等交通要素进行综合研究，智能交通系统的内涵逐渐丰富，研究方向开始趋于一致。1994 年，第一届智能交通大会在巴黎召开，智能交通的概念得到各国的高度认同和大力支持，开始正式进入历史舞台并快速发展。从各国的实际应用效果看，智能交通系统取得了明显的成效，实现了人、车、路、环境间的信息共享，为交通资源合理使用提供了有力支撑，简化了交通管理部门的管理和执法过程，为出行者提供了丰富的信息服务，达到了提高交通运输效率、减少交通事故和节能环保等目标。智能交通为城市打造"零油耗、零排放、零堵塞、零事故"的交通环境创造了有利条件，有效地减少了城市交通问题对经济发展的制约作用，成为未来城市交通的必然发展方向。

3. 政府在城市经济发展规划中的作用

（1）政府的经济发展规划

在我国经济快速发展与经济转型的特殊时期，各地方的经济增长面临着一个急需解决的问题：结构性失业，它指的是劳动力供给和需求之间的不匹配。由于国家产业结构的快速转变导致了大批工人失业，同时劳动力市场上存在着大量短缺，这种劳动力的剩余与短缺同时存在的问题是由于劳动力技能水平与雇佣者需求不匹配导致的。另一方面，还有地理上的结构性失业，这主要是地区内人口数量与岗位人员需求不一致导致的。我国处于紧急转型时期，近几年来一直把解决结构性失业问题作为政府的重点工作，目前，政府进行经济规划的根本目的是要提高就业率、降低失业率、保证税收从而刺激经济的增长与繁荣，在这样的目标下展开合理的、有目的的规划才是有效的。政府采取各种金融激励措施来促进经济繁荣，如低息贷款、基础设施资金、劳动力培训、对企业补贴（税收补贴）、对企业员工补贴（住房补贴），还有参与支持工商企业的选址工程等。

（2）社区在经济发展规划中的作用

除了政府的驱动作用外，社区在城市经济发展规划中的作用不可忽视，总的来说，可以从以下三个方面来加速经济的增长。

1）营销

社区可以参与到公共关系、宣传以及销售等规划过程中。例如，对于一个打算在多个社区中进行选址的企业来讲，没有任何一个社区可以满足企业自身的一切需求，那么此时，社区的营销方式的执行与结果很大程度可以影响企业的决定。对于那些经常宣传自身优势和良好形象的社区，可以使人们

很容易注意到它，从而使它在经济规划活动中也具有了优势。

2）资助

社区可以通过减税、低息贷款、补贴等方式对区域内的工商企业进行补贴，吸引企业的引入，同时防止社区内已落户企业的迁出。此外，也可以提供直接的资金援助和特殊批示，这对那些缺乏竞争优势的区域来讲是一个值得考虑的规划方式。

3）场地落实与园区建立

在决定一个社区能否成功吸引优秀企业时，一个重要因素是落实好场地的建筑。从前期的路面平整与水电管网等设施的修建，到后面工业厂房以及商务写字楼的建立都将影响企业的选址决定。同时，应该考虑在区域内部设立工业园区、孵化园等形式的组织来吸引优秀企业。近期，国务院正式批准上海自贸区的建立，这是中国自由贸易区的一次区域性尝试，上海贸区的范围涵盖上海市外高桥保税区、外高桥保税物流园区、洋山保税港区和上海浦东机场综合保税区等四个海关特殊监管区域，总面积为 28.78 平方公里。上海自由贸易区将实施"一线逐步彻底放开、二线安全高效管住、区内货物自由流动"的创新监管服务模式。

（3）智能城市经济规划的特点分析

1）应用导向，技术支撑

智能城市建设的兴起和发展动力来自两个方面，第一是社会发展的客观需求，第二是技术发展和推动为城市经济发展提供了必要的技术支撑。为满足个人、企业和政府的需求，发展了智能社保、智能医疗、智能物流、智能政务等应用，在满足这些应用的过程中，依赖包括 RFID、传感等的现代信息技术的支持。以宁波的智能城市经济发展规划为例，其智能物流、智能制造、智能贸易、智能能源、智能公共服务、智能社会管理、智能交通、智能健康保障、智能安居和智能文化服务的智能应用系统均是以应用为导向、技术为支撑的。

2）新兴产业成为智能城市经济发展的重要突破口

智能城市的实现依赖于信息设备、信息服务业、云服务商等一系列新

兴产业，这些新兴产业的发展是智能城市经济的重要组成部分，只有发展这些产业，才能为智能城市经济发展规划提供有效支撑。以杭州为例，其着力发展以信息、环保和新材料等为主导的智能产业；武汉也着力发展物联网设备与终端制造业、基础设施服务业、网络服务业、软件开发与应用集成服务业、信息应用服务业等大规模产业链。北京、上海、佛山等城市均将发展新兴产业作为智能城市经济发展规划的重要突破口。

3）经济结构调整为智能城市经济发展动力的重要来源

智能城市经济发展规划下，应调整经济结构，扩大包含信息设备制造、信息技术开发、软件开发等信息相关制造和服务业的比例，将这些行业作为出口、投资之外的新型经济增长点。物联网、云计算及其他新一代信息技术的广泛推广与应用，使得此类新技术产业形成、发展并逐步壮大，在国民经济中所占的比重也不断上升。而技术密集型产业在产业结构中的比重上升，本身就是产业结构动态高度化与合理化的表现。此外，这类新技术产业还有极强的关联、渗透和带动作用，在农业、工业及服务业等各领域的普遍采用，可以极大地提高农业、制造业的劳动生产率，提升产品质量和竞争力，为城市整体经济增长提供强劲动力。

4）融合发展成为经济发展的重要推手

融合发展主要指智能城市经济发展规划下，新一代信息技术产业兴起，信息化和工业化相融合，信息化作为工业化统筹决策的支撑，各种工业信息被收集、集中处理和应用于可以统筹化、精细化、科学化的工业决策。两化融合发展是经济发展、持续进步的重要推手。国内多个城市已经建立了两化融合实验区。以上海为例，基本建立了以企业信息化建设为核心，传统产业改造提升和战略性新兴产业发展为主线，高校、科研机构等社会各方积极参与的"两化"融合推进格局，企业"两化"融合水平明显提升。

5）系统性、外部性明显，整体演化性特征

智能城市经济系统复杂而庞大，包含着信息技术开发行业、需求结构、城市产业结构等子系统，各子系统之间相互交织、融合、促进和制约，各子系统外部性非常明显，因此智能城市经济发展从部分子系统进行分析将会

导致经济发展的失衡，必须从全局观点出发，纵观全局统筹发展智能城市经济，使智能城市经济作为整体演化发展。

（四）交通规划

1．城市智能交通与经济发展

城市智能交通建设可进一步完善城市路网结构，促进多种交通方式的衔接配合，提升交通网络整体的使用效率和服务水平。作为解决城市交通问题的有效途径，城市智能交通建设对城市经济社会发展的影响突出表现在两方面：一是城市智能交通建设是对原有交通系统的提升与升级，进而充分挖掘城市交通在城市经济社会发展和服务民生中的潜力；二是城市智能交通建设可带动智能交通产业自身的发展，促进相关高端装备制造业、软件业及信息服务业的快速发展，最终拉动城市经济的增长。

（1）城市智能交通建设是对现有交通系统的全面升级

2005 年，国务院发布的《国家中长期科学和技术发展规划纲要（2006—2020）》指出我国主要运输装备及核心技术水平与世界先进水平存在较大差距、运输供给能力不足、综合交通体系建设滞后、各种交通方式缺乏综合协调、交通能源消耗与环境污染问题严峻。随着我国城市化进程加速，城市交通问题显得更加突出。然而，现有城市交通管理的体制机制、政策法规、规范标准和信息化建设水平等制约着城市交通问题的快速有效解决。城市智能交通建设作为城市交通管理、城市交通基础设施信息化建设的高级阶段，是对现有城市交通系统的全面升级，有利于城市交通问题的顺利解决。

1）城市交通管理体制与机制更具协调性、一致性

目前我国城市交通管理的体制建立和机构设置从中央到地方缺乏综合协调的机制与条件，交通规划、建设和管理分属不同的部门（规划局、建设局和交通管理局）。这种分割管理的机构设置，虽然在城市交通发展初期发挥了重要的作用，但随着城市交通的发展，这种管理上缺乏弹性、协调上缺乏一致性的交通体制与机制将不利于城市交通问题的有效解决。城市智能交通

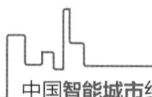

建设需要多个部门间的综合协调，这就要求在现行交通管理机构设置基础上组建一个统一的协调组织，使城市交通管理的体制与机制更具协调一致性，为城市智能交通建设提供组织保障。

2）城市交通政策和法规更具时效性、全局性

现行城市交通管理体制上的分割，反映在政策和法规的制定上，为各部门从各自主管的行业和方向出发，使交通政策和法规间缺乏应有的协调，难以对交通发展中的问题做出快速反应，特别对关系到交通综合发展的政策和法规则缺乏应有的关注，错失了大量利用综合协调的办法解决城市交通问题的机会。城市智能交通建设是一项系统工程，涉及多个部门多种交通方式的协调统一，这就要求在政策和法规的制定上应从城市交通发展的全局出发，特别是加强交通综合发展方面政策和法规的制定和落实，使交通政策和法规更具时效性、全局性，能够及时地应对交通发展中的问题，为城市智能交通建设提供政策法规保障。

3）城市交通技术规范和技术标准更具统一性、协同性

目前城市交通技术规范和技术标准的制定存在各自为政的问题，不同部门、单位执行着不同的技术规范和标准，各个系统独立运行、系统信息采集和管理决策等缺乏统一协调，系统间交通信息的潜在协同效应无法在交通状况的分析和判断过程中得到有效利用，并可能造成数据信息的重复采集、系统或者功能的重复建设等不良后果。城市智能交通建设需要不同部门、单位间实现交通信息的共享互通，这就要求不同部门、单位执行统一的城市交通技术规范和技术标准，实现不同系统间的协调统一，充分挖掘系统间交通信息的潜在协同效应在解决城市交通问题中的作用。

4）城市交通管理方式更具科学性、智能性

城市交通管理方式的科学化、现代化，一直是解决城市交通问题的有效途径。早期的电子、传感、传输等技术已成功应用于交通信号控制系统，现阶段计算机技术、传感技术、信息通信技术等发展及普遍应用，交通诱导系统、交通信息服务系统等在交通管理中发挥了很大作用，但受交通实时数据的获取、传输与处理的限制，这些系统还不能很好地满足城市经济社会的快

速发展的需求。城市智能交通建设将进一步促进互联网、移动通信网络和传感器网络等信息技术的互联互通，建立起城市中无处不在的传感器网络，同移动通信网络、无线互联网一起作为智能城市的神经末梢，解决城市交通实时数据获取和传输问题，实现可以实时反馈的动态控制系统。同时，通过对交通数据的智能分析，城市智能交通系统将具有一定的决策能力，最终为城市经济社会发展提供必要的智能化支撑。

综上所述，通过城市智能交通建设对原有交通系统的全面升级，可有效解决城市交通问题，充分挖掘城市交通在城市经济社会发展和服务民生中的潜在作用。随着城市智能交通系统的不断完善，城市交通综合运输能力、效率以及服务质量将不断提升，运输成本将相对降低，城市智能交通对城市社会经济发展的促进和保障作用将越来越明显。

1）有利于优化城市产业结构，促进城市经济社会健康快速可持续发展

城市智能交通的建设可以带动信息技术、传感技术、通信技术、自动化技术、计算机技术和人工智能技术等高新技术的发展，有利于城市产业向高新技术产业聚集。另外，城市智能交通的发展将带动和促进其他产业如物流业、旅游业、电子商务业、信息服务业等的发展，在提高城市的国际竞争能力，实现城市社会经济健康快速增长的同时，促进人、车、路、环境的和谐发展。

2）有利于实现城市综合运输管理智能化，推动城市物流产业协同发展

城市智能交通建设可实现对不同部门、单位、交通方式间交通信息的智能化采集、传输、处理和反馈，实现城市运输体系中不同交通方式间信息的共享，实现城市综合运输管理智能化，科学合理地配置城市综合运输能力，推动城市不同交通运输方式物流产业间的协同发展，提升城市物流产业的整体经济效益。

3）有利于实现城市交通信息的共享，提高城市居民的出行效率

城市智能交通建设通过对不同交通方式及同一交通方式交通信息的智能采集、传输、处理和反馈，实现交通信息的共享，为城市居民的出行提供交通诱导、零换乘等信息服务，减少了出行中的绕行和拥堵，大大提高了城市

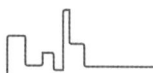

居民的出行效率、缩短了出行时间。

4）有利于营造安全的城市交通环境，预防和快速处理城市交通事故

城市智能交通建设通过建立车、路、设备等的感知与通信网络，实现交通过程中车辆位置、速度和距离的智能感知和信息交互，达到有效预防交通事故的发生的目的。另外，当事故发生时，城市智能交通系统可根据已有的知识库给出预处理方案，便于相关部门采取科学、合理的处理措施。

5）有利于带动与智能交通产业相关的行业发展，增加就业机会

城市智能交通建设涉及如道路建设、道路通信、汽车导航、汽车电子、计算机、自动控制、网络技术以及信息服务等诸多领域，而人才是每一个领域发展不可或缺的因素。城市智能交通建设将带动其相关行业的进一步发展，随即产生的人才的需求将增加更多的就业岗位，对于失业问题和城市经济社会和谐发展具有积极的作用。

6）其他方面的作用

城市智能交通建设使各地区之间的来往更便捷、更经济，为地区间的人流、物流流动创造了有利的条件。此外，城市智能交通的发展对城市医疗卫生、文化娱乐、人们生活水平的提高等也起着积极的作用，有利于推动社会的全面进步。

（2）城市智能交通建设带动智能交通产业自身的发展

智能交通产业作为一种全新的产业不断地吸收和应用现代高新技术，已经成为 21 世纪规模最大的产业（高玉荣等，2008）。"十五"期间，国家科技攻关计划"智能交通系统关键技术开发和示范工程"的实施推动了企业在智能交通领域的技术攻关、产品研发和市场化的发展，涌现出如海信网络、航天智通科技等第一批城市智能交通企业。"十一五"期间，国家综合智能交通技术集成应用等示范项目的实施和国家"863"智能交通相关技术研究计划的设立有力地推动了我国智能交通产业的发展。经过十多年的发展，我国智能交通企业在销售网络、企业研发、技术积累、资金实力、行业品牌、企业人才等方面具备了规模优势，各企业均形成自身的核心竞争力，智能交通行业进入快速发展期。"十二五"期间，我国将建设与铁路衔接的综合客

运枢纽约 100 个，其中，在 36 个中心城市重点打造约 40 个集公路、铁路、轨道交通、城市公交、出租车等多种方式于一体的现代化大型综合客运枢纽。大量现代化大型综合客运枢纽的建设，将刺激交通系统监控、管理软件及地理信息服务等的需求产生，相关软硬件提供商、地理信息服务商等将获益匪浅。

城市智能交通建设是一项系统工程，它涉及智能交通产业链的各个环节，见图 7.4。我国城市智能交通建设进程的加快，将有力地带动智能交通产业链上各个环节的健康快速发展。

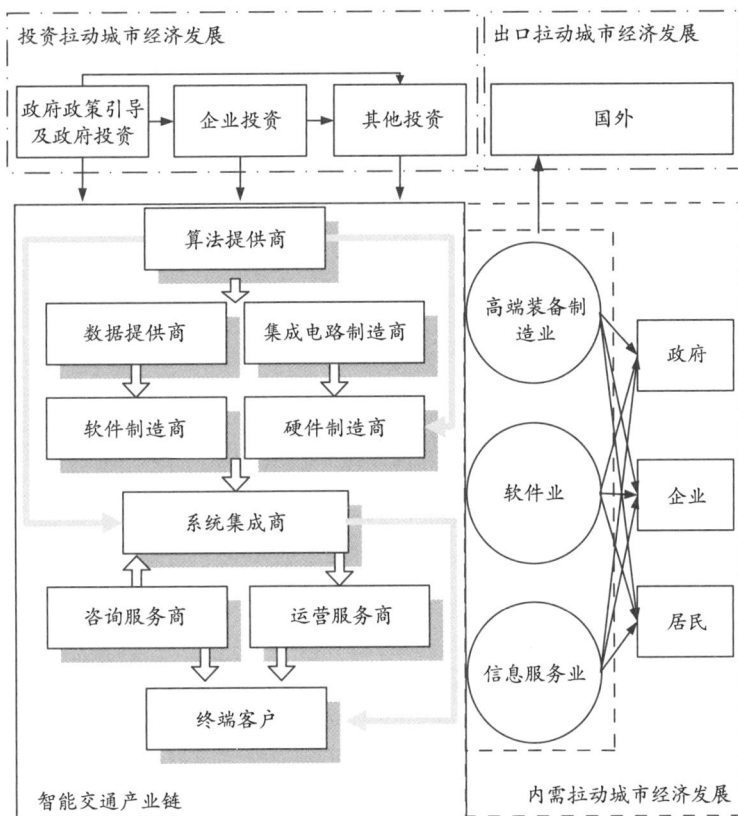

图 7.4 智能交通产业对城市经济的拉动作用

1）算法、芯片和集成电路提供商

目前，它们基本上都被 ITU-T 等国外研究机构和 SONY 等国外厂商垄

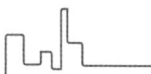

断，他们利用掌握的核心技术保持着较高的利润水平。但国内如华为海思、中星微电子等后起之秀也发展得非常迅速。我国城市智能交通建设对算法、芯片和集成电路的需求会不断增加，这给国内企业带来巨大利润空间。因此，利润和竞争压力的双轮驱动会促使国内企业通过增加投入、增强自主创新能力、提高国际竞争力以赢得更多的经济效益。

2）数据提供商

我国导航电子地图的制作和发布受到国家严格监管，行业准入门槛和集中度很高。政府部门掌握的道路交通信息相对不公开，只有部分电子地图制作厂商开展了部分交通信息服务业务。城市智能交通建设对交通信息共享提出了更高的要求，这会促使更多的数据提供商通过技术创新等多种手段全面开展交通信息服务业务，增加盈利水平。

3）软、硬件制造商

软件制造商即软件平台系统提供商，如 GIS 平台提供商 ESRI、数据库系统提供商 Oracle 和基于 GIS 平台做二次开发应用的北大千方等，城市智能交通建设离不开这些软件平台系统的支持。此外，城市智能交通化建设对感知终端、传输处理等硬件设备的需求巨大。我国软、硬件制造商应充分利用城市智能交通建设的契机，通过增加相应的人力、物力、财力以提升自身的创新能力，扩大市场，打造自身产品的核心竞争力。

4）系统集成商

城市智能交通建设一方面需要综合系统集成商对城市智能交通进行完整的系统设计和施工建设；另一方面需要子系统集成商按照个性化需求提供各种智能交通子系统，以进一步完善城市智能交通系统。城市智能交通建设进程的加快为系统集成商提供了广阔的发展空间以及丰厚的利润空间。

5）运营服务商

我国智能交通管理系统行业目前尚处于标准的制定与完善阶段，行业内企业几乎全部扮演着系统集成商和产品供应商的角色。但是随着城市智能交通的建设，行业技术规范和标准的逐渐统一，软、硬件系统的进一步完善，交通信息服务产业将进入快速发展阶段，智能交通运营服务商将在行业的发

展中扮演起愈加重要的角色。

6）咨询设计商

目前咨询设计商主要是国外专门咨询企业和国内科研机构，部分地方政府部门和系统集成商也有专业的规划设计团队。城市智能交通建设同样可为咨询设计商提供更多的机会和资金来源，推动其健康快速发展。

7）终端客户

一方面，城市智能交通建设给政府、企业、居民提供了高效、经济、绿色的交通环境；另一方面政府、企业、居民新的需求又可进一步促进城市智能交通系统的完善。二者的协同发展，可为城市交通与经济社会和谐稳定发展提供坚实的保障。

因此，国家通过政府政策引导及资金投入，可促使更多的企业及其他投资机构将更多的资金投放到智能交通产业链中，这样既可为城市智能交通建设提供资金保障，又可使投资对城市经济发展的拉动作用更加明显。智能交通产业的健康快速发展将直接带动交通领域所涉及的高端装备制造业、软件业、信息服务业等行业的健康快速发展，一方面，这些行业通过更好的产品或服务满足并刺激政府、企业和居民对城市交通的需求，以拉动内需形式促进城市经济的发展；另一方面，这些行业通过不断增强国际竞争能力，将其城市智能交通相关产品和服务推向国际，以对外贸易的形式拉动城市经济的发展。

2. 城市智能交通的发展战略

（1）指导思想

紧紧围绕国家经济发展和交通运输发展的主要目标，充分利用国家建设智能城市的契机，进行城市智能交通建设；坚持"全面、协调、可持续发展"的科学发展观，统筹规划我国城市智能交通建设的目标和阶段重点；以实际应用和服务出行者为核心，积极促进城市智能交通建设；以市场需求为导向，积极培养我国城市智能交通产业体系。

（2）战略目标

在我国建设智能城市的背景下，紧紧围绕城市智能交通建设的战略指导思想，以市场需求为导向，积极构建支撑我国城市智能交通建设所需的软、硬件产业体系，逐步实现城市交通信息采集、传输、处理和反馈的智能化。以智能化交通服务与诱导为基础，智能化交通控制为手段，智能化交通需求管理为主线，提高城市公共交通服务水平为重点，全面提升城市智能交通建设与管理水平，实现提高交通运输效率、减少交通事故和节能环保等目标。力争未来5～15年在我国智能城市普及城市智能交通系统，为智能城市打造"零油耗、零排放、零堵塞、零事故"的交通环境提供强有力的保障。

（3）战略部署

根据城市智能交通发展的战略指导思想及战略目标，综合考虑各个城市交通和智能交通产业的发展现状，城市智能交通的发展可分为三个阶段。

第一阶段（未来5年）：构建城市智能交通整体框架。

1）设立城市智能交通建设协调组织机构

城市智能交通建设是一项巨大、复杂的工程，它不但涉及不同领域的先进技术，而且涉及政府、科研机构及企业等多个部门。技术间、部门间的有效协同是城市智能交通建设的关键，因此，要实现城市智能交通建设过程中各行业的协作、各部门的配合，就需要建立一个如北京市交通运行协调指挥中心一样的统一协调组织，为城市智能交通建设提供组织保障。

2）制定并落实城市智能交通建设规划及政策法规

城市智能交通建设规划及政策法规的制定和落实对城市智能交通建设具有重要的指导作用。城市交通规划是城市交通建设的基础性工作，各个城市应由专业的组织机构在现有城市交通的基础上做好城市智能交通建设规划。此外，交通政策法规在城市交通建设中同样具有重要作用，各个城市应根据需要研究和制定如城市公共交通优先智能化发展等政策法规。

3）培养城市智能交通建设所需复合型人才

城市智能交通建设需要既懂管理、又懂技术的复合型人才。我国可在部分智能交通发展迅速的城市设立智能交通人才培养基地，通过高等教育、职业教育以及企业培训等多种途径培养所需的管理层面、技术开发层面、运营层面等的复合型人才，为各市进行智能交通建设提供人才保障。

4）完善城市交通基础设施

城市交通基础设施建设是城市经济发展的重要条件之一，是城市各项社会经济活动的联系纽带。城市智能交通建设应在现有城市交通基础设施的基础上按照建设规划和相关政策，进一步完善城市主干道路建设，积极建设支线道路，解决断头路，形成道路循环系统。

5）搭建城市智能交通系统平台

在现有城市交通信息化建设的基础上进一步完善各主干道、次干道信息化建设，主要包括信息采集、传输和处理设备的安装、调试等；另外，建立城市智能交通信息服务中心，搭建城市智能交通建设所需的软、硬件支撑平台（"一个中心，两大平台"），初步实现不同部门、系统的数据整合，实现交通信息的存储、查询、分析、发布等功能。

6）开发城市智能交通应用模块

基于建立的"一个中心，两大平台"交通系统框架，综合运用政策、经济两种手段鼓励科研院所、企业等适时开发城市交通信号智能控制系统、公交智能调度和服务系统、公众出行信息服务系统等应用模块，初步建成效用明显、规模大、使用范围广的实用性城市智能交通系统。

7）建设城市智能交通产业化示范基地

政府、科研院所和企业应通力合作共同打造城市智能交通信息采集、传输、处理等技术的自主研发和创新平台，积极培育城市智能交通产业体系，加快城市智能交通产业示范基地建设步伐，为我国城市智能交通建设提供软、硬件支持。逐步使城市智能交通产业化示范基地成为智能交通产业的创新基地、产业发展基地、人才培养基地和产品销售基地。

第二阶段（未来10年）：城市智能交通在城市开始发挥效用，并日渐完善。

1）进一步完善并落实城市智能交通建设规划和政策法规

城市智能交通建设的复杂性、长期性决定了城市智能交通规划应根据实际情况不断完善，以便更好地指导城市智能交通的建设。同时，要积极落实国家及省市在城市智能交通发展方面的相关政策，使城市智能交通建设符合国家及省市经济发展的需求。

2）进一步完善城市智能交通应用模块

鼓励科研院所、企业根据市场需求进一步开发并完善如先进的车辆控制管理系统、先进的紧急事件管理系统、先进的商用车运营管理系统、出行者交通信息服务管理系统、先进的公共交通管理系统等应用系统，以实现城市智能交通控制、紧急事件管理、交通需求管理、泊车管理及多模式交通衔接管理等功能。在为政府、企业、居民的交通决策提供科学依据方面，城市智能交通系统开始发挥明显作用。

3）进一步引导城市智能交通产业集群化发展

在城市智能交通产业示范基地基础上，以智能交通产业链为纽带，通过政策、经济等手段吸引智能交通算法研究、芯片和集成电路设计、软件研发和系统集成等领域的科研院所、企业各种资源要素积极向城市智能交通产业示范基地聚集，初步形成城市智能交通产业集群化发展。

第三阶段（未来 15 年）：城市智能交通成为城市居民生活的必要组成部分，人、车、路、环境之间形成稳定、和谐的整体。

城市智能交通应用进一步完善，人流、物流、信息流实现无缝衔接，进入城市智能交通发展的成熟期。通畅、便捷、安全、经济、可持续发展的智能型城市综合交通体系全面建成，城市交通与人、与社会、与环境和谐发展。实现城市智能交通产业集群化健康快速发展，成为促进城市经济社会发展的重要组成部分。

（五）智能制造装备规划

1. 智能制造装备业简介

我国装备制造业经过多年的发展，已经形成门类齐全、规模较大、具有一定技术水平的产业体系，成为国民经济的重要支柱产业。装备制造业的健康快速发展离不开国家的大力支持，政府先后出台了《国务院关于加快振兴装备制造业的若干意见》《装备制造业调整和振兴规划》及《国务院关于加快培育和发展战略性新兴产业的决定》等指导意见。党的十六大、十七大也将大力振兴

装备制造业作为保障我国走新型工业化道路、实现国民经济可持续发展的战略举措。虽然"中国制造"已经成为代表中国的一种符号，但我国自主的先进制造技术和高端制造装备的能力还相当薄弱，这种状况极大地限制了我国现代工业体系的建设（中国科学院国家自然科学基金委员会，2012）。

2012 年 5 月，工业和信息化部发布《高端装备制造业"十二五"发展规划》指出要加大对高端装备制造业的培育力度，加快推动"中国制造"向"中国创造"转变，并将智能制造装备同航空装备、卫星及应用、轨道交通装备、海洋工程装备作为发展重点和方向。智能制造装备作为高端装备制造业的重点发展方向之一和信息化与工业化深度融合的重要体现，将传感技术、通信技术、计算机技术等"嵌入"到装备中，实现重大先进的基础机械、电子基础件及重大成套技术装备等设计过程智能化、制造过程智能化和制造装备智能化，是具有感知、决策、执行功能的各类制造装备的统称。

智能制造装备可带动传统装备制造业的转型升级，是实现生产制造过程自动化、智能化、精密化、绿色化的基本工具，是培育和发展高端装备制造业的重要支撑，是实现生产过程和产品使用过程节能减排、绿色环保的重要手段，智能制造装备产业的水平已经成为当今衡量一个国家工业化水平的重要标志。智能制造装备产业的发展对于我国智能城市经济社会的发展具有重要的意义。大力培育和发展智能制造装备产业，一方面可为我国智能城市经济社会建设提供所需的各种基础元器件、智能装备等硬件设施；另一方面可带动我国智能城市装备制造业转型升级，提高生产效率、技术水平和产品质量，降低能源资源消耗和环境污染，实现制造过程的智能化和绿色化发展。

2. 智能制造装备与经济发展

（1）智能城市建设可带动传统装备制造业转型升级

物联网和数字城市作为智能城市的重要基础，其建设可进一步促进信息、通信、计算机、自动控制和系统集成等高新技术在传统装备制造业的广泛应用，可促进智能制造装备产业的发展，带动传统装备制造业的转型升级。智能制造装备通过应用物联网技术等先进技术，实现制造信息的智能化采集、传输、处理和反馈，达到制造装备全生命周期的智能化管理，包括装备设计过程智能化、制造过程智能化、制造装备智能化。基于智能城市基础构建的智能制造装备整体框架（见图 7.5）分为三个层次：物联网／感知层、物联网／网络层、物联网／应用层。感知层通过各种信息采集设备（如传感器、摄像头等）获得制造装备的实时数据信息；网络层是传输采集到的或处理过的制造数据信息；应用层主要是智能制造装备生产部门，一方面，对采集到的制造信息进行智能管理与处理，实现制造装备全生命周期的智能化管理；另一方面，为智能城市医疗、物流、交通等各个领域的智能化建设提供智能装备。

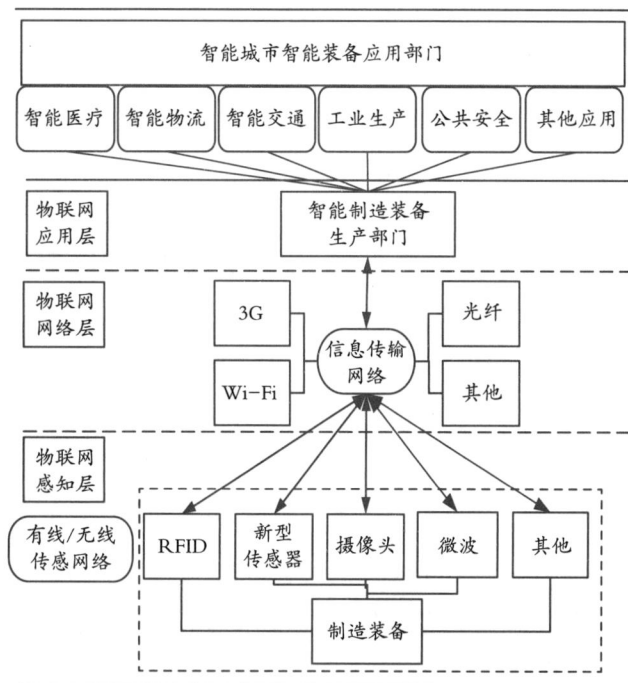

图 7.5　智能制造装备整体框架

　　智能制造装备与传统制造装备相比，应具有以下功能特征：①智能制造装备能够在实践中不断地充实知识库，具有自学习功能，并具备对故障自行排除、自行维护的能力，充分体现智能装备自我学习管理的能力。②智能制造装备能够搜集与理解环境信息和自身的信息，并进行分析判断和规划自身行为，在一定程度上表现出独立性、自主性，充分体现智能装备自我管理的

能力。③智能制造装备能够依据工作任务的需要，自行组成一种最佳结构，不仅表现在运行方式上，而且表现在结构形式上，即具有超柔性特性，充分体现智能装备自组织管理的能力。④智能制造装备可实现对智能装备从设计、制造、包装、运输、调试、使用、维护到报废处理的全生命周期管理，充分体现智能装备全生命周期管理的能力。⑤智能制造装备能够实现人机一体化，高素质、高智能的人将发挥更好的作用，智能装备和人的智能将真正地集成在一起，互相配合，相得益彰，充分体现智能装备人—机交互管理的能力。⑥智能制造装备可实现对装备的远程状态信息检测、远程维护、远程控制等操作，使客户可以减少非计划停机次数，降低故障率，缩短停机检修时间，延长检修周期，延长机组连续运行时间，减少维修费用，充分体现智能装备远程操控管理的能力。

我国智能城市的建设对我国智能制造装备产业的兴起和发展起着积极推动作用，有利于我国产业结构的转型升级，有利于我国自主创新能力的快速提升，有利于我国综合国力的稳步增强。智能制造装备的基础作用不仅体现在对于海洋工程、高铁、大飞机、卫星等高端装备的支撑，也体现在对于其他制造装备通过融入测量控制系统、自动化成套生产线、机器人等高新技术实现产业的提升。因此，在我国建设智能城市的背景下，智能制造装备产业发展对传统装备制造业转型升级的带动作用主要集中在以下几个方面。

1）有利于推动重大的先进的基础机械的转型升级，提高装备制造业智能化水平

重大的先进的基础机械是制造装备的装备，主要包括数控机床、柔性制造单元、柔性制造系统、计算机集成制造系统、工业—机器人、大规模集成电路及电子制造设备等等。智能制造装备产业的发展即作为重大的先进的基础机械一次转型升级的一部分，又为重大的先进的基础机械全面转型升级提供各种生产基础智能元器件的所需的装备。智能制造装备产业可通过"高档数控机床及基础制造工艺装备"等专项的实施，充分发挥产学研用相结合的创新机制，突破数字化、自动化、智能化、绿色化制造技术，推动机器人等高新技术在重大的先进的基础机械中的应用与推广，有利于开发一批标志性

的重大先进智能的基础机械，促进我国装备制造业的健康快速可持续发展。

2）有利于突破机械、电子基础件对装备主机的瓶颈约束，实现装备制造业协同发展

重要的机械、电子基础件主要是先进的液压、气动、轴承、密封、模具、刀具、低压电器、微电子和电力电子器件、仪器仪表及自动化控制系统等。由于我国机械、电子基础件的发展基础差、底子薄、实力弱，基础配套能力发展滞后，装备主机面临"空壳化"现象，机械、电子基础件的发展对装备主机的瓶颈约束日益显现。智能制造装备产业的重点发展方向之一就是围绕感知、决策和执行等智能功能的实现，针对测控装置、部件和重大智能制造成套装备的开发和应用，突破新型传感原理和工艺、高精度运动控制、高可靠智能控制、工业通信网络安全、健康维护诊断等一批共性、基础关键智能技术。因此，智能制造装备产业的发展对于丰富机械、电子基础件产品品种，提高产品质量，增强产品竞争力起到积极的推动作用，有利于突破机械、电子基础件对装备主机的瓶颈约束，实现装备制造业协同发展。

3）有利于带动国民经济各部门科学技术、军工生产所需的重大成套技术装备的转型升级，促进国民经济健康快速可持续发展

装备制造业是为国民经济发展和国防建设提供技术装备的基础性产业，是各行业产业升级、技术进步的重要保障，是国家综合实力和技术水平的集中体现。智能制造装备产业的发展突出了装备制造业所需智能制造装备，主要针对石油化工、冶金、建材、机械加工、食品加工、纺织、造纸印刷等制造业生产过程数字化、柔性化、智能化、绿色化的需要，充分发挥产学研用相结合的创新机制，推动物联网技术等先进技术在制造装备中的应用与推广，通过集成创新开发所需的重大成套智能制造装备，为产业转型升级提供基本保障。如，在石油化工方面，"十二五"期间全国要建成31个千万吨级炼厂、30个百万吨级乙烯装置，这些项目除了采用过去的专用、石化设备外，还要实现智能化。智能的石化装备，有利于大大提高生产率、保证产品质量和降低环境污染，而智能制造装备产业的发展恰恰可为其发展提供有利条件。

（2）智能城市建设可促进智能制造装备产业的发展

随着《国务院关于加快培育和发展战略性新兴产业的决定》等国家政策的支持和信息技术与先进制造技术的高速发展，我国智能制造装备的发展深度和广度日益提升，以新型传感器、智能控制系统、工业机器人、自动化成套生产线为代表的智能制造装备产业体系初步形成，一批具有自主知识产权的重大智能制造装备实现突破。但是作为一个正在培育和成长的新兴产业，我国智能制造装备产业仍存在技术创新能力薄弱，新型传感、先进控制等核心技术受制于人；产业规模小，产业组织结构小、散、弱，缺乏具有国际竞争力的骨干企业；产业基础薄弱，高档和特种传感器、智能仪器仪表、自动控制系统、高档数控系统、机器人市场份额不到 5% 等突出问题（智能制造装备产业"十二五"发展规划，2012）。

当今，美国、德国、日本等工业发达国家以技术创新引领产业升级，更加注重资源节约、环境友好和可持续发展，自动化、集成化、智能化、绿色化的智能制造装备产业已成为装备制造业发展的趋势之一。我国智能城市经济社会的建设需求，一方面对我国智能制造装备产业提出更高要求，另一方面为其发展创造了巨大的市场空间。结合国家《智能制造装备产业"十二五"发展规划》，我国智能城市建设对智能制造装备产业发展的促进作用主要体现以下几个方面：

1）提升智能制造装备产业创新能力，加快产业化进程

智能城市建设需要各种先进技术和设备作为支撑，这就要求其发展离不开我国已有装备制造优势企业，通过统筹技术开发、工程化、标准制定、市场应用等环节，促进智能制造装备创新发展工程的实施，强化产业创新能力建设，突破关键智能技术，推进智能测控装置和部件的研发和产业化，实现重大智能成套装备的集成创新，推进关键智能技术、核心智能测控装置与部件、重大智能制造成套装备在典型制造领域中的示范应用，加快产业化进程。

2）调整产业组织结构，培育具有国际竞争力的企业集团

我国智能制造装备产业组织结构小、散、弱，缺乏具有国际竞争力的骨干企业。智能城市建设为我国智能制造装备产业发展壮大、培育具有国际竞

争力的企业集团创造了良好的契机。通过重组、改制和兼并等措施，积极推进智能制造装备企业的兼并重组，逐步形成具有核心技术及成套设备、工程总承包、投融资能力的企业集团，培育一批具有国际竞争力的智能制造装备企业。通过相应的政策扶持和政策引导，积极鼓励企业专业化发展，对规模经济效益显著的仪器仪表、齿轮传动等企业予以支持，提高专业化程度和产品技术水平，发展成为"专、精、特、新"专业化、社会化配套企业。

3）提升装备产品质量，强化智能制造装备自有品牌建设

在我国智能城市建设过程，通过深入贯彻落实"工业产品品牌和质量振兴战略"，加强质量基础能力建设，推进标准、计量、检测检验、质量控制技术、质量工程技术等在企业质量控制与质量管理以及质量监管体系环节中的应用，着力提升产品的安全性、可靠性、实用性。此外，可根据区域发展优势，通过实施"智能制造装备品牌建设工程"等，加快培育我国智能制造装备自有品牌。通过相关政策引导企业针对国内外细分市场，实施品牌产品系列化发展战略，促进品牌产品跨国经营与国际化发展。

4）完善产学研用相结合的创新机制，推动智能制造装备产业技术创新体系建设

智能城市建设可强化我国科研院所、高等院校及企业间的合作力度，有利于完善产学研用相结合的创新机制，推动智能制造装备产业技术创新体系建设。通过政策扶持与引导等措施，积极鼓励组建企业主导、科研院所和高等院校参与的产业技术创新联盟。完善科研试验设施建设，加大企业技术创新力度，促进新技术、新工艺、新设备、新材料的推广应用，使我国智能制造装备产品的质量、安全、节能、环保等逐步达到国际先进水平。加快推进制造过程信息处理、生产控制、资源管理、质量检测、环保处理等典型环节的流程优化再造，提高安全和综合效益、降低能耗、减少污染物排放，大幅度提高制造过程信息化水平。加快推进信息化综合集成和协同应用，促进两化融合条件下的企业发展模式创新。

5）优化产业空间布局，促进区域协调发展

智能城市建设有利于各区域智能制造装备产业和科技基础优势的充分

发挥，强化区域优势产业，促进区域经济协调发展。在优势突出、特色鲜明的区域，积极推动以产业链为纽带、资源要素集聚的产业集群建设，完善产业链协作配套体系。加强对集聚区的规划引导，提升信息网络、污染集中处理、公共服务平台等基础设施水平，促进产业集聚区规范有序发展。

3. 智能制造装备产业的发展战略

（1）指导思想

深入贯彻落实科学发展观，紧密围绕国民经济重点产业转型升级和战略性新兴产业发展需求，立足于我国智能制造装备产业现有基础，重点发展关键智能基础共性技术、核心智能测控装置与部件、重大智能制造成套装备和重点应用示范领域智能装备，加快推进产业、技术与应用协同发展，实现自动化、集成化、信息化、绿色化的制造过程，带动整体智能制造装备水平的提升。

（2）战略目标

依托现有优势产业基础，按照市场主导、创新驱动、重点突破、引领发展的要求，发挥政府引导、企业主体作用，推进产学研用相结合，提升我国智能制造装备产业技术创新能力。加大政策扶持与引导力度，推动信息化与工业化深度融合，以实现制造过程的智能化和绿色化为目标，以突破关键智能基础共性技术为支撑，以推进智能测控装置与部件的研发和产业化为核心，以提升重大智能制造装备集成创新能力为重点，促进示范应用推广，调整优化产业组织结构，努力把我国智能制造装备产业培育成为具有国际竞争力的国民经济支柱产业，为"中国制造"向"中国创造"转变奠定坚实的基础。力争未来 5～15 年形成完整的智能制造装备产业体系，总体技术水平迈入国际先进行列，部分产品取得原始创新突破，基本满足国民经济重点领域和国防建设的需求。

（3）战略部署

未来几十年，我国智能制造装备产业，应牢牢抓住发展的战略机遇期，本着"创新优先、重点突破、技术融合、夯实基础、多元投入"的原则，围

绕先进制造、交通、医疗、环保、能源与资源综合利用等国民经济重点领域和战略性新兴产业的发展需要，针对智能装备制造过程中的感知、分析、决策、控制、执行五个重要环节，突破新型传感技术、高精度运动控制技术、优化控制技术等关键技术。重点解决自动控制系统、新型传感器、智能化仪表、精密测试仪器、工业机器人等智能测控装置与基础零部件，形成具有自主知识产权的智能制造装备。加快实现智能制造技术和装备在重点行业中的广泛应用，全面提升石化、纺织、冶金、航空、船舶、煤炭开采等重点领域生产过程自动化、智能化水平，提升我国制造业核心竞争力。实现装备制造业自动化、柔性化、智能化、绿色化，建立以智能制造装备为代表的高端装备制造业体系（欧阳劲松，2011）。

第一阶段（未来 5 年）：智能制造装备基本满足国民经济重点领域需求，传感器、自动控制系统、工业机器人、伺服和执行部件为代表的智能装置实现突破并达到国际先进水平，重大成套装备及生产线系统集成水平大幅度提升。组织结构优化升级，培育若干具有国际竞争力的大型企业集团，打造一批"专、精、特、新"的专业化企业，建设一批特色鲜明、优势突出的产业集聚区。创新能力显著提升，基本建成完善的产学研用相结合的产业创新体系。培养一大批知识复合型、具有国际视野的领军人才。

第二阶段（未来 10 ～ 15 年）：将我国智能制造装备产业培育成为具有国际竞争力的先导产业。建立完善的智能制造装备产业体系，实现装备的智能化及制造过程的自动化，使产业生产效率、产品技术水平和质量得到显著提高，能源、资源消耗和污染物的排放明显降低。

（4）对策建议

可以从以下几个方面推进我国智能制造装备产业的发展：

1）加强对智能制造装备的政策引导

研究制定国家层面的智能制造装备产业发展指导意见。各地工业和信息化主管部门按照国家的指导意见进一步组织编制智能制造装备产业专项规划，结合地区实际发展情况，明确地区智能制造装备的发展方向、发展重点。制定和完善国家对智能制造装备产业的扶植与引导政策，引导和鼓励装

备制造部门和应用部门使用国产智能装备。调整关税政策，充分发挥关税政策在调节产品进出口和保护国内智能制造装备产业中的重要作用，营造智能制造装备产业良好的市场环境。

2）加大对智能制造装备的资金支持力度

建立支持智能制造装备产业发展的多渠道、多元化的投融资机制。通过设立专项基金，支持重大技术装备的研制和关键共性制造技术、基础性技术和原创性技术等的开发。鼓励金融机构以保单贷款、出口订单抵押贷款等多种方式，支持智能制造装备企业融资，以贷款、投资、租赁等方式支持智能制造装备产业的规模化发展。加大电子信息产业发展基金、中小企业发展专项资金等相关国家财政资金，以及地方政府现有各类相关财政资金对智能制造装备类项目支持的力度。

3）加强智能制造装备人才队伍建设

强化知识产权的创造、应用和保护，鼓励企业联合构筑专利共享平台，有选择、有步骤地推动企业与高校的产学研用合作向全方面、多学科联合协作发展。鼓励国内研究型大学、科研院所与地方政府、工业企业、软件企业等加强合作，联合培养多层次的智能制造装备专业人才。鼓励智能制造装备领域的海外高端人才回国创业或加盟国内企事业单位。着力加强高端装备制造人才队伍建设，培养一批高端装备制造领域研发的领军人才。

4）促进智能制造装备供需对接

通过举办智能制造装备方面的展会，为智能制造装备领域的产品或服务提供商与工业企业对接创造条件。

优先支持产品或服务提供商与工业企业联合申报、共同研发的智能制造装备类项目。通过大力培育和发展智能制造装备产业集群，促进智能制造装备产业链的延伸和产业配套体系的完善，辐射形成一个由相互关联的企业与机构构织而成的网，促进智能制造装备供需对接。

5）开展智能制造装备示范区创建工作

选择一批制造业基础好、两化融合推进工作扎实、新一代信息技术产业快速发展等地区，作为智能制造装备示范区，为其他地区发展智能制造装备

提供先进经验和技术服务。加大智能制造装备产业基地开发建设和招商引资力度，推进一批重大项目引进、开工或投产，发挥产业基地的示范、带动和辐射作用。

（六）土地利用规划

土地利用规划，即依据现有自然资源、技术资源和人力资源的分布和配置状况，使土地得到充分、有效的利用，而不因人为的原因造成浪费。

针对智能城市的建设，土地利用规划的主要着眼点在于充分考虑新一代信息技术、特别是智能技术对城市运营带来的变化，在新一代信息技术与智能技术支持的城市智能化运转模式下综合考虑城市的土地利用，提高土地的有效利用率、降低城市运转中的能源损耗、促进城市的绿色可持续发展、提高城市的宜居度。

在美国，最著名的土地利用规划模式就是"分区条例"，该条例通常由社区规划师制定完成。首先，设计规划图将社区分为若干区域，该规划图必须详细反映出各个区域内的每一个地段处于什么位置；然后，详细地规划每个区域中建设的项目及其用途。一般来说，该规划涵盖场地布局的规定、建筑物属性的规定、建筑物用途、程序性事物等。对于一个成长中的地区，土地利用模式尚未完全确定，采用"分区条例"相当有效，这时可以划分地块从而拉动或限制某些地区的发展。对于繁荣发展的地区，其实质性的作用在于调整用地方式。

基于我国的现实国情，区县级地方政府及发展相对缓慢的城市可以借鉴此类经验。但那些需要加强宏观控制的城市群和地区，智能城市建设过程中的土地利用规划则需要更高级别的控制与管理。例如，在某一河流上游地区投资建厂可能会给该地区人民带来更多利益，但同时也可能会污染河流下游地区，从而影响了其他地区人民的生活环境。另一方面，下级地方政府没有足够的资金和人员对土地利用规划做出正确决策。这些情况下都需要更高级别的部门进行管控。我国政府在公众生活中承担的角色相对美国等西方国家更为重要，具体到规划过程中政府所起的作用也更为巨大。政府对城市土地

和私人地产拥有更大的管理权限，可以决定何时开发、如何开发这些土地，从而更好地推进智能城市的建设。

按照"分区条例"的模式进行土地利用规划时，应充分考虑信息与智能化技术给城市生产、生活方式带来的影响，特别是设定土地功能区划时应统筹规划，降低交通出行的能耗，同时提高城市居民工作与生活的便利。同时，应把土地利用规划和城市生产力布局规划、经济发展规划、生态与环境规划等方面综合起来加以考虑。

（七）能源规划

能源是当前城市生产和生活的动力之源。当前能源短缺已成为城市发展的重要制约因素，提供城市发展的有效能源保障、在城市的生产生活各方面实现能源使用的节约是城市发展规划的重要组成部分。另一方面，现代工业化社会的能源保障基础是以石油和煤炭为主的化石能源资源。随着化石能源资源短缺的日益显现和基于化石能源供应的高碳发展模式给生态与环境带来的压力的加剧，低碳、绿色、可持续的发展模式和生产生活方式已日益成为人们的共识。绿色的能源供应和使用是实现向低碳生活的变革的首要环节。特别是近年来我国经济高速发展背后是巨大的能源损耗和严重的生态环境破坏；对此国家需要改变这种高能耗的、掠夺性的发展模式。这需要在能源的供给和使用上切实采取措施，促进可持续发展。落实到城市发展上，低碳、绿色与可持续发展是智能城市建设的核心目标和根本任务之一。正因如此，能源规划是智能城市发展规划的核心元素之一。智能城市能源规划的核心是把城市的经济发展、城市生活水准的提高同城市生产和生活中的能源消耗的节约和环境的保护两方面结合起来，实现城市的绿色、低碳、可持续发展。

我国当前智能城市建设中的能源规划应立足于我国经济与社会的现实发展阶段和特征，把发展的需求同能源节约及生态环境保护的要求有机结合起来。对于现阶段中国而言，既不能片面追求发展而忽视资源环境的承载力；又不能单纯为了保护环境而放弃发展，环境与生态系统的保护以及能源节约的问题还需要在发展的过程中加以解决。

一方面，我国当前总体上还处于工业化中期阶段，工业化任务尚未完成，经济的发展和民众生活水平的提高还是我国当前城市建设发展的核心任务，这要求我国在城市规划与建设中继续强调经济发展的中心地位，实现国家的整体工业化目标。另一方面，能源和环境的压力现阶段已成为我国经济进一步发展的关键制约因素。随着工业化与城镇化的发展，经济社会发展与资源环境约束的矛盾日益突出，我国下一阶段经济发展必须实现向资源环境节约型的可持续发展模式的转变。落实到城市发展规划上，这就要求城市在制定发展规划及实际的经济建设与社会发展中加强能源规划与生态环境规划，把能源的供给、能源构成结构的调整、能源的使用同经济发展的转型结合起来。

因此，智能城市发展中能源规划的重点在于能源的节约使用和新能源技术的研发和应用两个方面。在节能降耗上，城市的能源规划应和生态环境环境规划统筹，从工业、生活和城市运转各个环节提高能源的利用效率。通过能源的有效利用技术和各种节能环保技术的研发和应用，能源分配和使用的有效管理，以及企业和民众的节能意识和规章制度的建立降低能耗，建设能源节约型城市。特别是通过与新一代信息技术的结合，建设智能电网、智能建筑、智能小区和智能商务等，在城市生产和生活的各方面降低能源损耗，提高能源的利用效率。同时，加强新能源技术的研发和应用，从能源供给方面减轻城市发展在能源和环境上对生态系统的破坏，实现城市的绿色可持续发展。

（八）生态与环境规划

我国过去几十年来实施的高碳发展模式给能源和生态环境带来了巨大的压力。改变发展模式，实现绿色、低碳、可持续的发展已成为我国下一步发展的必然选择。党的十八大提出要发展生态文明、建设"美丽中国"，正是对发展方式转型的明确宣示。对此，在智能城市的建设中，应高度重视对生态系统和环境的保护，生态与环境的规划应成为智能城市发展规划的重要组成部分。生态与环境规划的根本目标在于规划人与自然和谐的发展模式，把经济、政治、文化、社会诸方面的建设同人与自然的和谐共处的需求结合起来，建设生态文明。

生态与环境规划的关键依赖于有效的上下联动机制，即国家和地方政府共同治理。国家应在宏观层面明确摒弃唯 GDP 的政绩评价和过分依赖投资拉动的经济发展模式；切实采取措施转向依靠创新驱动和环境与资源可持续的发展模型。相应地，制定生态环境与能源规划的总体指标，建设环境保护与能源节约的标准，加强环境与能源立法，并加强对各省市、各地区的具体实施的指导与监督。针对重点地区特别是珠三角、长三角、环渤海等区域的城市群，制定城市群的生态发展规划，通过城市群经济整合，优化产业结构，实现有效的资源配置和城市群内各城市的优势互补，避免重复建设和无序竞争，优化整个城市群乃至全国范围的统筹布局，提高国家经济的资源生态持续文明程度，建设生态文明。

同时，还应重视节能环保技术的开发与应用，并培育相应的产业，使得科技发展、环境保护、经济建设能相互协调，推进生态文明的建设。进而，把生态与环境规划同文化发展规划结合起来，提高民众对生态和环境保护的思想认识，并建立良好的行为规范。

智能城市生态与环境规划的内容可从经济与社会的低碳发展模式的建立，节能环保技术的发展和应用及节能环保产业的培育等方面加以考虑。总体说来，城市应结合国家的总体目标，并结合本地的实际情况，从城市可持续发展的长远视野规划和建设生态城市，把城市的经济与社会建设纳入绿色、低碳的轨道。

在经济上，城市应切实采取措施转变经济增长方式。着力推动创新驱动发展，把创新型城市建设和生态型城市建设二者有机结合起来。从企业的视角看，着力提高企业创新能力，促使企业走出高能耗、低附加值的价值链低端，实现企业的发展壮大，降低能耗、减少污染、改善生态。从城市的总体经济系统的角度看，则应从以下几个方面促进城市经济持续繁荣。

1）调整产业结构，促进产业的升级换代，围绕国家确定的战略性新兴产业发展先进制造业，把节能、降耗、环保的元素植入城市产业系统之中；

2）根据城市的具体条件与基础发展现代服务业，特别是知识密集型的生产性服务业，推进制造业的服务化；发展知识经济，推动文化创意产业等

"脑力产业"的发展，促进城市经济的繁荣和城市经济系统可持续发展能力的提高，降低经济发展对资源与环境的压力；

3）提高废物利用水平，建立再生资源回收网络，在此基础上发展循环经济，缓解生态资源压力。

在城市的社会发展和市民生活品质的提高方面，应大力建设生态宜居型城市。这方面的工作宜从城市物理空间和人文氛围两个方面同步开展。加强各类文化教育和专门培训，一方面为城市经济持续繁荣提供高素质的人才，提高城市创新能力；另一方面，通过人口素质的总体提高和人们生态环境保护意识及能源节约意识的增强，推进绿色低碳的城市生活方式。与文化、教育等方面的规划结合，着力塑造城市的良好人文氛围和绿色环保的生活方式。

针对城市物理空间的环境保护和生态建设，应把城市建设和环境保护有机结合，把生态环保作为城市功能区划布局的重要方面加以统一规划，为市民营造宜居的生活空间，为经济发展提供长期支持。完善环保基础设施，提升对城市污水、生活垃圾的处理和再生资源的回收等方面的处理能力，改善环境质量。加强对空气、地面与地下水、土壤等方面的环境监测和综合治理。在汽车尾气、工业污染物等造成城市环境污染的主要环节推进污染减排，打造生态宜居城市。通过环境监测与保护技术和新一代信息技术的结合，发展智能环境技术、开发智能环境系统平台，提高城市生态和环境保护的能力。

特别地，当前生态与环境规划的重点任务应着眼于以下方面。

1）以环境容量为依据，优化空间结构和产业结构

随着我国工业化、城镇化发展速度的加快，城市可持续发展面临前所未有的机遇，但同时存在着环境容量约束的挑战，应及时进行城市的空间结构优化。不同城市规模与格局有较大差异，应从城市本身出发，以自身的环境容量为依据，制定长远的城市规划，采取不同的优化城市空间结构的措施，为城市的环境节约创造条件，推动城市社会系统—经济系统—环境系统的良性循环和可持续发展。

2）以优化能源结构为抓手，显著改善大气环境质量

随着经济的发展和能耗的增加，大气污染恶化的趋势有所加剧。尽管城

市的排污单位加大了治理力度，使空气质量有了一定程度的改观，但是要从根本上改变城市的大气环境质量状况，必须从源头抓起，优化能源结构。

城市大气污染主要有煤烟型、光化学污染和含氟烟气型三种类型。就影响范围和持续事件来看，煤烟型当属首要污染，特别是在采暖期，污染物排放量增加，而扩散条件不力，致使大气污染加重。城市严重的空气污染影响了人体健康和生态平衡，成为城市经济发展、人才和资金引入的重要制约因素。只有从产生污染的源头即能源入手，通过提高天然气和太阳能等清洁能源在能源结构中的比例，才能显著改善城市的大气环境质量。

3）以固体废弃物综合利用为突破口，大力发展循环经济

开展固体废弃物综合利用是大力发展循环经济的重要途径，有利于减量化、再利用、再循环，有利于保护环境和节约土地，有利于实现节能减排和创造综合经济效益。对固体废弃物的循环利用是循环经济思想的一个重要组成部分。循环经济强调在经济发展中，遵循生态学规律，将清洁生产、资源综合利用、生态设计和可持续消费融为一体，实现废物减量化、资源化和无害化，使经济系统和自然生态系统的物质和谐循环，维护生态平衡。而对固体废弃物进行循环利用关注的正是循环经济的实现手段问题。

4）继续推进绿化建设，形成城乡一体化的绿地系统

城乡一体化生态绿地规划是为了通过有序合理的人类活动，使土地资源、农林资源、风景和旅游资源等得到最大利用，在建立满足生态学、美学和场所的精神特征的理想生活家园外，探索保护自然生态完整性和人类居住环境的美学方式，以满足人们对高品质生活的向往。城乡一体化的绿地系统有利于打破行政界限，将自然资源、文化资源的保护统一起来，以保护生态为宗旨，将景观设计与人们生活相结合，改善人居环境，促进城市的可持续发展。

三、三元空间融合情境下的智能城市规划

（一）科技发展与创新规划

前面所述的规划内容着重针对"赛博物理空间融合情境下的智能城市规

划"问题而论述。智能城市的规划和建设不仅应着力于城市物理空间以及城市赛博空间（信息空间）的规划与建设，同时还应该注重城市中人类社会空间，特别是其中的社会心智空间的规划与建设，从而把智能城市的建设与发展定位为以人的全面发展为最终目标和中心任务的发展。城市科技开发能力和科技成果转化能力的建设是城市及其"社会心智空间"构建的重要方面，也是推动智能城市的建设与发展的重要驱动力量。因此，科技发展与创新规划是智能城市发展规划的关键组成部分，是智能城市建设的内在要求。

同时，当前国际上一系列重点科技领域已取得或正酝酿重大突破，新技术革命有望带动新产业革命的兴起。面对新一轮的科技与产业革命，世界主要发达国家纷纷加大科技投入，加速推进科技与产业的融合，推进"再工业化"，全球科技竞争日趋激烈。对我国而言，当前我国正面临发展模式转型的关口，推动创新驱动发展已成为我国经济发展模式的必然选择。正是在这一背景下，我国必须加快科学发展及技术创新能力的培养，加快科技进步，推进科技和产业的结合。城市作为国家科技进步和经济发展的主要承载体，理应在推进科技发展和科技成果的转化方面发挥重要进步。在这一角度看，城市的科技发展和创新规划也应是智能城市发展规划的重要组成部分。

总体而言，城市的科技发展与创新规划的根本目标应立足于构建城市可持续的、宜居式的（Livable）发展的科学研究与技术开发能力基础以及建立科技成果及时有效转化的长效机制。与之相应，规划应以城市的总体科技发展与创新能力建设和创新人才培养为基础，基础研究与前沿技术研究以及技术创新与应用能力建设双管齐下，相互促进；同时，还应把科技开发能力和科技成果转化能力的培养结合起来，做到科技发展和经济发展的良性互动，促进经济发展模式向创新驱动的模式转化。

科技发展与创新规划应重点关注以下方面。

1）城市科技发展与创新能力的培养

应着眼于城市知识资源的培育、管理和有效利用提升城市的整体科技与文化氛围，达成知识在城市中的融通，从而提升城市的整体知识水平和利用知识解决城市各方面问题的能力。在规划和实际建设中，应加强城市科技

馆、博物馆、图书馆等场馆的建设；并通过多种多样的科技文化活动在丰富市民的精神文化生活的同时提高市民的科技文化水平和素养。特别是应切实采取措施提升青少年的科技知识水平，培养青少年探究科学技术的兴趣爱好和价值取向。进而，还应综合城市的文化和教育规划，培育城市的创新文化氛围，提升城市的创造与创新能力。另一方面，应加强城市各种"智库"和思想库的建设，在城市的建设与发展中充分发挥专家知识和智能的作用。与围绕城市物理空间和赛博空间的建设而重点考虑的空间布局、信息基础设施建设等方面的规划相比，上述着眼于城市科技和知识资源的培育和利用，以及城市创造能力培养的规划和实施更具"软"性，可能在短期内不易显现直接效果。但这是智能城市社会心智空间建设的关键要素，从长远和根本上对于城市智能化、可持续的发展具有显著影响。这方面的规划和实施应在智能城市的规划和建设中予以充分的重视。

2）科技发展重点方向的选择及科技与经济发展的结合

在科技发展的重点方向的选择上，应结合城市自身的科技基础和产业基础，并综合城市经济产业发展方向的规划，把基础性的研究和以企业为主导的技术创新二者结合起来。城市的科技规划需依据国家重大战略需求和世界科技发展趋势以及城市发展与建设需求，可从以下方面确定科技发展的重点方向：①推动学科协调均衡发展，促进学科交叉融合；②探索科学前沿，超前部署若干重大科学问题研究；③坚持需求导向，着力突破制约经济社会发展的重大科学问题与技术需求。同时，具体城市的科技规划还应结合城市自身的基础和特色。对于科技实力雄厚的城市，可制定全面综合的科技发展方向和目标；而更多的城市在制定科技发展规划时应结合自身具有较好基础条件且和城市的经济发展方向具有较好契合度的科技领域加以重点扶植。

在发展基础科学和研究前沿技术的同时，还应加强对经济发展产生直接驱动作用的应用性技术的发展，促进技术创新和科技成果的产业化应用，推动城市的创新驱动的经济发展。应结合城市的实际产业与技术基础明确需要重点推进的核心关键技术突破领域，具体包括：①强化关键共性技术攻关，

提升重点产业核心竞争力；②加大先进适用技术研发和推广力度，促进技术转移和成果产业化应用；③加强技术集成与模式创新，发展知识和技术密集型智能服务业。上述各方面的技术创新应以企业为主体开展，以科技创新作为调整产业结构和转变发展方式的中心环节，通过科技创新成果的及时转化实现创新驱动发展，推进产业的升级换代。结合城市的产业基础和条件，有针对性地发展以新一代信息技术为核心的"智能产业"，新能源、节能环保、新能源汽车等"绿色产业"，以及其他战略性新兴产业；推进信息技术支撑下的传统产业的改造与升级。在利用科技推动创新驱动发展和产业升级的具体科技方向选择上，还应依托具体城市的自身特点和优势，并顺应新的科技革命和可能引发的产业革命的潮流，优先发展有望对城市经济和产业的发展起很大促进和提升作用的科学技术方向。

3）技术创新平台的建设

技术创新平台的建设是落实科技发展和创新规划的关键抓手。"科学发展与技术创新平台"首先应包含知识资源共享平台，实现技术知识、管理知识、市场知识等方面的知识的聚合，实现对知识创造、转移、共享和应用的支持。其次，应构建技术创新服务平台，把技术创新过程中的人才、设备、市场信息等方面的要素加以整合，为企业、团体和个人在创新过程中经济合理地整合外部要素与资源提供公共服务支持。这种技术创新服务平台通常是由若干个覆盖基础研究、应用研究、试验发展、工程化、扩散、产业化等技术创新链条各个环节的机构（重点实验室、转制科研院所、工程技术研究中心、生产力促进中心、技术检测服务机构、企业控股的独立研究院等），按照"创新"和"服务"优势互补的原则联合共建，以股权和契约关系结成产学研联合体。在具体的实现形式上，技术创新服务平台可以表现为科技企业孵化器、企业技术创新系统、产业技术创新联盟等。第三，科学发展与技术创新和创新成果的产业化都离不开资金的支持，科技金融服务平台是科学发展与技术创新平台的另一个关键子平台。科技金融服务平台集政策、产品、中介、信息服务等综合性金融服务于一体，针对不同类型科技型企业不同发展阶段的融资需求和融资条件，以政府资金为引导，发挥科技综合服务优

势，整合银行、担保、保险、创投等资源，通过集合科技型中小企业和集成创新金融产品，为科技型企业提供一站式、个性化的融资服务。在智能城市的科技发展与创新规划中，上述科学发展与技术创新平台的建设应加以重点考虑。通过科学发展与技术创新平台的建设，在发展城市科学与技术创新能力的同时提升科技成果的转化效果与效率。

4）科学发展与技术创新能力提升的配套措施

进而，需要通过各种措施保障城市的创新能力培养、科技进步和科技成果的有效运用。这是城市科技发展与创新规划的另一重要方面。这应从知识产权保护、科技体制改革、科技创新环境等方面加以规划实施。应深入贯彻实施知识产权战略，加大专利创造、运用、管理和保护工作力度。进一步强化科技创新的知识产权导向，加强知识产权试点、示范单位建设。聚焦高端专利与国际专利，根据城市的科技特色和产业特色，重点实施相应的知识产权创造和转化项目。通过各种渠道提升全民的知识产权意识。推进知识产权的有效利用，特别是及时把好的科技成果转化为企业的经济价值。推进科技体制改革，为创造力产业发展提供保障。促进科技资源与产业资源对接，真正建立以企业为主体、市场为导向、产学研相结合的技术创新体系，引导各类创新要素向企业聚集，使企业真正成为自主创新、产品开发、成果转化和市场竞争的主体。加快推进科技与经济的结合，推动银行、保险公司等金融机构对科技开发和研发成果市场化转化的金融支持，拓宽科技企业融资渠道，切实将创新能力转化为现实生产力。

5）科技和文化教育事业的协同发展

城市的科技、文化、教育等方面事业的发展及人才队伍的建设共同构成智能城市社会心智空间培育与建设的基础。因此，在制定城市的科技发展计划时应注意同文化规划、教育规划及人才规划等方面的协同。

发展科学技术的最关键、最核心的资源是人才资源。这要求采取有力的措施引进智力资源，也需要建立各种渠道尽可能有效地利用外部智力资源，更需要重视教育，建立长效人才培养机制。这样就需要把科技发展与创新规划同教育规划及人才规划切实结合起来，根据城市的科技发展的需要部署相应人才的培养与引进。另一方面，在科学技术的发展中，把人才的培养（尤其是科技队伍的建设）作为科技发展规划的有机组成部分加以落实。

科技进步与文化发展也具有很强的相互关联性。当前，科学技术的发展对人们的文化活动产生极其显著的影响，现代科学技术的成果日益深入地融入了各种文化产品与服务，文化和科技融合产业成为近年来发展文化产业的重点关注方向。对此，在智能城市的科技发展规划中，应对科技对于文化的支持，尤其是科技对文化创意产业的支持加以考虑。反过来，从长远看，文化亦对科技发展产生持久而深远的影响；对此，还应该在规划中对城市文化建设支持科技发展加以关注，通过文化创意城市的建设助力城市的科技发展。文化和科技在城市范围内的深度融合是"智能城市"建设的重要方面。

（二）文化规划

1. 文化规划的内涵

当今，文化在推动社会与经济发展中的作用已获得普遍的认可。因此，如何最大限度地发挥文化的推动作用，如何针对全球化时代多元化的文化需求来进行文化规划成为智能城市发展的重要课题。由于"文化"内涵的复杂性与多样性，文化规划的界定是一个仁者见仁、智者见智的难题。我们将智能城市的文化规划定义为：在智能城市和社区发展中，文化资源的建设目标与建设路径的确定，对城市文化形象和核心价值观的共识的形成，通过城市文化服务体系的建立，对文化资源的战略性和整体性的运用，以形成创新性的城市文化和可持续发展的生态文明。这一定义代表了当今以文化的观念来解决城市问题的发展理念。

城市文化规划包括文化资源规划和文化服务规划两个方面。城市文化资源规划主要包括文化资源定位、文化景观与文化空间设计、文化制度与文化发展政策等方面；而文化服务规划的目标是以各种文化资源满足大众文化需求，提升人们的文化品位，使文化资源与文化服务、文化需求形成相互促进、共同提升的良性发展状态。

2. 智能城市文化规划的基本内容

目前，世界上众多城市在智能城市建设和文化规划过程中，开始在历史和传统中，去寻求自己的文化特色（或文化个性），同时又试图在现代科技、经济与社会发展的格局中对文化进行重新自我定位，形成智能城市建设中市民的文化认同和文化共识。在这样的背景下，一方面，越是民族的，具有独特地域和民族个性的，就越受到尊重；另一方面，基于现代科技的创新文化和基于和谐社会理念的生态文明又为城市文化提供了新的内涵。因此，城市规划应该充分利用传统与现代两种文化资源，并通过它们的融合塑造智能城市的文化内涵。

中国智能城市发展的文化规划是一项复杂的系统工程，是一项基于智能城市发展背景下，利用信息网络技术，对古今中外文化资源的汇聚和整合，由此形成智能城市发展的文化基础，使城市各个层次人们的文化需求得以满足和提升。因此，文化规划包括以下基本内容：营造城市核心价值观，城市形象塑造与文化软实力（其主要载体是文化景观和文化气质）提升；建立基于新一代信息网络的城市公共文化服务体系，建立文化信息库和文化传播平台整合全球文化资源；通过建立众包等社会化创新平台，实现创新的民主化和创造性的社会化，促进社会大众创新、创业与创造性文化的扩散与形成；推进生态文明建设等。

在短期，文化发展的重点是文化资源和文化服务体系的建设与提升。利用信息网络技术和多媒体技术，促使城市文化资源的丰富化与大众化，并通过打造广泛覆盖的公共文化服务体系，为城市公民素质的提升奠定牢实的基础。

在中期，文化发展的重点是城市景观与城市形象塑造、城市核心价值观的形成和文化创意产业的发展。通过景观与文化形象的交融，塑造具有鲜明城市特色的文化形象，使之上升为城市内在的核心价值观，并通过文化与科技的融合，发展具有中国地方文化特色的创意产业。

在长期，文化发展的重点是建立创新性文化和可持续发展的生态文明，形成城市强大的文化软实力。城市的文化软实力和创新性生态文化，是城市经济、社会和生态持续发展最根本的文化推动力。创新性文化与生态文明建

设是一个长期的过程，需要全社会的思想、文化意识的根本转变，需要生态的、可持续发展的社会共识的形成。

（三）教育规划

知识是第一生产力，而教育是知识创造、传播和应用的基础。智能城市的发展离不开高素质人才的支持，而高素质的人才和高水平教育密不可分。通过提高受教育者的综合素质与技能，可以有效地促进公民个人竞争力提升，同时也有效促进社会发展。社会持续和谐发展和经济增长方式转变有赖于教育事业的发展，所以说，教育是民生之基、立国之本。一直以来，教育资源的稀缺性制约着我国人民的发展，也间接导致了各层次学生基于对优质教育资源竞争而产生的各种弊端。随着我国科教兴国战略不断落实以及建设创新型国家战略的出台，如何利用新技术创新教育的发展路径，最大限度地向社会提供低成本、高质量的教育服务是我国教育体系的发展方向，也是智能城市教育的发展战略立足点。

1. 教育规划的重要性

教育事业一直是我国重点发展的事业，经过了几十年来的高速发展，先后取得了全民基础教育义务制、高等教育从精英化向大众化的转变等重要成就，同时职业教育也处于大力发展的阶段。尽管取得了很多的成就，但是从总体上看，我国的教育事业还面临着创新性国家建设的创新人才培养问题和与经济转型升级相结合的全民素质教育问题。现阶段随着智慧城市发展战略的提出，教育发展也提升到一个新的战略高度。信息技术的发展为知识传播提供了新的载体，为知识的创造、传播以及应用带来了巨大的发展空间，为智能城市的教育发展提供了发展方向。智能城市的发展需要源源不断的智力资本的支持，教育事业是输送智力资本的重要手段，因此做好长远系统性的教育战略规划对于智慧城市的健康持续发展具有十分重要的作用。

2. 教育规划的原则

教育规划属于长期系统的规划，对于智能城市的发展具有非常重要的作

用，但是教育规划作用的发挥需要经过比较长的时间跨度。教育规划的原则主要包括三个层次：宏观层次上来看，需要紧密结合国家宏观战略的要求；中观层次上来看，需要紧密结合智慧城市发展的其他战略；微观层次上来看，需要适应教育本身的发展规律。

（1）促进教育公平，提升教育品质

从国家宏观层面来说，教育事业的发展首先需要保证教育公平，提升基础教育品质。我国智慧城市发展的过程中也需要遵循这一原则，在发展智慧城市的过程中需要紧密结合国家宏观教育发展战略，促进更加广泛的教育公平，提升基础教育品质。

（2）增强知识创新和知识服务能力，与其他发展战略协调发展

智慧城市发展离不开智力支持，智力支持无非就是知识创新和知识服务的形式。而这些都需要通过教育事业发展来促进，因此在智慧城市的发展过程中，教育事业发展需要遵循一个原则就是不断增强知识创新和知识服务能力，从而实现与其他社会、经济、资源等战略协调发展。

（3）开放共享教育资源

互联网的快速普及，促进了教育的发展变革。在智慧城市发展过程中，教育事业发展需要遵循的第三个原则就是顺应现代化教育传播手段变革的现实，通过构建教育云服务等形式实现教育资源的开放共享。

3. 智能城市教育战略发展方向

（1）智能城市教育的知识创造

互联技术带来的信息与沟通便利性，促进了跨越组织与地理边界的各种以知识共享为联结纽带的知识创造社团。建立一个整合专业知识社团最新知识的创新教育内容平台，动态更新教育内容资源，有效整合分布于互联世界的分散性知识。新颖丰富的教育内容在促进个体更新知识的同时，总体上促进了社会的进步。

（2）智能城市教育的知识传播

互联技术带来的实时沟通技术为人们能随时随地接受教育提供了技术基础。同时，云技术的规模化服务潜能，使高品质教育低成本运作成为可能。

利用网络技术的低成本传播模式实现知识的传播，将课堂建到网络上。可根据知识的不同特点，建立大型教育资源库和大众教育平台。

（3）智能城市教育的知识应用与保护

知识作为社会发展的动力，其价值应该得到合理体现。对于开放教育资源与特定教育资源，需要在知识的保护与合理使用间建立平衡，建立合理的知识保护机制。一方面，开放教育资源通过为机构与教育工作者提供低成本使用机会，为提高他们的教育资源生产能力和高质量专业的设计能力提供了潜力，高质量、相关学习材料可得性的增加能促使教育工作者和学生更有成效。另一方面，对知识创造者而言，知识的透明共享在保护其精神权利的同时也获得了建立个人声誉的机会；对提供资源的机构而言，提供的资源越多，其网络"能见度"就越大，越能由此建立声誉。

（4）智能城市创新创业教育发展

在"互联网＋"以及工业 4.0 的发展背景下，"大众创业，万众创新"成为新时期智能城市创新创业教育发展的重要指引。创新创业教育目前依旧处于摸索阶段，尤其是在智能城市发展过程当中，创新创业教育对于智能城市发展具有非常大的促进作用，智能城市创新创业教育需要落实到高校人才培养过程当中，紧密结合城市发展战略以及人才培养战略制定创新创业培养体系。

4．教育规划的具体路径

中国智能城市教育建设，主要体现在开放教育基础设施、开放教育资源建设和在线教育平台建设。中国智能城市教育战略的关键路径围绕着培育社会发展需要的人力资源，市民通过动态学习，终身符合社会发展需要展开。

（1）普及优质基础教育

强化初等教育的政府公共服务职能，推进义务教育市域优质均衡和城乡一体化建设，促进初等教育高起点均衡发展；完善城乡青少年校外教育体系，提供多渠道在线文体教育资源，提升青少年综合素质，促进学生健康成长；通过提供优质在线教育资源（包括教育视频、在线科技馆、图书馆、博物馆等），使用互动性、个性化和合作工具来开发新的教学方法，使学生进

入现实生活的情境体验，其中传递概念、促进学习质量的提升。

（2）加快提升高等教育

通过教育云，建设优质公共开放在线图书馆、建设多个特色专业在线教育平台、整合全球范围的最新专业成果和分散于各地的优质教育资源，在规模化利用有限的优质教育资源，加速提升我国各高等院校的教育质量的同时，低成本扩展我国高等院校的教学能力，提升高校的社会服务功能；最大限度地利用互联技术带来的沟通便利性，鼓励创造性在线专业社团建设，充分发挥各级人员的创造力，进而促进我国高校的高层次特色专业建设、研究基地建设和精品课程建设。

（3）大力发展职业教育

在建立和完善现代职业教育体系的基础上，根据经济社会转型升级需求，建设丰富的在线职业教育平台，进而培养多层次技能型实用人才。围绕行业发展统筹职业教育办学资源，扩大、调整和优化学校布局以及专业结构，加强专业现代化和实训基地建设，推进"校企合作、工学结合、产教结合"等多方协同，学历教育与职业培训并举，推动多样化、差异化发展。创建国家级、省级示范性或重点职业院校。组建多形式的职业教育集团，加强对学生的职业能力培训，推进职业教育的便利化和专业化。

（4）发展多元化的智能教育

随着智能城市的发展，城市当中的教育形态也发生了一些变革，传统的教育模式不足以适应如今的发展需求，需要更加多元化的智能教育方式满足智能城市教育战略的发展和落实。比如 MOOC 课程、社区分享等都是教育形态改变的重要缩影，在智能城市发展的过程中需要进一步强化这样的智能教育模式，进一步改变教育的互动性方式（从探索式学习到讨论式学习）。

（5）全面推进终身教育

建设多层次开放性教育平台，积极发展岗位培训、社区教育、成人教育和老年教育等继续教育，推进终身学习激励机制和公共教育平台建设，构建覆盖城乡的数字化学习体系，完善社区大学、社区学院、社区学校和村（居）民学校四级网络，全面提升社区教育功能与办学品质。根据学习者的能力、生活方式、需求和偏好而设计的教学科目和服务，提供个性化的学习课程，使全体公民均可得到高质量的学习机会，进而发挥每一公民的创造潜力，体现其社会价值，最大限度地促进社会进步。

（四）管理规划

我国长期以来的城乡二元结构体制导致城乡发展不协调，城乡发展差距过大。而且传统城市的城市规划和运营管理落后于现实需要和城市发展，城市规划缺乏科学制定和保障体系，城市运营中缺乏对基础设施建设的长期规划，重复建设严重，城市中医疗、教育、交通等设施建设跟不上居民需求，导致我国城镇化在人口、经济、社会、环境、资源等多个方面受到制约。因此现阶段亟须探索新型城镇化道路。城市智能化建设给城市运营管理带来了契机，智能城市的运营管理其核心是实现人与社会、经济、环境的和谐共处，为建设新型城镇化提供了思路和途径。而智能城市的发展离不开系统的管理，因此系统完整的管理规划必不可少。

1. 管理规划的重要性

从智能城市建设对城市管理的需求来看，主要来源于三个方面的深刻变化为城市管理提出了新的需求：第一，由于近年来我国城市化快速发展导致城市人口的迅速膨胀，从而加大了现代化城市管理面临的各方面压力；第二，随着智慧城市的快速发展以及互联网的快速普及，市民对城市生活品质的要求提升，对于政府部门的城市管理提出了更高的质量要求；第三，由于物联网、云计算等新技术的发展，为创新型城市管理的手段提供了新的命题。管理规划需要结合未来城市发展趋势和城市管理中的需求进行深入分析，智能城市管理战略要从"被动式适应"的城市发展路径转变为"主动式创造"。

2. 管理规划的目标

智能城市管理的目标是构建文明、民主、生态、高效的城市生态系统智能化运营管理体系。智能城市管理目标是通过三大体制创新，即行政管理

体制、公共服务体制、基础设施运营体制；构建四大系统平台，即信息感知系统、基础数据系统、决策支持系统、云服务系统；提高城市的社会民生福祉、资源承载能力、运营服务水平。

（1）城市智能运行

智能化主体相互作用、相互联系推动了城市的运行。而建立智能城市首要目标是让城市有别于传统的城市状态，实现较过去更为精准的人口管理、畅通的交通环境、合理的能源配置以及更为安全的社会环境的城市运行管理体系。

（2）市民数字化生活

从数字城市、无线城市、移动城市到智能城市。科技和创新的转变，始终都传达着一个信息：科技进步须以人为本。建立智能城市的最终目的就是提高老百姓的生活质量和办事效率，是让市民依托信息化基础建设的完善，充分享受城市信息化带来的智能化城市生活。

（3）企业网络化运营

通过提供给城市中企业以供其生产、产品和信息流通、市场交易等企业活动所使用的信息基础设施，可以降低企业的生产成本，为企业高效地配置资源。通过城市企业服务的提供，能够扩大企业的规模，提高企业的信息化和智能化水平快速响应市场需求，帮助企业快速成长。

（4）政府整合服务

智能政府是电子政务的高级阶段，是电子政务效率最大化。在新的社会形势下，通过信息技术手段，建设数字化、智能化政府有利于贯彻和落实国家信息化发展战略，提升政府执政能力。坚持以人为本的政府，坚持和谐发展的政府，是智能城市可持续发展的核心推动力。

3. 管理规划的具体路径

（1）构建智能城市管理支撑体系

智能城市建设过程离不开基础设施的支持，因此智能城市建设管理规划的第一步就是构建良好的支撑体系。完善的基础化信息设施建设是推进智能

城市建设必不可少的环节。

（2）构建智能城市管理运营架构

信息管理是整个智能城市管理的重点，贯穿于整个管理过程当中。现代化智能城市管理运营架构与传统管理模式有很大的区别。其一是从单一政府管理变成政府主导、全社会参与的开放式多元化主体架构；其二是条块化管理变成节点式网络化管理；其三是粗放式管理变成集成智能化管理。

（3）完善智能城市管理体制机制

第一，需要进一步深化行政体制改革，建设服务型政府，加快政府职能的快速转变，扩大政务公开范围，完善科学民族决策。

第二，需要进一步完善公共服务体制，加强基本公共服务能力建设，创新公共服务管理体制。从而形成政府主导、市场引导、社会参与的公共服务供给体制。

4. 管理规划的保障体系

（1）健全城市人才保障机制

智能城市的发展离不开优秀的人才队伍。在智能城市的建设中，在大力实施"人才兴国，人才强国"和"创新型国家"战略前提下，认真贯彻人才强市战略，创造一个培养人才、吸引人才、使用人才、留住人才的良好环境。

（2）健全城市相关政策与法律法规

政府应该在智能城市的建设初期未雨绸缪，在现有的政策指导下，健全现有的城市建设法律法规体系。"地域化差异"是在制定相关法律法规时需要考虑的重要因素，要针对不同的城市推行不同的方针政策以适应其城市发展。

（3）构建城市智能化氛围

建设智能城市要从公民做起，要充分尊重人民群众的主体地位，发挥人民群众在社会管理中的主体作用，充分调动人民群众自我管理、自我教育、参与智能化管理的积极性，共同建设智能化城市。

参考文献

REFERENCE

白春礼．2013．世界正处在新科技革命前夜 [J]．科技导报，31(7):15-17．

邦克．2011．世界是开放的：网络技术如何变革教育 [M]．上海：华东师范大学出版社．

包隽．2013．城市综合体的价值点控制和全过程管理组织保障 [D]．杭州：浙江工业大学．

波特．2002．国家竞争优势 [M]．北京：华夏出版社．

蔡武．2012．为时代立传 为人民放歌 [J]．人民论坛（30）8-9．

陈骞．2012．智慧城市改变传统发展路径 [J]．上海信息化 (2)：81-83．

陈立，李春香，李志勇．2012．浅议智慧城市的"躯体，经络与大脑" [J]．计算机光盘软件与应用 (8):79-79．

陈平．2006．数字化城市管理模式探析 [J]．北京大学学报：哲学社会科学版，43(1)：142-148．

陈如明，陈方．2012．智能城市及智慧城市的概念、内涵与务实发展策略 [J]．数字通信，39(5)：3-9

陈为邦．2004．城市探索 [M]．北京：知识产权出版社．

陈一新．2010．生态文明理论与实践的八大问题 [J]．政策瞭望（11）：6-11．

崔婷婷．2012．智能城市建设重在制度 [J]．中国经济和信息化（04）：81-82．

邓贤峰．2010．"智慧城市"评价指标体系研究 [J]．发展研究 (12)：111-116．

邓贤峰．2011．智慧城市建设的风险分析 [J]．财经界 (1)：106-109．

邓洲．2013．工业化后期传统产业改造与升级研究 [J]．当代经济管理，35(6)：51-57．

丁鑫．智慧城市进入 3.0 时代引领新兴产业发展，证券日报，2013-01-11．

丁旭，魏薇．2010．城市设计：理论与方法 [M]．杭州：浙江大学出版社．

259

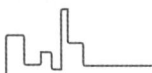

丁有良 . 2014. 智慧城市资金需求超万亿 [J]. 创新科技 (5)：7-8.

段力刚 . 2009. 基于群决策，层次分析和 PQLI 法的人口素质与经济发展问题研究 [D]. 保定：河北大学 .

高亢 . 现代服务业推动"智慧城市"建设，新华网，2014.5.13. http：//news. xinhuanet.com/2014-05/13/c_1110670974.htm.

高少华，等 . 智慧城市建设助推新兴产业"落地"，经济参考报，2012-12-18.

高晓雨 . 2012. 走中国特色的智慧城市之路 [J]. 上海信息化 (1)：16-17.

高王荣，谢振东 . 2008. 广州市智能交通产业发展的 SWOT 分析 [J]. 中国科技论坛 (5)：70-73.

耿力生 . 2013. 浅谈现代服务业在城区经济发展中的作用 [J]. 商场现代化（27）:184-184.

顾德道，乔雯 . 2012. 我国智慧城市评价指标体系的构建研究 [J]. 未来与发展，35(10)：79-83.

郭立珍 . 2014. 中国低碳城市文化支撑体系构建的反思——基于十大低碳城市的考察 [J]. 洛阳师范学院学报 (1)：89-92.

国家发展改革委员会 . 关于推进国家级创新型城市试点工作的通知，2010.

韩雅鸣，陈忠，蔡晓钰，等 . 2005. 智能服务业：服务业发展的新形态 [J]. 当代经济管理 (6)：94-99.

何东 . 2012. 智慧城市创新发展模式和策略探讨 [J]. 信息通信 (1):265-266.

贺小花 . 2014. 三中全会给安防行业带来乐观预期 [J]. 中国公共安全：学术版 (1)：128-132.

洪雨 . 2008. 部分专家学者关于生态文明的论述 [J]. 政策瞭望（2）：47-49.

侯小伏 . 2004. 英国环境管理的公众参与及其对中国的启示 [J]. 中国人口、资源与环境 (5)：125-129.

侯雪，周秋月 . 2009. 浅析新经济时代传统产业的升级 [J]. 中国新技术新产品 (5)：165-165.

胡迟 . 2015. 中国能源企业创新之路 [J]. 能源评论 (1):26-37.

胡冬雪 . 2013. 智慧城市研究现状评价及建议 [J]. 世界科学 (12)：58-59.

黄辉 . 2011. 智慧城市建设的行政法治新路径 [J]. 法学杂志，32(10)：120-122.

黄天航，刘瑞霖，党安荣 . 2011. 欧洲智能城市发展研究 [J]. 住区，2011,(6)：129-133.

姜春前，沈月琴，黄坚钦，等 . 2005. 山核桃产业可持续发展的组织保障体系研究 [J]. 林业经济问题 (2)：77-81.

蒋昌俊，胡传廉，孙嘉平，等 . 2005. 智能城市五人谈 [J]. 上海信息化 (6)：16-23.

康正发 . 2012. 信息服务业在上海产业转型升级中的作用研究 [J]. 中国管理信息化，15(5)：30-4.

雷鸣 . 2010. 新兴文化产业集群与科技创新合流发展趋势研究 [J]. 理论与现代化（4）：108-111.

李建明 . 2014. 智慧城市发展综述 [J]. 中国电子科学研究院学报，9(3)：221-225.

李立明 . 2008. 公务创新 [M]. 北京：科学出版社 .

李强，刘强，陈宇琳 . 2013. 互联网对社会的影响及其建设思路 [J]. 北京社会科学 (1):4-10.

李贤毅，程博雅 . 2008. 武汉城市信息化评价体系分析 [J]. 信息通信，21(3): 77-80.

李兴华 . 论培育新型产业与转变经济发展方式的关系和作用，人民日报海外版，2011-03-16.

李媛 . 2013. 智慧城市建设的立法抉择 [J]. 城市发展研究，20(10)：I0010-I0012.

李媛媛 . 2013. 智慧城市建设的经济法问题研究 [D]. 太原：山西大学 .

刘海军，刘文权 . 智慧城市与新兴产业融合发展 . 大连日报 .2013-06-18.

马鹏，李文秀 . 2010. 服务业的空间集聚与城市经济发展实证研究 [J]. 中南财经政法大学学报 (3)：87-93.

马强，徐循初 . 2004. "精明增长" 策略与我国的城市空间扩展 [J]. 城市规划汇刊 (3)：16-22

牛凤瑞，潘家华 . 2008. 中国城市发展报告 [M]. 北京：社会科学文献出版社 .

欧阳劲松 . 智能制造装备产业发展现状、趋势及投资机会分析 [R]. 创业板专家咨询委研究报告，2011.

裴长洪，李程骅 . 2010. 论我国城市经济转型与服务业结构升级的方向 [J]. 南京社会科学 (1)：15-21.

钱斌华 . 2012. 智慧城市视角下的产业转型路径选择 [J]. 宁波通讯 (1)：38-39.

清华大学教育技术研究所韩锡斌，开放教育资源：从构建资源系统到营造知识生态——"MIT OCW 项目实施十周年庆祝大会"侧记，http://www.guqiu.com/news/policy/show/170.htmlDB/OL],Oct.28, 2011.

仇保兴 . 2004. 中国城市化——机遇与挑战 [M]. 北京：中国建筑工业出版社 .

沈玉麟 . 1995. 外国城市建设史 [M]. 北京：中国建筑工业出版社 .

史璐 . 2011. 智慧城市的原理及其在我国城市发展中的功能和意义 [J]. 中国科技论坛 (5)：97-102.

隋立明 . 人民日报海外版 . 网络安全面临巨大挑战钓鱼网站造成损失超 200 亿元 . http：//finance.people.com.cn/GB/13728402.html.

谭志云 . 2009. 城市文化软实力的理论构架及其战略选择——以南京为例 [J]. 学 (2)：175-180.

陶志峰，何之渊 . 2006. 开放经济背景下的产业保护政策——以轮胎产业典型个案为例 [J]. 中国工业经济 (12)：28-33.

童航，冯源 . 2014. 智慧城市的法律治理：问题，现状与展望 [J]. 管理现代化 (3)：126-128.

万金泉 . 2013. 环境与生态 [M]. 广州：华南理工大学出版社 .

汪光焘 . 1996. 充分发挥高新技术对传统产业改造的突出作用带动老工业基地城市经济快速发展 [J]. 云南民营科技（10）:31-33.

王建国 . 2012. 21 世纪初中国城市设计发展再探 [J]. 城市规划学刊 (1)：12-14

王建国 . 2012. 21 世纪初中国城市设计发展再探 [J]. 城市规划学刊 (1)：1-8

王敏 . 2013. 我国城市智慧化发展现状、问题与对策 [J]. 科技进步与对策，30(19)：41-45.

王强 . 城市现代服务业发展与创新，经济日报，2014.4.25.

王新新 . 2011. 战略性新兴产业发展规律及发展对策分析研究 [J]. 科学管理研究 (4)：1-5.

王中杰，谢璐璐 . 2011. 信息物理融合系统研究综述 [J]. 自动化学报，37(10),1157-1166.

魏金江 . 2013. 重庆物联网城市建设模式及实施规划研究 [D]. 重庆：重庆大学 .

文宗瑜，张晓杰 . 2009. 推动经济转型及产业升级的财税支持政策 [J]. 财政研究 (12)：24-30.

习近平 . 2014. 习近平总书记系列重要讲话读本 [M] . 北京：学习出版社 .

徐静，2013. 智慧城市运营及其投融资模式研究 [J]. 商业时代 (32)：142−143.

许冬兰，李琰 . 2010. 山东省城市化与能源消耗的关系研究 [J]. 中国人口资源与环境，20(11)：18−24

许庆瑞，吴志岩，陈力田 . 2013. 智慧城市的愿景与架构 [J]. 管理工程学报，26(4)：1−7.

薛媛媛 . 2008. 对提升我国城市化质量的探讨 [J]. 甘肃理论学刊（10）：48−49.

杨化峰 . 2013. 神州数码智慧城市发展战略研究 [D]. 天津：河北工业大学 .

杨荣斌，等 . 世界城市文化发展趋势——以纽约、伦敦、香港、新加坡为例 . http：//www.china.org.cn/Chinese/zhuanti/2004whbg/503891.htm，2004−05−12.

杨书群，冯勇进 . 2010. 生产性服务业——"中国制造"走向"中国创造"的必由之路 [J]. 工业技术经济，29(6)，14−18.

杨志军 . 2010. 多中心协同治理模式的内涵阐析 [J]. 四川行政学院学报 (4)：29−32

姚兰 . 2003. 我国产业结构不合理现象及原因分析 [J]. 辽宁广播电视大学学报，88(3)：16−18.

姚润明，斯蒂摩司，李百战 . 2006. 可持续城市与建筑设计 [M]. 北京：中国建筑工业出版社 .

殷京生 . 2004. 绿色城市 [M]. 南京：东南大学出版社 .

殷令姣 . 2012. 智能城市建设水平的综合评价 [D]. 北京：华北电力大学 .

游宏滔，吴德刚，洪小燕 . 2005. 城市设计作用的若干问题研讨 [J]. 浙江大学学报：工学版，39(7)：1009−1013.

余柏椿 . 2008. 非常城市设计：思想·系统·细节 [M]. 北京：中国建筑工业出版社 .

岳建明 . 2012. 我国智能交通产业的发展及技术创新模式探讨 [J]. 中国软科学，(9)：188−192.

张聪群 . 2011. 产业集群环境下浙江中小企业转型的战略选择——基于地方政府的视角 [J]. 科技与管理，13(1):81−84.

张达 . 2013. 推进我国城镇化的文化保障 [J]. 天津经济（9）：36−38.

张国祺 . 2014. 生态文明：人与自然和谐发展之路 [J]. 成都工业学院学报

(1):12-14.

张娟，李江风．2006. 美国"精明增长"对我国城市空间扩展的启示 [J]. 城市
管理与科技，8(5)：203-206.

张坤民，潘家华，崔大鹏．2008. 低碳经济论 [M]. 北京：中国环境科学出版
社．

张梅燕．2012. 城市类型划分与智慧城市发展策略探析 [J]. 商业时代 (28)：11-
12.

张永民．2011. 智慧城市高于数字城市 [J]. 中国信息界，192(10)：12 17.

张云霞，米勐，成建波．2011. 智能城市概念辨析 [J]. 电信科学 (12): 85-89. 中
国科学院国家自然科学基金委员会，2012. 工程科学 [M]. 北京：科学出
版社．

张梓慧．2009. 21 世纪的经济模式 [J]. 现代经济，8(12):32-34.

赵大鹏．2013. 中国智慧城市建设问题研究 [D]. 吉林：吉林大学．

赵华伟．2008. 我国中小企业集群创新问题探讨 [J]. 经济师 (3):210-211.

赵晓庆，许庆瑞．2009. 自主创新模式的比较研究 [J]. 浙江大学学报：人文社
会科学版，39（4）：55-64.

中国环保在线．企业节能减排呈四大特点未来几年压力将增大，2013.

周李，刘建平．2002. 决策支持系统在城市管理中的应用研究 [J]. 城市管理与
科技，4（3）：19-21.

周荣祥．发展战略新兴产业有助缓解经济下行压力，证券时报，2012.7.24.

周膺．杭州市文化遗产的制度性保护，杭州社科门户网站 http：//www.hzsk.
com/portal/n1551c97.shtml]，2011-04-21.

朱晨曦．2014. 基于 AADL 的信息物理融合系统的分析与设计方法 [D]. 广
州：广东工业大学．

诸大建，刘冬华．2006. 管理城市成长：精明增长理论及对中国的启示 [J]. 同
济大学学报：社会科学版，17(4)：22-28.

邹德慈．2002. 城市规划导论 [M]. 北京：中国建筑工业出版社．

Abdoullaev, A. A Smart World: A Development Model for Intelligent Cities.
Paper presented at the The 11th IEEE International Conference on Computer
andInformation Technology (CIT), 2011.

ALLWINKLE S, CRUICKSHANK P. 2011. Creating smart-er.cities: An
overview[J]. Journal of Urban Technology, 18(2): 1-16.

BERRY C R, GLAESER E L. 2005. The divergence of human capital levels across cities[J].Papers in regional science, 84(3): 407-444.

Bourdieu, P.. The forms of capital and Cultural theory: An anthology: 81-93, 2011.

Bowerman B, Braverman J, Taylor J, et al. The vision of a smart city [J]. 2nd International Life Extension Technology Workshop, Paris. 2000.

Bowerman B, Braverman J, Taylor J., Todosow H, Von Wimmersperg U. The vision of a smart city. Paper presented at the 2nd International Life Extension Technology Workshop, Paris, 2000.

CARAGLIUCA A, DEL BO C , NIJKAMP P, 2011. Smart cities in Europe[J]. Journal of urban technology, 18(2):65-82.

Craig Savage.Online learning is just beginning[DB/OL], http://www. frasercoastchronicle.com.au/story/2012/07/06/online-learning-justbeginning /?goback=%2Egde_2774663_member_134959140, Jul. 6, 2012.

CRANE R,WEBER R. 2012. The Oxford handbook of urban planning[M] Oxford: Oxford University Press.

DEAKIN M , AL WAER H. From intelligent to smart cities[J]. Intelligent Buildings International, 3(3):140-152.

DORNEY L C. 2000. Professional Practice of Environmental Management[M]. Berlin:Springer-Verlag.

Etzkowitz H , Leydesdorff L, 2000. The dynamics of innovation: from National Systems and "Mode 2" to a Triple Helix of university - industry - government relations[J]. Research policy, 29(2): 109-123.

FEATHERSTONE M. 2007. Consumer culture and postmodernism[M] California:Sage Publications.

Frederick R. Steiner. Ecological Planning : A Historial and Comparative Synthesis. The Johns Hopkins University Press. 2013.

Gibbons, M., Limoges, C., Nowotny, H., Schwartzman, S., Scott, P., & Trow, M.. The new production of knowledge: The dynamics of science and research in contemporary societies. Sage, 1994.

Hall, P. G.. Cities in civilization : culture, innovation, and urban order. Journal of Irish Urban Studies, 1998.

Hey, T., Tansley, S., & Tolle, K.. The fourth paradigm. Data-Intensive Scientific Discovery. Microsoft Research, 2009.

HOLLANDS R G. 2008. Will the real smart city please stand up? Intelligent, progressive or entrepreneurial? [J]. City, 12(3): 303-320.

HOLLANDS R G. 2008. Will the Real Smart City Please Stand Up?[J]. City, 12(3): 302-320.

J. M. Levy, contemporary urban planning, Pearson Education, San Antonio, TX, 2010.

JACOBS J. 1961. The death and life of great American cities [M]. New York: Random House.

Jon Stiles, Michael Hout, Henry Brady. California's Economic Payoff: Investing in College Access & Completion[R], the Institute for the Study of Societal Issues at the University of California, Berkeley. www.collegecampaign.org Apr. 2012.

Jon Stiles, Michael Hout, Henry Brady. California's Economic Payoff:Investing in College Access & Completion[R], the Institute for the Study of Societal Issues at the University of California, Berkeley. www.collegecampaign.org Apr.2012.

KELLY R , SIRR, L , RATCLIFFE J. 2004. Futures thinking to achieve sustainable development at local level in Ireland[J]. Foresight, 6(2):80-90.

KOMAKECH D. 2005. Achieving more intelligent cities [J].Proceedings of the Institution of Civil Engineers, 158(4) :259-264.

KOMNINOS N. 2003. Intelligent cities [M].London: Spon Press London.

KOMNINOS, N, 2008. Intelligent cities and globalisation of innovation network[M].: New York:Routledge.

KUZNETS S S. 1995.Toward a theory of economic growth, In R. Lekachman. National Policy for Economic Welfare at Home and Abroad Harden City[M]. New York: Doubleday.

Landry, C., and F. Bianchini. The creative city. Demos, 1995.Rajkumar, R. R., Lee, I., Sha, L., & Stankovic, J.. Cyber-physical systems: the next computing revolution. In Proceedings of the 47th ACM Design Automation Conference, 2010, pp. 731-736).

Levy, J. M. 2009. Contemporary urban planning: Pearson/Prentice Hall.

LIU T K. 2008. Well-being Creates Vibrant Cities [M].Singpore: World Scientific.

Marc Parry, MIT Will Offer Certificates to Outside Students Who Take Its Online Courses,http://chronicle.com/article/MIT-Will-Offer-Certificatesto/130121/ [N/OL], Dec.09, 2011.

Marc Parry, MIT Will Offer Certificates to Outside Students Who Take Its Online Courses, http://chronicle.com/article/MIT-Will-Offer-Certificates-to/130121/[N/OL], Dec.09, 2011

MARKOF J. 2006. What the Dormouse Said: How the Sixties Counterculture Shaped the Personal Computer Industry[M].London:Penguin Books.

Miguel Ruano.Ecourbanism Sustainable Human Settlements: 60 Case Studies. Editorial Gustavo Gili. 2006. 56-57.

Mumford, L.. The culture of cities.Culture of Cities 1940, 197 (3): 50-56.

Nicos Komninos.Intelligent cities: towards interactive and global innovation environments. International Journal of Innovation and Regional Development. Volume: 1 Issue: 4 (2006-07): 337-355.

PORTNEY K E. 2003. Taking Sustainable Cities Seriously:Economic Development, the Environment, and Quality of Life in American Cities[M]. Cambridge:MIT Press.

Portney. K. E. 2003. Taking sustainable cities seriously: Economic development, the environment, and quality of life in American cities: Taylor & Francis.

ROLLER L H , WAVERMAN L. 2011. Telecommunications Infrastructure and Economic Development: A Simultaneous Approach[J]. The American Economic Review, 91(4):909-923.

Szold, T. S. & Carbonell, A. 2002. Smart growth: form and consequences: Lincoln Inst of Land Policy.

Terry S. Szold, Armando Carbonell. Smart Growth: Form and Consequences. Lincoln Institute of Land Policy, 2002

The Big Idea That Can Revolutionize Higher Education: 'MOOC' [DB/OL], May11,2012http://www.theatlantic.com/business/archive/2012/05/the-bigidea-that-can-revolutionize-higher-education-mooc/256926/David Bornstein.Open Education for a Global Economy[N], New York Times, 11th

July, 2012.

The Big Idea That Can Revolutionize Higher Education: 'MOOC' [DB/OL], May11,2012.http://www.theatlantic.com/business/archive/2012/05/the-bigidea-that-can-revolutionize-higher-education-mooc/256926/David Bornstein. Open Education for a Global Economy[N], New York Times, 11th July, 2012.

WEBER R, CRANE R. 2012. The Oxford Handbook of Urban Planning[M]. New York : Oxford University Press.

WRIGHT S , STEVENTON A. 2004. Intelligent spaces—the vision, the opportunities and the barriers[J]. BT technology journal, 22(3): 15-26.

ZUKIN S. 1995. The cultures of cities[M].Oxford:Blackwell.

索 引
INDEX

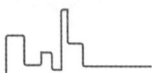